sapientia
サピエンティア 35

身の丈の経済論

ガンディー思想とその系譜

The Human-Scale Economy

石井一也［著］

法政大学出版局

目次

身の丈の経済論

——ガンディー思想とその系譜

凡　例

一、引用文中で（　）で括られた言葉は、原著者による挿入、また〔　〕で括られた言葉は、引用者による挿入である。

一、引用文中で、傍点を付した部分は、ことわりのないかぎり引用者による強調である。また、原著者による強調の場合は、引用の末尾にその旨明記している。

一、引用文は、邦訳のあるものはこれを大いに参考にしたが、本書全体の文体に合わせて適宜手を加えている。また、出典については、直接原典（あるいは別の版）を参照した場合は、そこからの引用箇所のみを示し、邦訳書の該当箇所は示していない。

一、文献を示す場合、つぎの略記を用いている。

CWMG: *The Collected Works of Mahatma Gandhi*

HJ: *Harijan*

SWMG: *The Selected Works of Mahatma Gandhi*

YI: *Young India*

序章　身の丈の経済論

本書は、モーハンダース・カラムチャンド・ガンディー（Mohandas Karamchand Gandhi）の経済思想を、「身の丈の経済」という概念を軸として、二一世紀のグローバル社会に重要な示唆を与える言説として理解しようとする試みである。ガンディーは、人々が、生存維持水準をはるかに超えて物質的に繁栄した社会をめざすのではなく、みずからの身の丈にあった（等身大の）経済において他者と共生する可能性を追求した。そうしたガンディーの思想と実践は、彼の同時代より今日にいたるまで無数の論者による論評の対象となってきた。本書では、それらの議論をふまえたうえで、彼の経済思想の意味内容とインドおよびグローバル社会におけるその現代的意義を再検討する。その作業を通じて、経済学その他の社会科学が新たな境地を開拓するためのきっかけをつかもうというのが、本書の狙いである。

ガンディー経済思想の全体的構造や、独立インドにおけるその重要性、さらには経済学などへの影響を論じる前に、そもそも今日ガンディー思想をあらためて研究することがどのような意味をもちうるのかを考えておく必要があるだろう。そのために、ここではまず、今後いっそう深刻化してゆくと予想される生態系の危機を前に、人類に求められる倫理的価値としての「コンヴィヴィアリティ」という概念を援用して、本書の問題意識と議論の大まかな構成を提示することにしたい。

いまなぜガンディーか——グローバル化時代のコンヴィヴィアリティ

人類は、一八世紀中頃にイギリスで起こった産業革命以来、石炭や石油など枯渇性資源を大量に消費しながら未曾有の物質的発展を遂げてきた。二〇世紀の対立軸を構成した資本主義と社会主義は、いずれも大量生産・大量消費・大量廃棄をともなう近代化を推進した点で共通していた。その対立軸が解消すると、二一世紀は、市場がいっそうグローバルな規模で拡大する様相を呈している。だが、それは同時に、ますます加速度的に森林を伐採し、大気や水を汚染することによって幾多の生物種を絶滅に追いやる破滅的なプロセスとなりつつある。

ポール・エーリックとアン・エーリックは、一九八一年に、生物の多様性が急速に失われてゆく状況に鑑み、一生物種が絶滅に瀕していることが「ひとつの悲劇ではなくて、まさしく私たちすべてにおおいかぶさっている地球規模の破局の症候」であり、ほかならぬ人類が生物種の「絶滅の主要なエージェント」であると指摘した［Ehrlich and Ehrlich 1981: 6, 26］。このとき彼らは、いくつかの予測にもとづいて、この時点で地球上に存在していたすべての種の五分の一が二〇世紀の終わりまでに消え去るであろうと予言した［ibid.: 27］。

他方、マティース・ワケナガルとウィリアム・リースは、「エコロジカル・フットプリント」という概念を用いて、人類の活動が地球の生命維持システムを弱体化させている事実に警鐘を鳴らしている。この概念は、「ある経済システムに流入し出ていくエネルギーと物質の流れ（フロー）」を維持するために、「人間が自然界から要求する土地および水域の面積」のことである［Wackernagel and Rees 1996: 3］。この概念に照らしてみると、地球上の利用可能で生態学的に生産力のある土地は、二〇世紀のあいだに着実に減少し、今日では一人あたり一・五ヘクタールしかないという（この数字は、利用できない可能性のある未開地を含んでいる）。一方、平均的アメリカ人一人のエコロジカル・フットプリントは四―五ヘクタールで、地球上の誰もがそれと同じ暮らしをするためには、その地球が少なくとも三つは必要だということである［ibid.: 13］。

先のエーリックらの認識は、二〇〇一年に国連のもとで行なわれた「ミレニアム生態系アセスメント」（MA）においても、基本的に受け継がれている。すなわちMAは、人類が生態系を過去五〇年間にそれまでになく急速かつ広範囲に改変し、生物多様性に深刻でほとんど不可逆的な損失をもたらしたと結論づけている。それはまた、生態系の悪化が、二一世紀の前半にいっそう深刻なものになり、そのことが「ミレニアム開発目標」（MDGs）達成の障害となりうると予測している［MA 2005: 1］。ここでいう「ミレニアム開発目標」とは、「貧困、飢餓、小児および妊婦の死亡率の減少」、「すべての人への教育の保障」、「疾病の抑制と管理」、「ジェンダー格差の是正」、「環境の持続可能性の確保」、「グローバル・パートナーシップの追求」を二〇一五年までに達成することである［ibid.: 18］。

ガンディーは、人間がもとより大地の上でしか生きられないことを直感的に理解していたと思われるが、当時は環境・資源問題が今日のように切迫していたわけではなかった。彼の身の丈の経済論とそれを支える節制の倫理は、どちらかといえば、人間が諸宗教にもとづいて自発的に追求する性格のもので、かならずしも環境や資源の制約のために説かれたものではない。にもかかわらず、彼の死後半世紀余のあいだに生態系の持続可能性が深刻に脅かされてゆくなかで、その思想の重要性がいっそう認識されるようになってきたのである。そのことの意味を考えるために、ここではまずイヴァン・イリイチの示した「コンヴィヴィアリティ」という概念を手がかりとしたい。

イリイチは、近代を支えてきた「産業の生産性」とは正反対の価値として「コンヴィヴィアリティ」という概念を示し、それに「人々のあいだの自立的で創造的な交わりと、人々の環境との同様の交わり」という意味を与えている。それは、「人々が、他者や人工的環境が作り出した需要に条件的に反応する」のとは対照的に、「人的相互依存のうちに実現される個人の自由であり、またそのようなものとして個人が本来備えている倫理的価値」のことである。イリイチは、コンヴィヴィアリティが一定水準を下回ると、産業の生産性がいくら増大しても、社会の構成員のあいだで生じる必要を効果的に満たすことができなくなると考える［Illich 1973: 11］。

イリイチの「コンヴィヴィアリティ」は、日本語で「自立共生」と訳されているように、人間どうしの、あるいは人間と環境――他の生物や非生物からなる――との諸関係のなかで、各人が自立的でありながら他者を尊重し、相互に助け合う倫理である。そこには、当然のことながら、共生あるいは相互扶助の前提として「よろこびにあふれた節制と人を解放する禁欲の価値」が含まれており［Illich 1973: 14］、その「節制」や「禁欲」はけっして他者から強制されたものではない。

大澤真幸によれば、人間の社会性は、獲得した食物をその場で食べてしまうのではなく、一定の場所に持ち帰り、複数の個体に分配して、それらの個体たちで共に摂食することに表われているという［大澤 一九九七：二五六］。個体は、対象＝食物を獲得と同時に享受せず、いったん欲望を括弧に入れて、対象＝食物とのあいだに「距離」を挿入する。こうした対象との間接化は、他者との関係の直接化という快楽をともなうプロセスの前提をなしているという［同前書：二五九］。田辺明生はこれを受けて、「より深い歓びを生む関係性を構築するという二次的な（より高次の）欲望」を前提とする「地球大のコンヴィヴィアリティ」の可能性を追求している［田辺 二〇一二：四八七－九〇］。

ガンディーの追求した「真理」もまた、自発的な節制を前提として他者との共生に喜びを感じる倫理であり、ここでいうコンヴィヴィアリティを構成するものである。寺澤芳雄編『英語語源辞典』で“convivial”の語源をたどると、“con”は「共に」、“vivere”は「生きる」を意味するから、それは本来共時的概念である。しかしここで私たちは、二一世紀におけるガンディー思想の意義を考えるうえで、こうしたコンヴィヴィアリティを、地球に現在生きている他者との関係性にとどまらずに、さらに将来そこに生まれてくる他者との関係性にも敷衍することができるだろう。なぜなら、人類の現代世代は、自分たちのあいだにおいてだけではなく、将来世代とも資源を分け合って生きてゆくことが求められるからである。

ガンディーのコンヴィヴィアリティは、なによりもまず、「非暴力」の独立運動を通じてイギリス人を「友人」としてインドから送り出そうとしたことに如実に表われている。しかしそれは、同時にインド社会内部においても、階級間の対立を抑止し、チャルカー（手紡ぎ車）などを復活させて、人々が共生する簡素な村落経済を再建しようとしたことにも示されている。この点においてガンディー思想は、生産力の向上や階級闘争にプラスの価値をみいだすマルクス主義などの近代主義の観点から、「進歩」に逆行する思想として批判されてきたのであった。

マルクス主義的観点からそうした批判を展開した論者としては、マナベーンドラ・ナート・ローイ、ジャワーハルラール・ネルー、E・M・S・ナンブーディリッパードゥ、A・M・ディヤコフ、内藤雅雄、パルタ・チャタジー、ラナジット・グハなどがあげられる。(1) また、マルクス主義的ではないが、近代主義的観点からガンディーを時代錯誤的とみていた論者としては、オールダス・ハクスリー、ジョージ・オーウェル、ニラド・C・チョードゥリー、サルヴァパッリー・ラーダークリシュナン、ラビンドラナート・タゴールなどがいる。

これにたいして、二〇世紀後半にマルクス主義が衰退すると、ガンディーの倫理観を資本主義やグローバル経済と親和的なものとして肯定的に評価しようとする動向がみられるようになる。そうした言説を展開した論者としては、ジョーン・ボンデュラン、ロイド・I・ルドルフとスザンヌ・H・ルドルフ、ビクー・パーレーク、トーマス・パンサム、ロナルド・テルチェク、ニコラス・F・ギア、アンソニー・パレルなどがいる。これらの人々によるガンディー評価は、すべてではないが「近代」を相対的にみようとするポスト近代主義やポスト植民地主義の影響を受けている場合が多い。

ガンディー思想を肯定的に評価するこれらの論者のあいだには、ポスト近代主義やポスト植民地主義の用語を明確に用いるかどうか、また、人間社会のつぎの時代を「ポスト近代」とみるのか「後期近代」とみるのかなどのちがいがある。しかし、すべての論者に共通していることは、とりわけガンディーの倫理観に注目して、彼の思想を過去に逆戻りする言説としてではなく、将来の人間社会に必要な言説として捉えようとする点である。

ところが、こうしてガンディー再評価に重要な影響を与えたポスト近代主義は、そもそもはジャン－フランソワ・リオタールなどが、コンピュータ産業の繁栄する先進経済における知の状況を指し示す言説として、マルクス主義などの近代主義に対抗して提唱したものであった。それは一般に、近代の産業社会よりもいっそう情報が氾濫し、人間の欲望がかぎりなく開発される高度大衆消費社会を、好むと好まざるとにかかわらず描くものである。このため、そうした社会を前提としたうえでのガンディー再評価は、彼の資本家容認の姿勢を重視しながら、簡素な社会を理想とするその思考を軽視することによってはじめて可能になる。だがそれでは、倫理をともなう資本主義的発展を是認することはあっても、身の丈の経済における人間のコンヴィヴィアルな関係性を模索したガンディー思想を十分に把握することにはならない。

このことを理解するためには、ポスト近代主義などによる近代批判とは区別して、たとえば「もうひとつのポスト近代主義」なる枠組みをあらためて設定する必要があるだろう。この範疇に属する論者として、リチャード・グレッグ、マンモーハン・ガンディー、エルンスト・F・シューマッハー、ジェレミー・リフキン、アシス・ナンディー、長崎暢子、ヴァンダナ・シヴァなどがいる。これらの論者に共通しているのは、近代社会のなかに人間や自然にたいする暴力性をみいだし、そうした社会を乗り越えてゆくためのきっかけをガンディーの簡素な生き方や思想に求めていることである(2)。こうした見方は、二〇世紀前半までのインドという時代的・地理的な文脈を超えて、今世紀のグローバル社会に生きる私たちにとっても重要な意味をもつものである。

ところで、ガンディー思想が、人間の経済やそれを支える倫理にかかわるものであるとすれば、経済学と倫理学の統合をめざすアマルティア・K・センの思想との関連でこれを検討する必要が生まれてくるだろう。センは、「ケイパビリティ」の概念をもとにして人間開発論を展開し、開発論の分野で重要な貢献をなした。この「ケイパビリティ」とともに、彼の「共感」や「コミットメント」の概念は、貧者を中心とする社会経済建設をめざしたガンディーの思想と実践を説明できる部分を本来的にもっている。

ただしセン自身は、先にあげたタゴールと同様に、ガンディーのチャルカー運動をいわば近代主義の立場から批判的にみているのである。したがって、ガンディー思想をセンの概念によって説明できる部分があるとしても、私たちは二一世紀における社会科学の新しい境地を考えるうえで、両者の思想的相違を十分に理解しておかねばならない。

こうして本書は、ガンディーの身の丈の経済論とそれを支えるコンヴィヴィアルな倫理を分析し、その現代的意義を考えようとするものである。より具体的には、これまでの諸論者によるガンディー思想にたいする評価をふまえて、ガンディーの宗教観と「真理」の観念、経済思想の基本構造、経済思想の重要な構成要素であるチャルカー運動と受託者制度理論などを検討してゆく。さらに、独立インドにおける「ガンディー主義」の展開、経済学者シューマッハーへの思想的継承などをおうことによって、ガンディー思想がその後の世代に与えた影響を吟味する。そのうえで最後に、センによる批判を超えて、グローバル化時代におけるガンディー思想の意義を考えることとしたい。

本書の概要

本書は、つぎのような構成をとっている。はじめに、たえまなく「真理」を追求したガンディーの生涯をふり返ることにより、彼にとって国家間、階級間、そして宗派間のコンヴィヴィアルな関係性の構築がいかに重要であったかを示すこととする（第一章）。

つぎに、ガンディーの経済思想全般を分析する準備として、彼の同時代から今日にいたるまでになされたガンディー評価を概観する。その際、近代主義、ポスト近代主義およびポスト植民地主義、ならびに「もうひとつのポスト近代主義」によるガンディー理解をより詳細に検討したい（第二章）。

ガンディーの経済思想については、まずそれを根底で支えている彼の「真理」の観念と、その形成にあずかった諸宗教の影響を検討する。その作業を通じて、ガンディーの経済思想を支えるコンヴィヴィアルな倫理の内容を探ることにしたい（第三章）。

つづいて、ガンディー経済思想の意味内容として、彼の近代文明批判と、そのオルターナティヴとしての身の丈の経済論を、経済学やマルクス主義との比較において概観する（第四章）。経済思想の二大主柱ともいえるチャルカー運動と受託者制度理論については、それぞれ個別の章で検討する（前者は第五章、後者は第六章）。

さらに、インドにおけるガンディー思想の影響をみるために、独立後のサルヴォーダヤ運動の展開をたどる（第七章）。またガンディー思想が、シューマッハーによって経済学や開発論に導入される経緯と、今日世界における開発の実践に息づいている様子を検討する（第八章）。

最後に、グローバル化時代におけるガンディー思想の意義を、センによる批判をふまえて論じることとしたい。二一世紀において、私たちは、人類を含む生態系を危機に晒してきたグローバル化の流れを、人間と人間、あるいは人間と自然とのあいだのコンヴィヴィアルな関係性を導くものに転換してゆくことが求められるだろう。そのためには、身の丈の経済を標榜するガンディー主義の枠組みに、センの人間開発論を位置づけなおす必要があることを示して結びとする（終章）。

では、このように構成される本書は、はたしてこれからの経済学その他の社会科学にどのような意義をもちうるのだろうか。第一に、ガンディーは、「経済学と倫理学を明確に区別していない」と述べ［*CWMG*, v. 21: 290］、「人間の諸活動」について「社会的、経済的、政治的、そして純粋に宗教的な所業を完全に区別することはできない」と考えていた［ibid., v. 68: 201］。ガンディーのこうした基本的姿勢のために、本書は、狭い意味での経済学的議論を超えて、倫理学、宗教学、政治学、社会学、文化人類学などの諸領域にもかかわりをもつことになる。それは、学問が細分化されてゆく一般的傾向に反して、生態系をも視野に入れつつ人間社会を統合的に認識しようと試みるものである。

第二に、ガンディー思想は、一九世紀後半から二〇世紀前半にかけてグローバル社会、とりわけイギリス帝国支配下の南アフリカとインドにおいて形成され、実践された。ひとりの思想家が生きた歴史的・地理的に固有の文脈からその思想自体を切り離して論じることは、本来不可能である。地域研究に、経済学や開発論などには還元できない研究の対象や方法とともに、これら既存の知の枠組みを再構築しようとする使命があるとすれば、本書はそうした学問分野の要素をもっている。[3] いいかえれば本書は、こうした地域研究の課題を念頭に置きながら、固有の論理のなかに一定の普遍性を探求することで、経済学など近代の学問体系のもつ認識の壁をわずかなりとも乗り越えようとする試みである。[4]

第三に、慎しく生きようとしたガンディーの厳格さが、自身の家族にさえ形容しがたい圧力を与えたことは広く知られている。ましてや、グローバル化時代に生きる私たちが、彼の身の丈の経済論を実践するのはいっそう困難であるかもしれない。しかし、人間の利己的な生き方が、環境と資源の制約を前に問い直される現代においてこそ、ガンディーの示した自発的節制の倫理が重要な意味をもつともいえる。これまでの経済学は、人間の利己心を前提としながら、市場経済か計画経済かをめぐるシステムの問題を論じる傾向が強かった。本書は、ガンディーがたんなる利己心を超えて、人間と人間、人間と自然のより豊かな関係性をたえまなく追求した事実に光を当てることによって、社会科学がコンヴィヴィアルで持続可能な社会の像を描くためのささやかな一助となることをめざしている。

さて、以上が本書の意図であるが、そもそも「近代」の論理を乗り越えようとするガンディーの思考は、いったいどのようにして育まれてきたのだろうか。ガンディーの身の丈の経済論をつぶさに検討するにあたって、まずは、一九世紀の植民地インドに生を受けたガンディーの生涯をたどるところから考えてゆくこととしたい。

第一章　ガンディーの生涯——「真理」の実験の記録

ガンディーは、一八六九年にイギリス支配下のインドに生まれ、一九四八年にヒンドゥー至上主義者の凶弾に倒れた。その七八年余の生涯は、みずからが「真理」とみなした価値をたえまなく追求し、それを実践した文字どおり「実験」の記録であったといってよい。その「真理」は、南アフリカとインド本国におけるサッティヤーグラハ運動を通じて、いわばインド内外に人間のコンヴィヴィアルな関係性を構築するための原理となったものである。

ガンディーの生涯は、つぎの三つの時期に大きく区分されるのが通例である。すなわち第一期は、一八六九年の生誕からロンドン留学を経て一八九一年に帰国するまでの二二年間、第二期は、同年にボンベイで弁護士業を開業したときから一九一四年に南アフリカでのサッティヤーグラハ運動を終えるまで[1]の二三年間、そして第三期は、一九一五年のインド帰国から一九四八年に暗殺されるまでの三三年間である。[2]このうち第三期は、第一次および第二次非暴力抵抗運動やインド・パキスタン分離独立、そしてガンディーの暗殺などきわめて波乱に富んでいるため六つに区分することができる。

ここでは、ガンディーの「非暴力」思想や近代文明批判、社会経済政策としての建設的プログラム、[3]さらには階級・分配理論としての受託者制度理論[4]などが、その生涯のどのような場面に生まれ、展開したのかを確認する。その際、彼が、西洋的価値を乗り越えつつ「真理」をたえまなく探究し、南アフリカおよびインドにおけるサッティヤーグラハ運動の通してその普遍性を実践的に追求してゆく過程をたどることにしよう。

一　西洋との出会い——生誕からイギリス留学時代まで

ガンディーは、一八六九年一〇月二日インド西部のカーティヤーワール地方ポールバンダルに生まれた。インド大反乱[5]の一二年後、インド国民会議派が結成される一五年前のことである。生家は、バニア[6]ーのカーストに属し、両親は、敬虔なヴァイシュナヴァ派のヒンドゥー教徒であった。父には生前イスラーム教徒やゾロアスター教徒の友人があり、また父の死後、母の相談役となったジャイナ教僧侶の影響などもあって、ガンディーには幼少の頃から「すべての信仰にたいする寛容さ」が教え込まれた[Gandhi 1997: 28]。彼は、宗教にもとづく道徳や「真理」にかんするこの頃のみずからの思考をつぎのようにふり返っている。「ひとつのことが私のなかに深く根をおろした。つまり、道徳が物事の基礎であり、真理はあらゆる道徳の実質であるという確信である。真理は私の唯一の目標になった」[Gandhi

1997: 29]。ここにガンディーは、その生涯を通じて人間道徳の実質としての「真理」を追求する出発点にたったのである。

ガンディーは、一三歳のときに、生涯の伴侶となるカストゥールバー・マーカンジーと結婚するが、このような早婚を後悔して『自叙伝』でつぎのように述べている。「私には、このように非常識な早婚を支持する道徳的論拠をみつけることができない」[Gandhi 1997: 7]。彼は、少年時代の自分を「嫉妬深い夫」であり、「夫としての威厳をほしいままにしたかった」と述懐しており、自由を求めようとする妻との不和はしばしば避けがたいものであった [ibid.: 10]。「妻は夫の奴隷ではなく彼の伴侶であり、助力者であり、そして喜びも悲しみも等しく分かち合うパートナー」であると悟ったのは、ガンディー三七歳のときである。このとき彼は、妻と協力して公の事業に身を投ずるためにブラフマーチャリヤ（純潔、禁欲）の誓いをたてる [ibid.: 21]。

ところで、幼少時のガンディーが西洋を意識した事実として、つぎのふたつのことを挙げることができる。ひとつは、悪い友人に勧められて宗派的にタブーであった肉食を両親に内緒で行なったことである。西洋の影響ともいえる「改革」の風潮が、この頃ガンディーの住むラージコートをも覆っていた。彼は、ついにこの友人の説得に負けてつぎのように考えるにいたった。「肉を食べてもかまわない。そうすれば強くなれるし、大胆になれる。もし国じゅうの人が肉食をすることになれば、イギリス人にうち勝つこともできよう」。ここには、力による支配にたいして力で抵抗しようとする思考がかいまみられる。もっとも彼は、肉食を一年ほどつづけたが、両親への後ろめたさからまもなくこれを止めた [Gandhi 1997: 18-20]。

もうひとつは、キリスト教の布教活動についてである。ガンディーは、キリスト教の牧師が四つ角で説教をしてヒンドゥー教やその神々に悪口を浴びせていたのを堪えがたい思いで聴いていた。さらに、高名なヒンドゥー教徒がキリスト教に改宗するやいなや、牛肉を食べ、アルコールを飲み、ヨーロッパ風の服装をして歩きはじめたとの噂が、ガンディーの神経にさわった。「人に牛肉を食べさせ、アルコールをとらせ、そして自分自身の服装を変えさせる宗教は、断じてその名に値しはしない」［Gandhi 1997: 29］。

ガンディーは、こうして西洋にたいするアンビヴァレントな感情を示しながら、一八歳のときにイギリスのインナー・テンプル法曹院で学ぶために、母親と「酒と、女と肉に触れないことを固く誓っ」てボンベイを発った。このことは、海の旅を禁ずるカーストの掟に反するものであったが、彼は「カーストからの追放」を意に介することはなかった［Gandhi 1997: 33-36］。イギリス生活をはじめた頃には、高価な山高帽やイヴニングを買い、ダンスやヴァイオリン、フランス語、雄弁術などを習うものの、後にこれらを「イギリス紳士になるというまったく無理すぎる企て」とふり返っている［ibid.: 43-44］。

こうして、この頃までのガンディーには、インドの伝統による束縛から自由になり、西洋の風習を身につけようとする傾向が強かった。そこにはいうまでもなく、後にみられるような近代文明への批判的精神をみいだすことはほとんどできない。

とはいえガンディーは、イギリス滞在中に神智学協会の会員や善良なキリスト教徒との交流を通じて、ブッダの生涯をうたった『アジアの光』や、ヒンドゥー教の聖典『バガヴァッド・ギーター』、キリスト教『聖書』などに触れている［Gandhi 1997: 57-59］。これらにたいする研究は、このときさほど深められることはなかったものの、ガンディーが後に「非暴力」を含む「真理」を追求する際の重要な契機となったものである。

ガンディーは『自叙伝』で、法曹になるために必要な法律学の研究に言及している。彼は、九カ月間苦労してブルームの『コモンロー』、スネルの『衡平法』、ホワイトとテューダーの『指導的判例集』、ウィリアムズとエドワードの『不動産法』などイギリス法関連の書物を、メインの『ヒンドゥー法』などとともに読んだという。イギリス法の学習を通じて、人間の理性や自由、合理性を尊重する近代主義的考え方は、このとき彼の思考のなかに確実に叩き込まれていったはずである。彼は、試験に合格して、一八九一年六月一〇日に弁護士の免許を取得、一一日に高等法院に登録された。翌一二日にインドに向けて出帆し、帰国の途に着いた［Gandhi 1997: 68］。

二　「真理」の模索——南アフリカ時代

ガンディーは、弁護士の資格を得て帰国した後、ボンベイで開業するが失敗した。一九九三年には、インド・ムスリム商人の依頼を受けて顧問弁護士として南アフリカに赴いた。南アフリカ到着後間もなく、ダーバンからプレトリアへ向かう列車の一等車輛から有色人種であることを理由に放り出され、この国の人種差別の現実に強い衝撃を受けた。このとき「この病気の根絶やしをやってみるべきだし、そしてその過程での苦難は甘受すべきである」と決意し、以来、二十余年におよぶ彼の南アフリカ時代がはじまるのである［Gandhi 1997: 94］。

一八八六年に改正された南アフリカのアジア人にかんする法律では、彼らは決められた地域以外に土地を所有することはできず、公道を歩くことも許されなかった［Gandhi 1997: 107］。さらに、ナタール州立法議会議員の選挙権をインド人から奪おうとする法案が提出されたのを契機に、ガンディーは在留インド人の地位向上のためにナタール・インド人会議派を一八九四年に創設した［ibid.: 124］。一八九六年に一時帰国した際、「南アフリカにおける英領インド人の窮状——インドの人々へのアピール」と題する冊子［*CWMG*, v. 2: 2-36］をインド本国に広く配布した。その際彼は、サー・フィローズシャー・メーター、ローカマーニア・ティラク、ゴーパール・クリシュナ・ゴーカレーなどインド国民会議派の主要な指導者の支持を得ることができた。

一八九九年から一九〇二年にかけて行なわれたボーア戦争では、ガンディーの「個人的な同情は、ことごとくボーア人側に集まった」［Gandhi 1997: 179］。だが、このとき彼は、「イギリス帝国の枠内で、またそれを通してのみ、インドは完全な解放を達成できる」と考え、同志とともに野戦衛生隊を結成してイギリスに従軍した［ibid.］。イギリスの市民として国家に忠誠を誓いつつ、権利を主張する前に義務を履行しようとする姿勢は、とりわけ初期のガンディーの特徴であったといってよい。こうしたやり方は、一九〇六年のズールー人の反乱や第一次世界大戦の際にもみられた。

ガンディーの南アフリカ時代は、みずからの精神世界を充実させてゆく時期でもあった。この頃彼は、『バガヴァッド・ギーター』や『聖書』とともに、レフ・トルストイやジョン・ラスキンらの著作を研究し、普遍的価値としての「真理」を模索していった。ここでいうガンディーの「真理」とは、古代インドの宗教的諸価値である真理、不殺生、不所有、禁欲などの観念に、キリスト教における隣人愛の観念などくわえて、これらを自身の内面で紐解き再編成して構成されたものである。それは、『自叙伝』によれば「無数の他の諸原則を含む最高の原則」であり、「絶対的真理、永遠の原則、すなわち神」である［Gandhi 1997: xi］。それはまた、さしずめ自己の欲望を自発的に抑制して、他者（とりわけ最下層の人々）に愛をもって奉仕する倫理として、ガンディー自身の生き方のみならず、人間のコンヴィヴィアルな関係性を志向する彼の思想全体をも支える根本原理となったものである。(7)

ガンディーは、そうした「真理」にかんする考えを深めてゆくなかで、一九〇九年に『ヒンドゥ・スワラージ』を著わし、近代文明を物質主義に彩られたものとして激しく批判した。そこには、肉食や雄弁術、ヴァイオリンや山高帽などに心を奪われたときのような西洋社会にたいする憧れはもはやみられず、むしろそうした社会を支える価値観を真っ向から批判する姿勢が目立つようになる。(8)

南アフリカで弁護士であった頃のガンディー（1906年）

ところでガンディーは、一九〇六年八月にトランスヴァール政府が発表した新アジア人登録法案を読んで震撼した。同法案によると、八歳以上のトランスヴァールに居住する資格を得るインド人はみな、性別を問わず、名前、住所、カースト、年齢、および指紋などをアジア人登録係に登録し、登録証明書の発給を受けなければならなかった。また登録を怠った場合には、そこ

英国に出発前，南アフリカのヨハネスブルグ滞在中のガンディーと妻カストゥールバー（1914年７月）

での居住権が奪われる。くわえて、登録証明書は公道でも提示を求められ、警察官は証明書の検査のために個人の住宅に立ち入ることができた［Gandhi 1995: 91-93］。

新アジア人登録法が一九〇七年七月一日に発効すると、ガンディーは、サッティヤーグラハと呼ばれる運動を開始した。「サッティヤーグラハ」とは、「真理」（サッティヤ）を「把持する」（アーグラハ）ことを意味する。この運動は、自分たちが悪法であると信ずるこの法律に従わないことで、もしも「真理」に反しているというならば、自分たちを罰せよというものである。運動員たちは、断固として登録を拒否して許可証発給所に公然とピケを張り、何百人もが投獄される覚悟を決めていた［Gandhi 1995: 125-29］。このときガンディーは、治安判事にたいして「最大の刑罰」を下すように要求した［ibid.: 137］。

当惑した南アフリカのスマッツ将軍は、インド人が自発的に登録を済ませるならば、当局は同法を撤回するという約束をひとたびガンディーと交わした。しかし、後に将軍がこの約束を破棄したために、ガンディー率いる何百、何千という非暴力の「軍勢」は、逮捕されることを覚悟のうえで力強く行進をつづけた。在留インド人は、多大な肉体的、精神的苦痛を代償としながら、最終的には一九一四年の「インド人救済法」の成立をもって大勝利をおさめた［Gandhi 1995: 303-05］。

ガンディーは、南アフリカでサッティヤーグラハ運動を終えると、一九一四年末にインドに向けて出航した。彼が南アフリカ時代に追求した「真理」は、その後いよいよ植民地インドにおいていっそう大きな規模で実践される。それは、市民的不服従運動にくわえて、チャルカー運動、コミュナル統一、不可触民制度廃止といった彼の一連の活動を支えてゆくのである。

三　「真理」の実践——インド帰国から暗殺まで

ガンディーの生涯の第三期は、彼が植民地インドという固有の文脈において「真理」のいっそうの普遍性を追求してゆく過程にほかならない。本節では、これを六つの時期に区分して構成する。すなわち、インド帰国から第一次非暴力抵抗運動までの時期（一九一五―二二年）、会議派内に対立が生じコミュナリズム(9)および左翼勢力が台頭する時期（一九二二―三〇年）、第二次非暴力抵抗運動期（一九三〇―三四年）、インド統治法から「クイット・インディア」決議までの時期（一九三五―四二年）、インド・パキスタン分離独立の前段階（一九四二―四七年）、そして分離独立からガンディー暗殺までの時期（一九四七―四八年）である。

インド帰国から第一次非暴力抵抗運動まで（一九一五―二二年）

ガンディーは、一九一五年に帰国するとまもなくアフマダーバード近郊のコチラブにアーシュラム(10)を建て、一九一八年にはそこから少し離れたサーバルマティーにこれを移した。[11] この地域にアーシュラムを築いた理由は、アフマダーバードが「古くから手織物業の中心地」であったことにある［Gandhi 1997: 329］。それは後に、市民的不服従運動とともに、チャルカー運動やコミュナル統一、あるいは不可触民制度廃止などの事業の事実上の司令本部ともなる場所であった。

ガンディーは、インド本国での「真理」にもとづく本格的な闘いとして、一九一七年のチャンパーラン農民闘争と一九一八年のアフマダーバード労働者ストライキを指導し、[12] さらにその後、全国的規模で第一次非暴力抵抗運動を展開する。一九一九年三月に、令状なしの逮捕や裁判なしの投獄などを定めたローラット法が施行されると、ガンディーは四月六日、官民すべてのインド人にハルタール（一斉休業）の実施を呼びかけた。彼は、この日を『自叙伝』でつぎのようにふり返っている。「インド全体はすみからすみまで、……ことごとくその日一日一斉休業を完全に守った。それは、もっともすばらしい光景であった」［Gandhi 1997: 383］。この日、植民地インドの行政、経済、社会のすべての機能が、文字どおり停止したのである。

四月一三日には、イギリスのダイヤー将軍がみずからの部隊に命じて、アムリッツァルのジャーリヤーンワーラー広場に集まった非武装の市民に向けて、弾薬が果てるまで銃撃させた。スコットランドの判事、ウィリアム・ハンターを委員長とする無秩序調査委員会の報告書によると、三七九名の死者と、推定で死者の三倍に達する負傷者を生み出したという［DIC 1920: 45］。ルイス・フィッシャーは、この虐殺事件を「ガンディーがインド政界の中央に到る道」の出発点と位置づけている［Fischer 1995: 233］。

ところでガンディーは、一九一九年一一月にデリーで開かれた全インド・ヒラーファト会議の第一回大会で議長を務めた。全インド・ヒラーファト会議は、トルコのカリフの地位の擁護を要求するものであった。彼は、南アフリカにいた時分から「ヒンドゥーとムスリムのあいだに、純粋の友情がないことに気づいていた」[Gandhi 1997: 368]というから、かならずやヒラーファト問題をコミュナル統一の好機とみなしていたにちがいない。

このとき、ムスリムによる牝牛屠殺を止めることが、ヒンドゥーにとって喫緊の課題ではあった。だが、ガンディーは、両宗派がみずからの利害を相手にたいする取引材料とすることをつぎのように否定的に捉えている。つまり、「ヒンドゥーの側がこの点〔ヒラーファト問題〕にからめて牝牛の問題を引き入れ」ること、また「ムスリムが、ヒラーファト問題でヒンドゥーから支持を受ける代償として、牝牛屠殺をやめること」は、双方にとって「ふさわしくない」。しかし、「ムスリムがヒンドゥーの宗教的感情に寄せる敬意から、……自由意思で牝牛の屠殺をやめるならば、それは……非常に奥ゆかしく、また名誉あることである」[Gandhi 1997: 399][13]。

第一次世界大戦の結果、トルコはバルカン半島の領土の多くを失った。これは、ヒラーファト運動で提携したインドのムスリムとヒンドゥーに共通の民族的感情を損なうものであった。一九二〇年九月の会議派カルカッタ特別大会は、これに抗議して称号、官職、インド政庁下の教育機関、裁判所、選挙、軍人・書記・労働者の海外派遣、外国商品などのボイコットを「非暴力的非協力」の方針とともに決議した。またこのとき、一九〇六年の会議派カルカッタ大会以来掲げられてきた「スワデーシー」[14]（国産品愛用）のテーマに、手紡ぎと手織りの復活による綿布生産がくわえられた[*CWMG*, v. 18: 230-31]。インド政庁が、一九二一年三月に会議派指導者にたいする弾圧を強化してゆくと[15]、ガンディーは、七月三一日にボンベイにて外国製織物を焼き払うことでこれに応えた[16]。

一九二二年二月には、ウッタル・プラデーシュ地方のチャウリー・チャウラー村で、農民が警察官を殺害するという事件が起きた。ガンディーは、こうした暴力行為を「遺憾」とし、「この国がまだ十分に非暴力的でない」ために市民的不服従運動を停止し、建設的プログラムをこれに置き換えるバールドーリー決議を会議派運営委員会において採択させた［*CWMG*, v. 22: 377-81］。第一次非暴力的抵抗運動は、ここに幕を閉じる。ガンディーは、事件の翌月逮捕され、一九二四年一月までイェラヴァダー刑務所に幽閉された。

会議派内の対立、コミュナリズムおよび左翼勢力の台頭（一九二二―三〇年）

第一次非暴力抵抗運動の停止によって、会議派内ではいわゆるスワラージストが、運動方針をめぐって不改変派と深刻に対立した。スワラージストとは、非協力運動が停止されたことを受けて、州立法参事会への参加を通じてイギリスに自治の要求を突きつけることを主張するグループであった。これにたいして不改変派の方は、それまでと同様に立法参事会への不参加を主張するグループであった。このときガンディーは、一方では、一九二五年五月に「政治的状況に対処するスワラージ党の能力に全幅の信頼を寄せる」としてスワラージストに政治活動をまかせた。しかし他方では、「私は、建設的プログラムに対処することの方がふさわしいように感ずる」として、社会経済活動に留まろうとする不改変派の側に身を置いて、両派の連携をはかったのである［*CWMG*, v. 27: 5-6］。

一九二二年一一月のカリフ廃止によってヒラーファト運動がその大義名分を失うと、かつてのコミュナル統一の雰囲気は消滅した。ヒンドゥーとムスリムは、むしろ殺戮をともなう抗争に明け暮れるようになった。ガンディーは、そうした状況を目の前にして、出獄後の一九二四年九月に宗派間の融和のために二一日間におよぶ断食を行なった［Fischer 1995: 279］。だがこの断食は、一時的にはともかく、両宗派の緊張を本当の意味で和らげるものではなかった［ibid.: 285］。これ以後、コミュナリズムの嵐が激くなるにつれて、建設的プログラムにも盛り込まれたコミュナル統一のテーマは、いっそう重要なものとなってゆく。

ところで、インド共産党が一九二五年に設立されると(17)、同党の指導下に労働者や農民を中心とする政治勢力が台頭してきた。たとえば、一九二六年から一九二八年にかけて、労農党がベンガル、ボンベイ、パンジャーブ、連合州などでぞくぞくと結成され、一九二八年一二月には、全インド労農党がカルカッタで発足している［中村 一九七七：九二－九三］。労働組合の主要指導者は、一九二九年三月にインド政庁の弾圧を受けて投獄され、一九三一年にいわゆるメーラト共謀訴訟(18)で裁かれた［同前書：一二二－一二三］。共産主義者たちは、労働者や農民による階級闘争を主張したが、ガンディーが、彼らの暴力的社会改革の方法にみずからの受託者制度理論を対置しはじめるのはこの頃である(19)。

会議派内では、ジャワーハルラール・ネルーやスバース・チャンドラ・ボースなどを中心とする急進的思想家のグループが台頭してくる。彼らは、一九二七年の会議派マドラス大会で「プールナ・スワラージ」（完全独立）のスローガンを採択させることによって、党内にふたたび亀裂をもたらすことになった。モーティーラール・ネルーを議長とする全政党委員会は、一九二八年八月にいわゆる『ネルー報告』を提出し、プールナ・スワラージではなく、イギリス帝国内の自治領の地位を要求した。

これにたいしてガンディーは、一九二八年一二月のカルカッタ大会でみずから決議案を修正して、プールナ・スワラージ派と自治領派の統一をはかった。つまりそれは、『ネルー報告』が一九二九年一二月三一日までに受け入れられなければ、会議派はプールナ・スワラージを達成するために「非暴力的非協力」を組織するというものである［Tendulkar 1988-90, v. 2: 335］。イギリスが、決められた期限までに自治領の地位さえ与えなかったため、一九三〇年一月二日の会議派運営委員会は、同月二六日を「独立記念日」とすることを決議した。ここに第二次非暴力抵抗運動の準備が完了するのである［ibid., v. 3: 1］。

第二次非暴力抵抗運動（一九三〇－三四年）

第二次非暴力抵抗運動は、この「独立記念日」をもってはじまる。会議派がこの日採択した「独立の誓い」は、つぎのようにいう。

インド政庁は、インド人民の自由を奪ったのみならず、みずからの基礎を大衆の搾取に求めており、インドを経済、政治、文化、精神の面で破壊している。……インドにたいして四重の災害をもたらしている支配をいっそう甘んじて受けることは、人間と神にたいする犯罪行為であると確信する。［Sitaramayya 1969, v. 1: 363-64］

同日、イギリスの支配に反対する集会やデモ行進が、会議派の呼びかけに応えてインドの各地で行なわ

「塩の行進」中のガンディー（1930年３月）

れた。なかでも、ボンベイでは一〇万人の労働者が、インドの独立と革命の達成をスローガンとして会議派主催のデモ行進に参加した［中村 一九七七：一〇三］。

一九三〇年三月一二日にガンディーは、七八人の門弟たちとともに二四〇マイル離れたダンディーの海岸をめざして、サーバルマティー・アーシュラムを出発した。いわゆる「塩の行進」である。群衆の熱狂はすさまじく、行進をはじめて四日目のナディアードでは、「マハーデーヴ・デーサーイーがガンディーをみつけるのが困難な」ほどに集団は膨らんだ。四月一日にスーラトに到着したときの群衆の数は、八万人にのぼったとみられている。四月五日にダンディーに到着したガンディーは、翌日海岸にて祈りを捧げ、海水を煮詰めて作った塩を摑んだ。この行為は、きわめて単純ながら、インド政庁によって設けられた製塩禁止法を破るという重大な意味をもつ。人々は、これにならって違法な製塩をグジャラートやボンベイその他の地域で開始した［Tendulkar 1988-90, v. 3: 25-32］。

しかし同じ頃、東ベンガルのチッタゴンや、北西辺境州のペシャーワル、マハーラーシュトラ地方のショーラープルなどでは、市民が武装蜂起して一時市政を掌握するなど、ガンディーの意図を離れて暴力化の一途をたどった。ガンディーが五月五日に逮捕されると、ハルタールや職場放棄、名誉ある官職からの辞職などが行なわれ、「革命的熱狂は、その絶頂に」達したといわれている［Tendulkar 1988-90, v. 3: 39］。

一九三一年三月五日には、いわゆるガンディー＝アーウィン協定が結ばれる。これは、イギリスが政治犯の処分を撤回することや、自家消費のための製塩を認めることなどを条件として、ガンディーが法の組織的侵犯、地税不払い、公職の辞退、イギリス製品ボイコットなど一連の不服従運動の停止を約束するものである［Sitaramayya 1969, v. 1: 427-66］。ところがガンディーは、第二回ロンドン円卓会議[20]を終えて同年一二月に帰国すると、インド政庁による弾圧が各地で激化するのを目の当たりにする。一九三二年一月一日にすべてのインド人に向かって不服従運動の再開を呼びかけると、インド政庁は一月四日にガンディーを逮捕、会議派を非合法化した［Tendulkar 1988-90, v. 3: 153-57］。

一九三二年八月には、マクドナルド首相によるコミュナル裁定が発表された。これは、不可触民階級やムスリム・コミュニティなどによる分離選挙を規定したものである。ガンディーは、これにより不可触民がヒンドゥー教徒とは異なる集団として固定化されることを危惧し、翌九月に獄中で「死にいたる断食」を決行してこれに抗議した[21]。彼はこの頃から、不可触民を「ハリジャン」（神の子）と呼んで、彼らにたいする差別の問題にいっそう意識を集中させてゆく。一九三三年二月に停刊処分を受けていた

『ヤング・インディア』誌に代わって『ハリジャン』誌を創刊、三月には獄中でハリジャン奉仕者協会（Harijan Sevak Sangh）を創設した［Fischer, 1995: 413］。さらに、五月には獄中でハリジャン解放のための二一日間の断食を行なうが、その健康が悪化するなかで釈放された［Tendulkar 1988-90, v. 3: 200-03］。

ところでインド共産党は、一九三三年一二月にカルカッタで再建会議を開き、コミンテルンに正式に加盟したものの、一九三四年七月に非合法化された。それでも共産主義者たちは、労働組合、農民組合、会議派などを通じて活動をつづけ、やがて全国規模の勢力に成長してゆく［中村 一九七七：一二四］。ガンディーが、一九三四年四月にとるに足らない理由を挙げて第二次非暴力抵抗運動を中止するのは、会議派内に社会党が結成されるという政治状況においてであった[22]。こうしたなかで彼は、九月に会議派を脱退、その後の五年間少なくとも公式には政治の第一線から退いて建設的プログラムに専念する。

インド統治法から「クイット・インディア」決議まで（一九三五－四二年）

一九三五年のインド統治法は、イギリスによる分割統治政策の一環として、ムスリムによる分離選挙を規定していた［Tendulkar 1988-90, v. 4: 39］。同法にもとづく一九三七年の州立法議会選挙で国民会議派が圧勝すると、ネルーら会議派指導者は、ムスリム連盟を軽視するようになる。アレン・H・メリアムの説明するとおり、彼らが「イギリスと会議派のみがインド政治において重要なグループ」であると考えて連盟との協力を拒否したことは、連盟の会議派にたいする態度を硬化させることとなった［Merriam 1980: 56］。

こうした会議派側の態度は、シリル・H・フィリップスによれば「完全な誤算」［Philips 1949: 132］

であり、ペンデレル・ムーンによれば「パキスタン成立の主要因」[Moon 1961: 15] となるものであった。こうした状況にあってガンディーは、会議派がセキュラリズム[23]を掲げる政党であることを強く訴えるようになるが、連盟のムハンマド・アリ・ジンナーは、ヒンドゥー多数派による支配を恐れて、ムスリムの結束をいっそう固めることに心血を注いでゆく。

このためガンディーは、建設的プログラムからできるだけ政治的要素を排除してコミュナリズムを制御しようした。一九四〇年二月に彼は、ふたたび建設的プログラム関係の組織の構成員は「政党政治に関係してはならない」、「これら組織は、民族旗を掲げてはならない。それがムスリムとヒンドゥーの喧嘩の一因であるときには、とりわけそうである」と述べた [*CWMG*, v. 71: 289-90]。しかし翌月、ムスリム連盟ラホール年次大会は、「独立国」(Independent States) を宣言 [Allana 1967: 172]、ジンナーは総裁演説において、新生国家が「隣国と完全な調和のもとに存続する」と主張した [ibid.: 187][24]。

一方ガンディーは、むしろ「この主権国家は、みずからが昨日まで一部をなしていた国とおそらく戦争状態に陥るであろう」と危惧した。ガンディーは、まずはイギリスから独立を勝ち取り「その後であらゆる相対立する要求を調整しよう」とジンナーに呼びかけたが、ジンナーは包括的独立よりもムスリムによる主権国家の樹立を優先したのである [*CWMG*, v. 76: 315-16]。ただしアーイシャ・ジャラールによれば、この段階でジンナーの想定していた主権国家は、「ムスリム州とヒンドゥー州それぞれの憲法制定議会を中心に構成される二つの別々の政治団体、または連邦」であって、インドから完全に切り離されたものではなかったという [Jalal 1985: 174]。

第二次世界大戦が始まると、日本軍の侵攻がインドに迫ってくる。こうした状況にあって会議派は、一時解除していたガンディーの指導をふたたび仰いで、一九四二年八月に「クイット・インディア」（インドを撤退せよ）決議を採択した［Tendulkar 1988-90, v. 6: 148-68］[25]。その翌朝、政府は、ガンディー、ネルー、アーザード以下会議派指導者を一斉に逮捕し、同党を非合法化した。同時に全インド紡ぎ工協会（All India Spinners' Association: AISA）や全インド村落工業協会（All India Village Industries Association: AIVIA）など建設的プログラムの諸機関を激しく弾圧、文字どおりカーディーやチャルカーを焼き払った［ibid.: 228］。このときジンナーが、「クイット・インディア」決議に協力しなかったことはいうまでもない［Merriam 1980: 81］。

一九四二年八月から一九四四年五月までの獄中生活は、ガンディーにとって「まったく救いようのない悲劇」であった。フィッシャーによれば、「ガンディーが刑務所の門をくぐり、その扉が閉められた瞬間、暴力の水門は開かれた」という。警察署や政府建造物が放火され、電話線が切断された。鉄道の枕木が引き抜かれ、イギリス人官僚が襲撃された。ガンディーにとっては、「暴力の蔓延とそれに対処できぬ自分の無力さが悲しかった」のである［Fischer 1995: 495, 504］[26]。

インド・パキスタン分離独立の序曲（一九四二－四七年）

ガンディーら会議派指導者が獄中にいたあいだ、ジンナーはインドを自由に回り、ムスリムの結束を強めることができた。ジンナーは、しばしばガンディーを「イスラーム社会の福祉にたいする主要な脅威」として描き出した。メリアムによれば「ムスリム連盟の単線思考的な宣伝活動は、一九四四年までにジンナーをインド政治の一大勢力に仕立て上げた」という。実際、一九二七年に一三三〇人だったムスリム連盟の会員は、このときまでに二〇〇万人を数えていたというから、ジンナーの組織力と宣伝力がいかに大きなものであったかがわかる［Merriam 1980: 88-91］。

一九四五年六月から七月にかけてシムラーにおいてウェーヴェル総督が開いた会議は、行政参事会のメンバーの配分について合意を獲得することが目的であった。ジャラールによれば、「ヒンドゥーとムスリムの対等な立場にかんしての『一般合意』には誰もがすぐに同意した」が、問題は「そのムスリムとは誰をさすのか」ということであった。このときムスリム連盟は、行政参事会のすべてのムスリムは同連盟からのみ選ばれるべきだと主張した。しかしこうした主張は、セキュラリズムを掲げる会議派の理解はもとより、ウェーヴェルのそれを得ることもかなわず、会議は結局失敗に終わる［Jalal 1985: 129-32］。

とはいえ、「独立」の光がようやくみえてきたこの年の一二月の段階になると、ガンディーは、会議派運営委員会のつぎの決議文をみずから起草し、三年前に弾圧された建設的プログラムを市民的不服従運動の前提条件としてふたたび前面に押し出すことができた。「会議派運営委員会は、自由の達成を目的とした市民的、大衆的、あるいはその他のいかなる不服従も、インドの大衆が建設的プログラムを最大規模において採用することなしには想定できないと考える」［*CWMG*, v. 82: 201］。運営委員会に建設的プログラムを採択させえたことは、ガンディーが、やがて薄らいでゆく会議派への影響力をこの時点ではかろうじて保持していたことを示唆しているといえるだろう。

一九四六年三月にイギリスから派遣された内閣使節団は、二カ月の調査のすえ、つぎのような構想を提示した。すなわちインド連邦は、三つの共通事項（外交・防衛・通信）を管轄し、独自に歳入を確保する権限をもち、英領インドと藩王国の代表で構成される立法府と行政府を置く。ただし、(立法府に代表を送る) 会議派諸州とムスリム諸州は対等ではない、というものである［Jalal 1985: 195］(27)。会議派は、使節団の提案にもとづいて、暫定政府の発足と憲政議会への参加の方針をとった。これにたいして連盟は、いったんは暫定政府への参加を表明したものの、後にこれを撤回した。このため総督は、会議派にのみ組閣を要請し、九月二日にネルーを首相とする暫定政府を樹立させた［ibid.: 210-18］。

他方ムスリム連盟は、内閣使節団構想の受諾を撤回するのと同時に、パキスタン独立のための「直接行動」の日を八月一六日とすることを決議していた(28)。この日から八月二〇日にかけてカルカッタで暴動が発生、ムスリムとヒンドゥーあわせて四〇〇〇人が殺害され、一万五〇〇〇人が負傷した［Jalal 1985: 215-16］。一〇月になると連盟は、むしろパキスタンを獲得するために暫定政府を利用すべきであるとの立場に転じて閣僚を送り込んだ［ibid.: 225］。この暫定政府は、以後会議派と連盟の対抗関係を内に抱えながら、分離独立への道を確実にたどってゆく。

一九四六年一〇月には、ムスリムが多数を占める東ベンガルのノーアカーリー地方でコミュナル暴動が発生すると、殺人、強姦、略奪、強制改宗などの残虐行為がビハール、連合州、ボンベイ、パンジャーブなどへと連鎖していった［Merriam 1980: 122］。ガンディーは、一〇月六日の『ハリジャン』誌上でムスリム連盟のパキスタン構想をつぎのように激しく批判する。

私は、ムスリム連盟が主張するようなパキスタンは、非イスラーム的であると強く信じ、それを罪深いことと呼ぶことにまったくためらいはない。イスラームは、人類の統一と兄弟愛を意味するものであって、人間の家族としての一体性を乱すことを意味しない。したがって、インドをおそらくは敵対するであろうグループに分割しようとする者どもは、インドとイスラーム共通の敵である。

［*CWMG*, v. 85: 367］

コミュナリズムにもとづく抗争が激化するなかで、ガンディーは、一九四六年一一月から四カ月にわたってノーアカーリーやビハールを巡礼し、宗派間の融和を説いた。ガンディーは、みずからの「アヒンサー」（非殺生）がこの巡礼によって厳しく試されていると捉えた［*CWMG*, v. 86: 214］。だが、彼の訪れたところに平穏が戻っても、彼がすべての土地に赴くことはできなかった。実際パンジャーブでは、宗派間の対立がさらに悪化の一途をたどり、もはやガンディーが分離独立の流れを押し止めうる段階にはなかった。巡礼の後にガンディーは、こうした民族の殺し合いの原因を会議派が中心となって建設的プログラムを徹底しなかったことに求めた。「私が、一八項目の建設的プログラムを打ち出して以来、それが熱心に実行されていれば、国中で起きている悲しい事件が私たちに襲いかかることはなかっただろう」［*CWMG*, v. 87: 228］。

一九四六年一二月には、ムスリム連盟欠席のまま会議派を中心とする憲政議会が発足、翌一九四七年三月には、最後のイギリス人インド総督としてマウントバッテンが赴任する。ガンディーは、インドの分裂をくい止めるための究極の策として、四月に新総督にたいし、暫定内閣を解散してジンナーを首相に据えるように進言する。ジンナーがこの提案を受け入れることは、なお多数派のヒンドゥーと渡り合わなければならないことから非現実的なことであった。だが他方で、会議派指導者らにとってもまた、

ノーアカーリーを巡礼するガンディー（1946年）

ジンナーを首班とする内閣を受け入れることほど屈辱的なものはなかったのである［Merriam 1980: 125］。

一九四七年六月三日には、ついにインド・パキスタン分離独立の最終案であるいわゆる「マウントバッテン計画」が発表された。英領インドをムスリム多数州とヒンドゥー多数州に分割し、それぞれに権力を移譲する計画である。同計画は、会議派と連盟によって承認され、分離独立はもはや動かしがたいものとなった［Jalal 1985: 286］。ジャラールは、マウントバッテンが、こうした計画を「歴史上もっとも偉大な行政上の手術」としたことをつぎのように批判的に問うている。「この『偉大な手術』なるものは、実は、イギリス人がインドのコミュナルな狂気を収めるというやっかいな責任から逃れるための恥ずべき逃走劇ではなかったか」［ibid.: 293］。

分離独立からガンディー暗殺まで（一九四七－四八年）

パキスタンは一九四七年八月一四日に、インドは翌一五日に、それぞれイギリスから独立した。しかし、ヒンドゥーとムスリムを基軸とする統一国家を夢みていたガンディーにとって、こうした分離独立は悲劇以外のなにものでもなかった。ガンディーは、一五日の独立式典には参加せず、カルカッタで終日コミュナル統一のために断食して祈りを捧げた。フィッシャーによれば、「独立は、独立の建設者に悲しみをもたらし、国父は自国に失望した」のであり、「インド人はガンディーにとってインドの独立以上に大切な非暴力を裏切った」のであった［Fischer 1995: 607］。

分離独立がけっして平和をもたらさないというガンディーの危惧は、現実のものとなった。それぞれの新生国家において少数派になることを恐れた難民たちは、人為的に画定された国境線を越える大移動を開始した。その数は、一九四七年の冬までに一五〇〇万人にのぼったといわれている［中村 一九七七：一八二］。中村平治は、こうした民族の大移動とそれにともなう悲劇をつぎのように描いている。

難民は、着の身着のままであり、わずかな家財道具を手押し車や、牛車にのせて移動した。その途中には、疫病が待ちうけ、略奪や暴行、傷害や殺人といった……事態が発生していた。虐殺された数は二〇〇万とも五〇〇万ともいわれている。［同前書］

ガンディーの悲願であった統一国家は樹立されなかったが、コミュナル統一のテーマは、インド独立後も「それ自体建設的プログラムの不可欠の構成要素」［*CWMG*, v. 89: 145］として位置づけられていた。ガンディーにとっては、国家の「独立」よりもその中味こそが重要だったのである。したがって、国の内外において「非暴力」と同胞愛にもとづくコンヴィヴィアルな社会を建設する課題は、なお建設的プログラムに課せられてゆく。「インドが幸福に生きるためには、建設的プログラム以外の道はない」［ibid., v. 90: 295］。しかし、一九四七年末に秘書のピアレラールの目には、ガンディーは「人が描きうるもっとも悲愴な人物」と映っていた。「彼は、自分の周辺や、いまや政府の権力と名誉ある地位を掌握した同僚のほとんどすべての者から精神的に孤立していた」［Pyarelal 1956-58, v. 2: 681］。

ガンディーのデリー帰還は、そこでの殺戮を散発的なものに収める効果をもった。それでも彼は、一九四八年一月一三日、ヒンドゥーとムスリムを含めた「すべての人々の良心」に訴えて、生涯最後の断食を実行する［*CWMG*, v. 90: 413］。断食の三日目に、インド連邦政府にたいして、分離独立前のインドの資産のうちパキスタンの分け前に相当する五億五〇〇〇万ルピーを同国政府に支払うよう要請する声明をピアレラールに口述筆記させている（これに応じてインド連邦政府はすぐさま送金した）［Fischer 1995: 637-38］。

ガンディーは、隣国どうしの友好関係を築くために、パキスタン政府の招聘を前提として同国へ赴くことを計画していた［*CWMG*, v. 90: 465］。他方、国民会議派を国民奉仕者協会（Lok Sevak Sangh）に再編成する構想を一月二九日にしたためている。この協会は、チャルカーやカーディーを中心として「非暴力」の社会経済を樹立するための機関である。しかし、これらの計画を実施する機会はついに与えられなかった。ヒンドゥー至上主義を信奉するナートゥーラーム・ゴードセーは、ムスリムに友好的なガンディーを暗殺するために、翌三〇日夕刻の祈りの会に紛れ込んだ。ゴードセーは、ガンディーの前に跪いて合掌するやいなや、彼の胸に三発の銃弾を撃ち込んだ。ガンディーは、神の名「ラーマ」を呟いて倒れ、波乱に満ちた七八年余の生涯を閉じたのである。(29)

ガンディーには、若き日に肉食や雄弁術など西洋の風習に心を奪われた時期があった。しかし彼は後に、インド内外のさまざまな宗教や思想の研究を通じて、西洋近代を超える普遍的価値としての「真理」を模索し、これをみずからの生き方や思想の支えとしていったのである。南アフリカでは、そうした「真理」にもとづいてサッティヤーグラハ運動を展開し、また『ヒンドゥ・スワラージ』を著わして近代文明を批判した。インド帰国後は、その「真理」を市民的不服従運動や建設的プログラムなどを通じてより深く追求した。その目的は、インドとイギリス、ヒンドゥーとムスリム、カースト・ヒンドゥーと「不可触民」、そして資本家と労働者、地主と小作人のあいだの利害対立を超えて、人々のコンヴィヴィアルな関係性を構築することにあったといえる。

「真理」にもとづく人間のコンヴィヴィアルな関係性を構築するというガンディーの「実験」は、現実にはきわめて難しい事業であった。そのことは、インドとパキスタンが彼の理想に反して分離独立したことに、またそうした「実験」の意図がほかならぬ彼自身の命を奪う結果につながったことにはっきりと示されている。

にもかかわらずガンディーが、多様性と寛容の精神を重んじてきたインドにあって、普遍的価値としての「真理」を追求してきたことは、重要な意味をもつ。二一世紀に生きる私たちは、そうした価値の考察を通じて、みずからのグローバル社会とそれを支える思考様式を批判的にみることができると思われるのである。

ガンディーの建設的プログラムは、彼にとって「独立」そのものよりも重要な意味をもっていた。この社会経済綱領が、宗教、階級、経済、教育、言語なども含めた包括的なものであったことは、彼の思想が、人間生活のおよそすべての側面に関与していたことを示している。私たちは、これ以後の各章において、このうち主としてその経済的側面に焦点を当てて検討してゆくことにしよう。まずは次章で、これまでのガンディー研究をふり返り、つづく第三章では、ガンディーの経済思想を支える「真理」の観念とその形成に影響を与えた諸宗教についてみてゆくことにしたい。

第二章　ガンディー研究をめぐる論点

ガンディーは、生涯を通じて「真理」を追求し、人間のコンヴィヴィアルな関係性を構築しようとつとめた。それは、インド独立運動はもちろんのこと、その過程で同時に展開された貧者自立のためのチャルカー運動[1]や、富者に富の再分配を求める受託者制度理論[2]などによるものであった。これらの運動や理論は、古い時代の技術や宗教に依拠しながら人間社会の未来にもまたがる諸価値を備えているために、おびただしい数の論者に批評されてきた。

マルクス主義を中心とする近代主義の立場にたつ人々は、ガンディーの生きていた時代より彼の思想を「前近代的」なものとみて批判した。ところが、二〇世紀後半にその近代主義の限界が明らかになると、いわゆるポスト近代主義やポスト植民地主義などの影響を受けた論者たちが、ガンディー思想を「後期近代」あるいは「ポスト近代」の思考様式として再評価するようになる。もっとも、後者の言説の多くは、資本主義やグローバル経済を是認するなかでガンディーの倫理観を評価しようとする傾向をもち、かならずしも近代社会のオルターナティヴとしての彼の身の丈の経済論を尊重するものではない。

　これにたいして、ポスト近代主義やポスト植民地主義の影響を受けたこうしたガンディー再評価とは別に、身の丈の経済論を志向するガンディーの考え方を高く評価してきた人々がいる。彼らは、環境破壊と資源の枯渇、生物種の絶滅など近代社会が抱える諸問題を克服するための活路をガンディー思想にみいだそうとしている。彼らの思考様式は、かならずしも近代のオルターナティヴを示すことのないポスト近代主義一般と区別して、いわば「もうひとつのポスト近代主義」ともみなしうるものである。

　そこで本章では、こうした観点からガンディーの同時代より今日までのガンディー研究をふり返ることとする。ガンディー研究の考察は、すでに日本ではガンディー生誕一〇〇年にあたる一九六九年に石田雄と内藤雅雄によってなされている[3]。しかし、それから四〇年余りの歳月を経て、ガンディーにたいする評価は、インドおよび世界の政治的、経済的、社会的変化とともに大きく変化してきた。このため、二一世紀の比較的早い時期にガンディー研究史をあらためてたどることには、きわめて大きな意義があると考えられる。

　ここでは、一連の言説が本来もっている多様性に十分配慮しながらも、まずはマルクス主義を中心とする近代主義によるガンディー批判を、つづいて、ポスト近代主義やポスト植民地主義の影響を受けたガンディー再評価を検討し、いずれの場合もガンディーによる近代批判の核心を捉え切れていないことを示したい。さらに、「もうひとつのポスト近代主義」によるガンディー理解の系譜を検討し、彼らが、経済発展をつねに善としてきた近代主義を本当の意味で超克しようとすることの意義を考えて結びとする。

一　近代主義による批判

ガンディー思想は、イギリス帝国および植民地インドにおいて工業化が進展しつつあった二〇世紀前半より、近代主義の立場にたつ多くの論者から「進歩」に逆行するものとして厳しく批判されてきた。ここでいう近代主義とは、さしずめ神の摂理に支配された中世の蒙昧から人間の理性が解放され、個人の自由、合理性、科学技術によって「進歩」が追求される時代の精神を意味する。

たとえば、アダム・スミスにはじまる古典派経済学は、経済発展の要件として利己心、分業、自由貿易などをおおむね歓迎した。それは、デイヴィッド・リカードゥの比較優位説などを経由して、後にジョン・スチュアート・ミルらの資本輸出論を内実とする帝国主義論へと発展する。こうした近代主義的思考の帰結としての福祉国家体制は、植民地からの帝国主義的収奪に支えられながらも、「文明の遅れた」社会にたいしてみずから模範を示すものとして正当化されたのである。(4)

他方、カール・マルクスは、社会が生産力の発展とともにアジア的、古代的、封建的および近代ブルジョア的生産様式へと移行してゆくと考えた［マルクス 一九六四：七］。彼もまた、カリフォルニアの金坑の発見が、アメリカと太平洋のアジア沿岸の「もっとも強情な野蛮民族をさえ世界貿易に、文明にひきずりこんでいる」と述べて、近代の進歩主義を表現していた［マルクス 一九六一：二一七］。マルクスが宗教を「民衆の阿片」とみなしたように［マルクス 一九五九：四一五］、近代主義においては、一般に宗教に規定された倫理的価値は人間の理性の前に著しく影を潜める傾向にあったのである。

こうした近代主義の観点にたつ人々は、アヒンサー（不殺生、非暴力、愛）やアパリグラハ（不所有）などの宗教倫理を掲げ、チャルカーのような古い技術を復活させようとするガンディー思想を「前近代」的なものとみなして批判した。たとえば、ガンディーと同時代のオールダス・ハクスリーは、ガンディー主義者が「『自然へ回帰すること』――いいかえれば、科学を全面的に捨てて、原始人か、せいぜい中世の人々のように生きること」を説いているとみた［Huxley 1935: 53］。ジョージ・オーウェルもまた、ガンディーを回想して「自家製布地、『魂の力』、そして菜食主義など、彼にまつわる事柄は、説得的ではないし、その中世主義的プログラムが、後ろ向きの飢えた人口過剰の国では実行不可能であることは明らかだった」と綴っている［Orwell 1950: 93-94］。

インドにおいては、ニラド・C・チョードゥリーの目に、「彼〔ガンディー〕の全イデオロギーは、文明生活を放棄し、原始的存在に戻ろうとする決意に突き動かされているように」みえた［Chaudhuri 1987: 28］。また、サルヴァパッリー・ラーダークリシュナンは、ガンディーを後に高く評価するものの、出会った当初は、彼が「中世的思考態度をもち合わせていた」との印象をいだいている［Gopal 1989: 27-28］。さらに、ラビンドラナート・タゴールにとっては、人々が、ガンディーのチャルカー運動への呼びかけに盲目的に応じて外国製布地を焼き払う光景は、「理性と教養に鍵をかけ」ることを意味した［Rolland 1924: 124］。タゴールのこの視点は、後にチャルカー運動をめぐるガンディー＝タゴール論争[5]を「タゴールの側」にたってふり返る、アマルティア・K・センの論評を導くことになる［Sen 2004］。

だが、ガンディー主義を「前近代的」思想とみなす評価は、近代主義者のなかでもとりわけマルクス主義者によって強力に展開された。彼らの目には、ガンディーが、古い技術や村落共同体の復興を主張し、非暴力の倫理を掲げて階級闘争（革命）を阻止することによって、インド社会の「発展」を押しとどめようとしていたように映ったのである。国際共産主義運動に深く携わったマナベーンドラ・ナート・ローイは、ガンディーが「唯一の信頼すべき生活の指針」とした「神への信仰」に触れて、「二〇世紀においてもなお、インドがガンディーの素朴な教義に左右されるということは、その大衆の文化的後進性を物語っている」と嘆いた［Roy 1950: 210］。デニス・ダルトンによれば、ローイは、少なくとも一九三〇年代には「西洋」の「合理主義、技術、近代科学、そして『豊かな経済』のもつ諸力」に「光」をみいだし、ガンディーを真の「進歩」を妨げる人物とみていたのである［Dalton 1993: 85］[6]。

　他方、ロシア革命に心酔したジャワーハルラール・ネルーは、「彼〔ガンディー〕は、進歩の途上の障害物となっている旧秩序の遺物のすべて――封建的な藩王国、大規模なザミーンダーリー制度およびタールクダーリー制度[7]、現存の資本主義制度――に祝福をおくっている」と嘆いた［Nehru 1996: 528］。また、E・M・S・ナンブーディリッパードゥの『マハートマとガンディー主義』は、「ガンディーは何よりも一つの階級――ブルジョアジー――の抜け目のない政治指導者であった」というテーゼを論証するために書かれたといってよい［Namboodiripad 1981: 61］[8]。

　こうしたガンディー評価は、旧ソヴィエトにおけるそれと一致している。マリエッタ・T・ステパニアンツによれば、一九五〇年代の旧ソヴィエトでは、あらゆる百科事典、教本、学術出版物が、ガンディーを「インドの大ブルジョアジーと大地主の使徒」と呼んでいたという［Stepaniants 1998: 11］。彼女は、当時のインド研究の権威、A・M・ディヤコフの見解をつぎのように紹介している。「ガンディー主義的イデオロギーは、時代遅れの形で出現し、生産力の発展を妨げるものである。それは進歩には関心をもたず、反対に古い社会関係を温存しようと望む反動的階級の利益を擁護するものである」[ibid.: 12][9]。

ガンディー主義が、基本的に「前近代的」でありながら、ブルジョアジーの利益のために大衆を動員したとの見解は、今日なおサバルタン研究者のあいだで生きている。サバルタン研究者は、後述するようにポスト植民地主義の一翼を担うものの、同時にマルクス主義の影響を強く受けている。このため、彼らの描くガンディー像は、次節で検討されるようなガンディー再評価とは一線を画すものである。たとえばパルタ・チャタジーは、ガンディーの市民社会批判が[10]、「ポスト啓蒙主義的な思考の問題関心の外にたった認識であ」り、「資本主義以前の段階の広大な農業社会に属する思考の様式と概念を共有するものであるとみた [Chatterjee 1984: 176, 強調は原著者]。ラナジット・グハもまた、ローイ、ディヤコフ以来のマルクス主義的ガンディー理解をほぼそのまま継承し、ソヴィエト崩壊後もなおガンディーを「インド亜大陸でのブルジョア政治家のなかでもっとも重要な人物」とみなしている [Guha 1997: 143-44]。

このように、ガンディー思想は、簡素で非暴力の社会を標榜するがゆえに、マルクス主義を含む近代主義の観点から、「進歩」に逆行するものとして厳しく批判されてきたのである。だが、こうした進歩主義にもとづくガンディー批判は、人間が産業革命以来飽くなき欲望にもとづいて進めてきた経済発展が、やがて自然の限界に達することを想定していない。したがってそれは、彼が、欲望を自発的に制御するための倫理と、身の丈の経済において皆が共に生きてゆくための技術を掲げて、「近代」の矛盾を克服しようとしていたことの積極的意味を見落としてしまうのである。

ところが、二〇世紀後半以降に、それまで近代主義的ガンディー批判の有力な根拠となっていたマルクス主義が衰退すると、ガンディー思想は、近代や近代以降の思考様式とも親和的なものとしてにわかに再評価されるようになる。もっとも、そうした議論は、資本主義による経済発展や経済のグローバル化をおおむね是認したうえで、ガンディーの掲げた倫理的諸価値のみを再評価する傾向が強く、彼の身の丈の経済の論理については一般に否定的である。私たちは、その様子をつぎにみることにしよう。

二　ポスト近代主義などによる再評価

二〇世紀の後半に生態系の破壊や核による絶滅の危機などが顕著になると、マルクス主義を含む近代主義の限界がしだいに明らかになってくる。それとともに、近代主義の側から批判されたガンディー思想は、その倫理観を中心として近代や近代以降の思考様式と親和的なものとしてにわかに再評価されるようになる。そうした再評価は、近代主義を乗り越えることを課題としたポスト近代主義やポスト植民地主義などとの関連でなされることが多い。したがって、ここではまず、これらの言説やそれらと密接に関連する脱構築の手法を簡単にふり返っておきたい。

ポスト近代主義は、そもそも、人間の理性と進歩を重視して普遍的な価値を追求してきた近代主義の限界を克服しようとする言説であり、ひとつにはマルクス主義の思考様式や方法論にたいする批判精神を多分に含むものである。その概念形成は、欧米の高度産業社会の到来とともにマルクス主義にもとづく「革命の神話」が失効したことを意味するダニエル・ベルの「イデオロギーの終焉」の概念［Bell 1960］から大きな影響を受けている。(11) すなわち、ベルの「イデオロギーの終焉」論を分析したジャン－フランソワ・リオタールは、『ポスト・モダンの条件』においてマルクス主義を含む普遍理論を「大きな物語」と呼び、それにたいする不信感として「ポストモダン」を定義した［Lyotard 1979: 7］。

リオタールの「ポスト近代主義」は、「近代の重工業社会の後の社会」を意味するベルの「ポスト産業社会」論［Bell 1973］と同様に、基本的にはコンピュータ産業の繁栄とともにサービスや情報が中心となる、「高度に発展した先進社会における知の現在の状況」を説明しようとするものである［Lyotard 1979: 7］。しかし、デイヴィッド・ライアンの説明するように、ベルがなお進歩の観念に依拠しているのとは対照的に、リオタールは「進歩なきポスト産業社会」をみすえている［Lyon 1994: 47］。この点で、リオタールの「ポスト近代主義」は、近代主義の進歩思想を色濃く残しているベルの思考とは本来的に異なるものである。

他方、ジャック・デリダによる脱構築の手法は、善と悪、理性と感情、男性と女性、主人と奴隷などの近代主義的二項対立に潜むヒエラルキー構造を暴き、転倒させる方法を意味する。それは、主としてポスト構造主義と呼ばれる思考様式において用いられるものである。そもそも構造主義は、現象を支配する深層構造を重視し、主体としての人間の意識や理性の可能性を否定して近代の人間主義を批判した。ポスト構造主義の課題は、こうした構造主義による主体概念批判を徹底しながら、その硬直的、権威主

義的姿勢を克服することにあった。(12)

こうしたポスト構造主義においては、さらに権力と結びつく知を批判的に分析するミシェル・フーコーの方法論が、エドワード・サイードによる「オリエンタリズム」の概念形成に援用されてゆく。ここでいう「オリエンタリズム」とは、「『東洋《オリエント》』と（しばしば）『西洋《オクシデント》』とされるものとのあいだに設けられた存在論的・認識論的区別にもとづく思考様式」であり、「オリエントを支配し再構成し威圧するための西洋の様式《スタイル》」を意味する［サイード 一九九六：二〇－二一］。それは、その後の非西洋圏における植民地的言説およびポスト植民地的言説一般を批判的に分析する、ポスト植民地主義のさきがけとなった概念である。

こうして、近代主義を超克しようとする言説は、たんに先進経済の社会的、知的状況を悲観的にみていたリオタールのポスト近代主義を超えて、権力の作用する中心から周縁に追いやられた「他者」を認識しようとするポスト植民地主義などへと裾野の広がりをみせている。たとえば、サバルタン研究は、前述の通りマルクス主義的ガンディー批判を継承しているものの、サバルタンが周縁化される事実とともに「権力や、支配・従属の基礎的関係」［Sarkar 1984: 272-73］を浮き彫りにする使命を担う点で、ポスト植民地主義の一翼を担っている。(13)

では、マルクス主義を含む近代主義が衰退してゆく時代にあって、ガンディー思想が近代ないしは近代以降の思考様式として再評価されてゆく様子を実際にたどることにしよう。まず、ジョーン・ボンデュランは、フルシチョフによるスターリン批判の直後にあたる一九五八年に『暴力の克服――ガンディー主義的紛争哲学』（初版）を著わした。彼女は、かならずしもポスト近代主義やポスト植民地主義などの用語を明示的に用いているわけではないが、そうした用語を用いて行なわれるその後のガンディー再評価に先鞭をつけている。彼女は同書で、ガンディーのサッティヤーグラハが、紛争の当事者を創造的な「目的」へと導く「手段」であるとし、「手段」の問題を無視してきたマルクス主義や自由民主主義の政治理論に重要な意味を与えると考える［Bondurant 1965: 189-233］。同書は、一九六五年の改訂版序文によると、ガンディーの非暴力的紛争解決方法を核による絶滅の危機に晒された人類にとって「将来への意味を孕む」ものとして再評価するものであった［ibid.: xi］。ジーン・シャープは、同書を「ガンディーとサッティヤーグラハが西洋の政治的理論および実践にもつ重要性についての西洋の政治学者による初めての書物」とみなしている［Sharp 1959: 401］。

つぎに、ロイド・I・ルドルフとスザンヌ・H・ルドルフは、一九六七年に「伝統の近代性」(modernity of tradition) なる概念を打ち出して、これをマルクスなど近代主義者がいだく「近代」と「伝統」という二項対立的思考に対置した(14)。「伝統の近代性」とは、「伝統」と「近代」が相対立するのではなく、「伝統」のなかに「近代」へと連続する要素があるとする考え方である。ルドルフらは、この概念を用いて、ガンディーが、非暴力や禁欲などの伝統的諸価値を民族の独立、結束、自尊心などといった近代的諸目標のために利用したと説明する［Rudolph and Rudolph 1967: 10-11］。ここに、かつて近代主義にもとづいて否定されたガンディー思想は、実は近代の諸価値とも親和性をもつものとして再評価されたのである。

ボンデュランやルドルフらは、どちらかといえば、ガンディーの倫理観を近代社会においても機能しうる価値として再評価するにとどまっている。これをさらに進んで近代以降の思考様式として再評価する本格的議論の出現は、一九七〇年代のエルンスト・F・シューマッハーなどを除けば、おそらく冷戦構造の崩壊に向かう一九八〇年代まで待たねばならない。

たとえばビクー・パーレークは、一九八〇年代末にポスト植民地主義的観点から、ガンディーが植民地インドにおいて「いかに伝統と戦いながらそれがもつ再生可能な資源を動員し、いかに伝統に軸足を置きながらそこから離れようとしていたか」を描いた［Parekh 1989: 33］。そこにみられたのは、「伝統の近代性」ではなく、新しい時代に合わせて「ヒンドゥー教的伝統の正統派の観念を脱構築し、再構築し」ようとするガンディーの姿であった［ibid.: 18］。

一九八九年にベルリンの壁が崩壊し、一九九〇年代初めにソ連・東欧の社会主義体制が完全に消滅すると、「後期近代」あるいは「ポスト近代」を念頭においてガンディー思想を再評価する議論がいっそう盛んになされるようになる。トーマス・パンサムは、ガンディーがインドの伝統から非暴力などの倫理を引き出しながら、科学やヒューマニズムの名のもとに弱小民族を搾取し、他の生物を破壊してきた近代文明を批判したと理解する。彼はそこに、自然状態と暴力性を前提とする啓蒙主義的政治理論にたいするポスト構造主義的批判を先取りする視点をみいだしている［Pantham 1995: 101］[15]。

さらに、ロナルド・J・テルチェクは、ガンディーが、人間の自律性を高く尊重して、個人を抑圧した植民地主義（近代）と不可触民制度（伝統）の双方にたいして抵抗したとみている。もっともテルチェク自身は、ガンディー思想をポスト近代主義の範疇に収めることを明確に拒否している。彼は、ガンディーが追求した自律性、民主主義、経済的安定、参加型コミュニティ、非暴力的紛争解決などの課題が、「後期近代」（late modern）としての二一世紀において意味をもつと主張する［Terchek 1998: 234-

35]。テルチェクがガンディー思想をポスト近代主義から峻別する理由は、つぎの二点である。すなわち、第一に、ガンディーが真理の存在を信じ、人々が平和のうちに尊厳をもって生きられると想定したのにたいして、ポスト近代主義者は真理の存在を否定し、調和よりも支配を強調すること、また第二に、ガンディーが「愛」を人間の行動や社会関係の中心に置こうとしたのにたいして、そうした倫理観がポスト近代主義には不在であることである［ibid.: 14］。

ニコラス・F・ギアは、ガンディー思想とポスト近代主義のちがいにかんするこうしたテルチェクの理解が、デリダなどフランス脱構築主義者には当てはまるが、構築主義的ポスト近代主義(16)についてはそのかぎりではないと考える［Gier 2004: 13-14］。ギアによれば、構築主義的ポスト近代主義の提示する世界観においては、伝統主義の「神話」とも、近代主義の「分析的理性としてのロゴス」とも区別された「統合的、美学的、動態的理性としてのロゴス」が前面に押し出される。そこでは、人間は「社会的責任、心理精神的エンパワーメント、ディープ・エコロジーへのコミットメント、よい人間関係、神聖なものへの新感覚」などの倫理を他者との関係性において追求する存在として捉えられる［ibid.: 23］。こうしてギアは、近代主義とも脱構築主義的批評とも一線を画した構築主義的ポスト近代主義の倫理としてガンディー思想をみるのである［ibid.: 27］(17)。

ロイド・ルドルフは、一九六七年にガンディー思想をいわば近代主義とも親和的なものとして再評価するにとどまったが、二〇〇六年の著作ではこれをポスト近代主義の言説として理解しようとしている。すなわち彼は、ガンディーの『ヒンドゥ・スワラージ』が「インドのナショナリズムや独立を超える『もうひとつのプロジェクト』」を提示していると理解し、同書の「これ〔近代〕を拒否し、超克する能力」にポスト近代主義の特徴をみいだすのである［Rudolph 2006: 20-21］(18)。ルドルフにとって、ガンディーの近代文明批判は、「近代の終焉の始まり」を画するもので、ネルーの「ハイモダニズム」が輝きを失う一九八〇年代に甦るものであった［ibid.: 13, 27］。この場合の「近代」とは、「デカルト思想、ニュートン科学、ホッブス国家論などとともに一七世紀半ばに始まり、第二次世界大戦から冷戦終結までのあいだに終わる時代区分」を意味する(19)。

最後に、アンソニー・パレルは、ガンディーを「プルシャールタの理論が機能しうるための新しい方法を開拓しようとした未来志向の思想家」のひとりとみなした［Parel 2006: 13］。パレルによれば、プルシャールタ（人生の目的）は、ダルマ（倫理と宗教）、アルタ（富と権力）、カーマ（快楽）、モークシャ（輪廻からの解脱）からなり、ガンディー思想の「鍵」となるものである［ibid.: 5］。彼は、ガンディー主義的パラダイムは、インドが世界の主要な政治経済大国として立ち現われつつある今日いっそう妥当性をもつという［ibid.: 205］。パレルの眼差しは、ガンディー思想を富や快楽などといったインド古来の諸価値に結びつけて、未来におけるその意義を示そうとするもので、実にポスト産業社会としてのインドをみすえたものとなっている。

こうしてみると、近代主義の衰退とともに現われたこれらの諸言説には、一部のサバルタン研究などの例外はあるものの、ガンディーがインドの伝統に逆戻りしようとしていたとする近代主義的否定的評価はほとんどみることができない。ガンディーが、社会の構成原理としての「愛」や「非暴力」などの倫理を重視したことが、「後期近代」や「ポスト近代」の人間社会において大きな意味をもつとの認識は、ほぼ定着したとみてよいであろう。

ところが、これまでみてきたようなガンディー再評価の多くは、彼の身の丈の経済の論理を正面から受け止めようとするものではない。パーレークは、そもそもガンディーの主張する村落経済論はグローバル経済においては不可能であると考えている［Parekh 1997: 90］。テルチェクもまた、「後期近代」の世界にたいするガンディーの提言は、その糸紡ぎや村落経済にはみあたらないという［Terchek 1998: 237］。ガンディーの身の丈の経済の論理は、本来、社会主義崩壊後のグローバル社会において、市場経済がいっそう激しく拡大し、環境を急速に破壊しつつある事実を前にきわめて重要な意味をもつはずである。しかしその重要性は、近代主義（主としてマルクス主義）の限界を克服しようとするこれら諸言説のなかでは、かならずしも十分に受け止められているとはいえないのである。

その最大の理由は、これら論者の多くが、近代主義の限界をみすえて「後期近代」や「ポスト近代」を語る際に、実は、近代によって規定された物質的発展の方向性を結局のところ是認していることにあるように思われる。たとえば、ロイド・ルドルフは、労働の苦痛からの解放と生産性の向上を念頭において、「彼〔ガンディー〕は、コンピュータや情報技術革命を歓迎したであろう」という［Rudolph 2006: 27］。たしかにガンディーは、当時新聞を活用したように、もし現代に生きていたら、インターネットなどで積極的にみずからのメッセージを発信していたと想像することはできる。[20] しかし彼は、はたしてそうした媒体によって情報が氾濫し、人々の欲望が無制限に開発されてゆくような「ポスト産業社会」を本当に歓迎しただろうか。筆者には、ルドルフのガンディー評価において、そうした「ポスト産業社会」の負の側面が認識されているようにはみえないのである。

またマドゥーリ・ワドワは、「ポスト近代主義」の意味における「近代化」を「西洋の発展モデルを土着のシステムに採用し、適用すること」と定義し、これを「伝統と近代に関連づけてガンディー主義を議論する際の適切な枠組み」であるとする［Wadhwa 1997: 3］。だが、こうした定義にもとづく認識方法は、そもそも「西洋の発展モデル」を拒否したガンディー思想を理解するうえで大いに限界をもつといわねばならない。

そもそも「近代」を乗り越えることを課題としていたポスト近代主義などの言説が、主としていわゆる先進経済に目を向け、欲望と物質主義の面で近代社会より一段高い社会を想定するならば、そうした思考は、ガンディーによる身の丈の経済の論理とは根本的に異質のものである。それでは、社会主義社会を導いたマルクス主義を明示的に批判することはあっても、ともすればもうひとつの近代のシステムである資本主義社会を、好むと好まざるとにかかわらず受容することにもつながるだろう。そのことは、ほかならぬリオタールが、「進歩なきポスト産業社会」を悲観的にみながら、なおそれを近代の延長上にあるものとして認識する姿勢にすでに表われている。「モデルニテ、すなわち近代の時間性が、本来それ自身とは異なる状態に向かってみずからを超越する推進力をもっているという理由で、ポストモデルニテはすでにモデルニテに含まれているといわねばなりません」［Lyotard 1988: 34］。

前田雅司は、こうしたリオタールの姿勢のなかに「ポスト・モダン言説を取り巻く内的矛盾」をみいだしている［前田 二〇〇八：二九―三〇］。前田によれば、結局のところ「ポスト・モダン思想は、近代の根拠を問いながら、その問い自体が循環して近代の言説に舞い戻ってしまうともいえ、近代化論の域を超え出るものではないところに落ち着いてしまうところに、ポスト・モダンのパラドックスを押えて置く必要がある」のである［同前書：三八―三九］[21]。

もっとも、ガンディー思想をポスト近代主義的に理解する議論の多くは、こうしたリオタールの「ポスト産業社会」にたいする悲観的視角を離れて、そうした社会をどちらかといえば肯定的に受け止めているようにみえるのである。ガンディー思想を資本主義との関連で再評価しようとする傾向は、ひとつにはガンディーがインド民族資本家の財力と経営手腕をみずからの活動に積極的に活用しようとしていた事実にもよるだろう。しかし、第四章および第六章に示されるとおり、ガンディーの目的は、七〇万の村落を中心としてコンヴィヴィアルな社会を構築することであり、資本家たちの経済的・知的資源は、そのための手段として位置づけられていたにすぎない。そうした目的は、あくまでも資本主義を含めた近代社会を乗り越えることにあった。そのことの意義を理解するためには、私たちは、ここに示したポスト近代主義やポスト植民地主義とは異なる認識の枠組みを設定しなければならないのである。

三　もうひとつの理解の可能性

ガンディーは、「真の意味での文明は、必要物の拡大ではなく、それの慎重なそして自発的な削減にある」と考えていた［Gandhi 1957a, v. 1: 146］。「必要物の削減」を志向するこうした思考は、資本主義的発展やグローバル経済にたいするオルターナティヴとして人間の身の丈の経済を志向する人々によって評価されてきた。そうした評価は、ポスト植民地的文脈においてガンディーの村落論を重視するアシス・ナンディーの議論などを例外的に含みながら、一般的にはこれまでみてきたポスト近代主義やポスト植民地主義の議論とは区別される。その思考は、いわば「もうひとつのポスト近代主義」とも呼びうるもので、主として身の丈の経済において構築されるコンヴィヴィアルな人間関係を理想とする考え方である。

「もうひとつのポスト近代主義」の流れを最初に形成したガンディー研究者は、おそらくチャルカー運動を同時代において観察していたリチャード・グレッグとマンモーハン・P・ガンディーであろう。グレッグは、『カッダルの経済学』(初版は一九二八年)において、カッダル運動(カーディー運動)を「熱力学第二法則として科学者に知られた経済学への非常に懸命な応用である」と高く評価し、「蓄積された太陽エネルギーとしての石炭」ではなく「太陽エネルギーの現在所得としての食糧と身体の力」を利用するチャルカーの優位性を主張した[Gregg 1946: 133]。他方、マンモーハン・ガンディーは、チャルカーの台数についてグレッグの推計に首肯しつつ、公式統計には載らない手紡ぎ糸の推計生産量から、手紡ぎおよび手織りが機械製綿布(国内産および外国産)からの競争に屈することなく堅固に存続しえていたことを示した[Gandhi 1931: 72-77]。これらは、都市ではなく村落において人々が共生することを理想としたガンディーの経済論を肯定的に評価した先駆的研究である。

その後、東西冷戦下において環境・資源問題が悪化するなかで、いち早くガンディー思想に目を向けた経済学者は、エルンスト・F・シューマッハーである。シューマッハーは、ガンディーから絶大な影響を受けているので、その「スモール・イズ・ビューティフル」の構想については第八章で詳しく検討する。シューマッハーの「中間技術」(intermediate technology)は、「すべての人の手が届く小規模の手段と設備」と定義されるが[Schumacher 1973: 29-30]、その発想の源流にはガンディーのチャルカーの思想があるとみられる。この中間技術論（後に「適正技術論」と改められる）は、環境の制約を前提として第三世界の開発に用いられるもので、物質的発展をめざした近代の資本主義とも社会主義とも異なる人間の身の丈の経済を志向する技術論の象徴であった。

さらに、ジェレミー・リフキンが、一九八〇年にチャルカーを「簡素な適正技術の一例」として高く評価し、つぎのように述べている。「ガンディー主義的経済学は、農村を都市より、農業を工業より、小規模技術を高度の技術より優先する。こうした経済的優先順位の一般的な組み合わせのみが、第三世界の開発を成功に導きうる」［Rifkin 1980: 193］。リフキンは、「技術を合理化して高速なものとし、変換スピードを速めれば速めるほど、利用可能なエネルギーはいっそう速く拡散し、無秩序はいっそう拡大する」と主張する［ibid: 79］。このことは、エントロピーを低く抑えるためには、技術の簡素化が必要になることを意味する。

リフキンの問題意識は、近代の進歩主義や科学主義が、都市および工業における高エネルギー経済を生み出し、それが経済的権力の集中と環境破壊および資源枯渇をもたらしたという点にある。彼は、グレッグやシューマッハーらと同様、簡素な技術こそが社会の持続可能性を保証すると考え、ニュートン科学の後に必要とされる思考様式としてガンディー思想を重視するのである［Rifkin 1980: 205-23］。

ポスト植民地主義的文脈においては、ガンディー思想をその村落論を含めて肯定的にふり返る論者のひとりとして、アシス・ナンディーがいる。彼は、ガンディーが政治文化の担い手をバラモンなど都市の知的エリートから、これまで周辺に置かれていた政治の新しい参加者（民衆）に移行させたと考えた［Nandy 1980: 52-53］。また、ガンディーが「単一の非抑圧的、平等主義的、都市工業的、テクノクラート的文明」〔近代文明〕ではなく、「非抑圧的、平等主義的、非都市的、非工業的、かつ非テクノクラート的な、西洋と東洋の真の文明」が出現することを望んだとみる［Nandy 1987: 128-29］。さらに、ガンディーと関連づけて、一九九〇年代のインドの映画や文学において「村落」が「想像」されなくなっていった風潮を嘆いている［Nandy 1996］。こうしてナンディーは、インドの伝統に埋没するガンディーのイメージを払拭しつつ、なおかつ村落論を含む彼の思想に近代主義を乗り越える契機をみいだしている(22)。

日本では、長崎暢子が一九九六年に『ガンディー――反近代の実験』を著わし、ここでいう「もうひとつのポスト近代主義」の視点を示している。長崎は、同書で「近代文明を徹底的に批判し、過剰な生産や消費を追求しない、自給自足的村落の生活を理想とする」という『ヒンドゥ・スワラージ』の本来の趣旨を捉えている［長崎 一九九六a：一〇九］。また彼女は、この年の六月一一日付の『朝日新聞』でもガンディーの「信託」思想（「受託者制度理論」）に触れて、「ガンディーの思想と運動は、ヨーロッパ近代が行き詰っているかにみえる今日、アジアばかりでなく、今後の世界の持続的発展を考えるためにも再検討されてしかるべきであろう」と述べている［長崎一九九六b］。ただし、ここで長崎のいう「持続的発展」とは、通常意味するところの「持続的経済発展」とは異なるものであり、さしずめ人間社会の「持続的な営み」ほどの意味として理解されるべきであろう。

ここでは最後に、現代インドの環境保護運動家であるヴァンダナ・シヴァをあげておきたい。シヴァは、生態系における生物多様性の破壊と人々の生計の源の剥奪は、ともに中央集権的にコントロールされた近代的開発の結果であると考えている。このため、生態系が保全されるためには、人々の生活手段が保全されなければならず、ここにガンディーによる「雇用創出的・分権的」なチャルカーが重要な意味をもつ。彼女は、チャルカーを「資源、人々の生活手段、および人々の生活手段へのコントロール権を保全する技術の象徴」として高く評価する［Shiva 1993: 141-43］。こうしてシヴァは、人間が生態系の枠内で持続的に生きてゆく活路をガンディーにみいだす点で、典型的な「もうひとつのポスト近代主義」の思考を表現しているといえるだろう(23)。

このように「もうひとつのポスト近代主義」は、環境と資源の制約をも念頭において、いかに簡素な技術によって人々を雇用し、社会の持続可能性を確保するかを考えるものである。もっともガンディーのコンヴィヴィアルな倫理に含まれる欲望の制御は、そもそも自発的な性格のものであって、環境や資源に制約されるために行なわれるものではなかった。にもかかわらず、そうした倫理に支えられる彼の経済論は、生態系の危機が差し迫った現代においてきわめて重要な意味をもっている。それは、「進歩」をつねに追求してきた近代主義とも、その延長上にコンピュータや情報が氾濫する社会を描くタイプのポスト近代主義とも根本的に異なり、本来的な意味で近代社会の矛盾を克服しようとする思考様式であるといえるだろう。

もっとも、身の丈の経済の論理は、いうまでもなく現実の世界においてひろく一般に受止められているわけではない。そこではむしろ、代替エネルギーの開発や二酸化炭素の排出権取引、さらには「環境に優しい」製品の生産・消費などに象徴されるように、「環境」という概念そのものが経済活性化の梃子として位置づけられているようにみえる。いわゆる「環境ビジネス」は、「近代」を支えてきた利己心と物質主義の論理にもとづいてなお経済成長をめざす側面をもち、この点で「必要物の削減」のおよそ対極を向いている。そうした活動を支持する論者たちは、身の丈の経済を標榜する「もうひとつのポスト近代主義」の発想を、非現実的で実行不可能であり、表に出してはいけない「誤った論理」として却下するであろう。だがそれは、現状肯定派の人々の目に「非現実的」にみえればみえるほど、現状にたいする根本的批判を内包し、それを乗り越えるための論理を示しているといえるのである。

マルクス主義など近代主義の観点にたつ論者は、宗教的、倫理的色彩の強いガンディー思想を「進歩」に逆行するものとして批判した。だがそれは、利己心と物質主義、および進歩主義によって構成されるみずからの思考様式が、やがて地球の限界に直面する可能性を無視することによって成立する議論であった。こうした否定的ガンディー評価は、現実の社会主義社会およびマルクス主義が二〇世紀後半に衰退し、かわりにポスト近代主義やポスト植民地主義が台頭するのと同時に大きく修正されてゆく。

ところが、こうしたポスト近代主義やポスト植民地主義の影響を受けた論者が、ガンディーの倫理観を再評価するとき、そこには同時に資本主義やグローバル経済を是認する傾向が顕著にみられる。その際、ガンディーのチャルカーや村落の思想は、近代社会のオルターナティヴとして位置づけられるのではなく、どちらかといえば無視されるか否定されることが多かった。しかしそれでは、近代主義の限界を克服して、持続可能でコンヴィヴィアルな社会を標榜することにはつながらないのである。

これにたいして、ここでいう「もうひとつのポスト近代主義」は、ガンディーの身の丈の経済の論理とそれを支えるコンヴィヴィアルな倫理を積極的に評価しようとする思考である。ガンディーの経済論は、もとより当時のインドのあるべき姿について語ったもので、たとえば世界経済にたいしてなんらかの普遍理論を示すものではなかった。しかしそれは、こうした思考の枠組みにおいて敷衍されるとき、当初の歴史的、地理的射程を超えて、これまで人間の欲望の開発と経済発展を是認してきた近代主義を本当の意味で乗り越える可能性を秘めているのである。

私たちはつぎに、持続可能でコンヴィヴィアルな社会をめざすこうした「もうひとつのポスト近代主義」の意味内容をガンディーの経済思想において詳しくみてゆくことにしよう。次章ではまず、彼の経済思想を根底で支えている宗教観を検討することからはじめたい。

第三章　宗教観――コンヴィヴィアルな倫理の形成

　ガンディーにとって「真理」とは、「無数の他の諸原則を含む最高の原則」であり、「絶対的真理、永遠の原則、すなわち神」である［Gandhi 1997: xi］。こうした彼の「真理」は、「アヒンサー」（不殺生、非暴力、愛）や「ブラフマーチャリヤ」（純潔）、「アパリグラハ」（不所有）などを内包し、人間が自発的に「節制」して他者と共生することを理想とするコンヴィヴィアルな倫理である。それは、ガンディーが、一九世紀から二〇世紀にかけてキリスト教、ヒンドゥー教、神智学協会などによるグローバルな宗教活動に接触するなかで独自に形成されたものである。そこにみられる一種の「禁欲」の倫理は、人間の簡素な生き方を規定するもので、マックス・ヴェーバーが資本主義発生との関連でみていた「禁欲」の概念とは大きく異なるものである。

　そこで本章では、ガンディーの「真理」が、こうした当時のグローバルな宗教活動を担っていた人々との関係において、どのように形成されていったかをたどることにしよう。第一節では、ガンディーが、

『バガヴァッド・ギーター』に依拠して、ヨーガを中心とするヒンドゥー教の神秘主義的伝統に軸足を置きながら、みずからの倫理観を構成していった事実を検討する。第二節では、「アヒンサー」の戒律を徹底してバラモン正統派から異端視されたジャイナ教および仏教とガンディーの諸信条との関連性を検討する。第三節では、ガンディーがキリスト教『聖書』、および異端的キリスト教思想家であったトルストイおよびラスキンから受けた影響を探る。そして第四節では、ガンディーの「真理」が、ヴェーバーの「禁欲」とは異なる倫理を含みつつ、コンヴィヴィアリティとして彼の身の丈の経済論を支えることの意義を考えることとしたい。

一 ヒンドゥー教――『バガヴァッド・ギーター』を中心として

ガンディーの「真理」が、諸宗教のグローバルな活動との関連でどのように形成されていったかを考えるために、まずは、インド最大多数の人々の生活を規定してきたヒンドゥー教の影響を検討することからはじめたい。ここでは、ガンディーが「真理の知識を得るためのもっともすぐれた書物」[Gandhi 1997: 57] とみなし、その行動の最大の指針とした『バガヴァッド・ギーター』（以下、『ギーター』）に焦点を当ててこれを行なうことにしよう。

ガンディーの『ギーター』との出会いは、幼少時に父による朗唱を聴いていたときに遡る [Gandhi 1997: 4]。その後、イギリス留学時代に神智学協会会員であるふたりの兄弟に誘われて、エドウィン・

アーノルド卿による『ギーター』の英訳、『天来の歌』を本格的に読むことになる。神智学協会は、ブラヴァツキー夫人とオルコット大佐が、世界宗教を追求するために一八七五年にニューヨークに設立した団体である。この協会は、設立者が西洋人でありながら、西洋思想よりもむしろ再生や業（カルマン）などヒンドゥー教や仏教の概念を取り入れて、インドや欧米に多くの共鳴者を獲得していた［玉城一九七五：一〇六－一〇七］。ふたりの兄弟は、ガンディーとともにインドの宗教を学ぶことによって、神智学協会の活動の重要な一翼を担っていたことは明らかである(1)。

さて、『ギーター』は、そもそもヒンドゥー教においては、バラモン正統派の圏外にあったバーガヴァタ派の聖典として成立した宗教教訓詩である。その成立時期については諸説あり、ラーダクリシュナンは紀元前五世紀、辻直四郎は紀元後一世紀、そして、モニエル・ウィリアムスは紀元後二、三世紀と考えている。いずれにしてもそれは、紀元前一〇〇〇－前五〇〇年のあいだに、バラモン教においてヴェーダ聖典やウパニシャッド聖典が編纂されたのより少し遅れて成立し、やがて紀元後四世紀までに確定していった古代叙事詩『マハーバーラタ』に組み込まれてゆく。辻によれば、バーガヴァタ派は、バガヴァッドの名によってこの派の信仰するヴィシュヌ神が、やがてウパニシャッドの中性的根本原理ブラフマンと同一視されることによってバラモン正統派に同化されていったという(2)。

『ギーター』の主人公アルジュナは、神聖なる地クルクシェートラに親族どうしの合戦が始まろうというときに、敵陣に親類縁者が多数いるのをみて、御者クリシュナに扮した崇高なる神（バガヴァッド）の前で戦意を喪失する。「クリシュナよ、戦おうとしてたちならぶこれらの親族を見て、私の四肢は沈みこみ、口は干涸び、私の身体は震え、総毛立つ」（二一－二八、二九）［ギーター 一九九二：二九］。

物語は、クリシュナがアルジュナにたいしてクシャトリヤとしての「義務に基づく戦い」［同前書：三七］の重要性を説き、戦いを決意させようとする形で展開してゆく。

『ギーター』全一八章のうち、ガンディーが『自叙伝』で引用するのは、第二章のつぎの箇所である。

——人が
感覚の対象に思いを寄せれば　魅力が湧いてくる
魅力から欲望が生じ　欲望は激しい情熱に火をつけ
情熱は無分別を宿す　すると追慕の情——すべては空しい——は、
気高き意志を喪失し　知性を弱らせ
ついには意志、知性、そして人のことごとくが失われる。［Gandhi 1997: 57］

ここでは、感覚の対象に執着することが、やがて欲望や怒りを生み、人の破壊を導くものとして厳に戒められている。この一節は、ガンディーがとくに重視した「ブラフマーチャリヤ」（純潔・禁欲）や「アパリグラハ」（不所有）の倫理につながるものである。これらの徳目は、ガンディー自身はもとより、南アフリカのトルストイ農園にはじまる数々のガンディー関連アーシュラムで住民のあいだでも実践された。それらの場所では、性的禁欲にくわえて、断食や食事のコントロールをも含めた広い意味での欲望の自発的な制御が求められた［Gandhi 1997: 274-78］。

ガンディーは、「ブラフマーチャリヤ」を「ブラフマンの追求」と定義し、「ブラフマンは、各人に内在的なものであるから、黙想したり、みずからの内部へ光を当てたりすることを通じて認識されうる」と論じている［*CWMG*, v. 24: 116］。ここに、人間存在の実体である「アートマン」（我）が、宇宙の根本原理である「ブラフマン」（梵）と同一であるという、いわゆる梵我一如の神秘主義的思考をみいだすことができる。彼にとっての「ブラフマーチャリヤ」は、一般的な狭い意味での性的禁欲とは異なり、「すべての感覚を制御する」という意味をもつ［*SWMG*, v. 4: 223］。

ガンディーは、一九三〇年にサーバルマティー・アーシュラムの住人につぎのように書き送っている。「真理の探究には、苦行——ときには、死にいたるほどの苦行がともなう。そこには、利己心の跡さえ入り込む余地はない」［*SWMG*, v. 4: 215］。しかしそれは、かならずしもヒンドゥー修行僧のように、世俗の生活から離れてブラフマンとの一体化をめざす苦行ではない(3)。ガンディーにとって、人は世俗内に留まりながら奉仕を通じて「真理」を追求することができるものである。こうした考えは、身体の放棄さえも念頭におく「アパリグラハ」の倫理にもとづいている。

純粋な真理の観点からすれば、身体もまたひとつの所有物です。……この欲求〔快楽への欲求〕がなくなれば、もはや身体は必要ではなくなり、人は生死の悪しき循環から解放されます。霊魂は偏在しています——なにゆえに霊魂は、……鳥籠のような身体のなかに閉じ込められていなければならないのでしょうか？　私たちは、こうして全面的な放棄の理想に到達し、身体が存在するかぎりこれを奉仕のために用いることを学ぶのです。その結果として、パンではなく奉仕が、私たちの生命の糧となるのです。私たちは、奉仕のためにだけ飲食をし、睡眠をとるのです。私たちは、こう

した心構えによって真の幸福を得、やがて至福のときを迎えるのです。[*SWMG*, v. 4: 230-31]

ガンディーが現世内に留まったことは、同じく『ギーター』第二章で、聖バガヴァッドが、カルマ・ヨーガをアルジュナにたいして勧めていることに深く関連している。カルマ・ヨーガとは、現実の社会生活において、人々が結果を度外視してみずからの義務を遂行することを意味する。

あなたの職務は行為そのものにある。決してその結果にはない。行為の結果を動機としてはいけない。無為に執着してはいけない（二―四七）。

アルジュナよ、執着を捨て、成功と不成功を平等（同一）のものと見て、ヨーガに立脚して諸々の行為をせよ。ヨーガは、平等の境地であると言われる（二―四八）。［ギーター 一九九二：三九］

この場合のヨーガとは、一切のものを同一のものとみる「平等」の境地のことである［同前書：一五〇、訳註］。一切のものを同一とみる境地とは、解脱の境地、すなわち絶対者ブラフマンと合一した状態である。『ギーター』は、カルマ・ヨーガのほかに霊肉の関係を正しく分別する知識と神性の認識とに導くジュニャーナ・ヨーガ、神にたいする熱烈な敬愛と絶対的帰依をめざすバクティ・ヨーガを認めており、解脱の道を一種に限定していない［ギーター 一九八〇：三九二―九三、解説］。こうした知識、行為、および親愛によるヨーガを重視する『ギーター』の姿勢は、ヨーガを実行する者の想念や行為を規定するものであり、バラモン正統派の源流にあった祭祀重視の傾向とは明確な対象をなしているといえる。

なおガンディーは、南アフリカ時代にやはり神智学協会の友人たちと、ヨーガについて学ぶために、スワーミー・ヴィヴェーカーナンダの『ラージャ・ヨーガ』、M・N・ドゥヴィヴェーディーの『ラージャ・ヨーガ』、そしてパタンジャリの『ヨーガ・スートラ』などを読むための読書会を開いていた[Gandhi 1997: 220-21]。佐保田鶴治によれば、ヨーガの予備条件は、「不殺生」、「正直」、「不盗」、「梵行（禁欲）」、「不貪」の五つの禁戒（二一－三〇）と、「清浄」、「知足」、「苦行」、「読誦」、「自在神祈念」の五つの勧戒（二一－三二）からなっている[佐保田 一九七三：四四](4)。これらの戒は、『ギーター』の教えと重なるもので、ガンディーのアーシュラム規則にも大きく取り入れられている(5)。

それでは、ガンディーの「真理」を代表する「アヒンサー」については、どのように考えればよいのだろうか。彼は、まずヒンドゥー教の梵我一如の観念にもとづいてすべての生命の一体性をつぎのように主張している。

> ヒンドゥー教の主要な価値は、すべての生命（人類だけでなく、すべての感覚ある存在）はひとつである、いいかえると、すべての生命は唯一の普遍的根源から生じているという信仰をもっていることです。[*CWMG*, v. 74: 141]

もっとも後にみるように、動物供犠を規定したバラモン教と比較するとき、「アヒンサー」思想を徹底したのはむしろ仏教やジャイナ教であった。「アヒンサー」の起源については、論者のあいだで見解が分かれているものの、[6] いずれにしてもそれが、パーレークの示すように、そもそも「傷つけないこと」ないしは「生命を破壊しないこと」という、どちらかといえば消極的な意味の言葉であったことにかわりはない［Parekh 1989: 99］。

ところが、ガンディーの特徴は、この「アヒンサー」にキリスト教の「カリタス」（隣人愛）や「人間の福祉の増進のために最善を尽くすこと」、さらには政治的意味をもつ「非暴力」などの観念を積極的に付与してこれを練り直したことにある。パーレークは、ガンディーによる贖罪の断食が、ヒンドゥー教の諸概念とともに、キリスト教の身代わりの償いや受難的愛などの諸概念にもとづいていると指摘している［Parekh 1989: 21, 99-100］。

『ギーター』第一三章は、人が守るべき徳目として「不殺生」を「慢心や偽善のないこと」、「忍耐」、「廉直」、「師匠に対する奉仕」、「清浄」、「堅い決意」、「自己抑制」とともに挙げている（一三‐七）［ギーター 一九九二：一〇九］。また第一六章は、それを「真実」、「怒らぬこと」、「捨離」、「静寂」、「中傷しないこと」、「生類にたいする憐憫」、「貪欲でないこと」、「温和」、「廉恥」、「落着き」、「威光」、「忍耐」、「堅固（充足）」、「清浄」、「敵意のないこと」、「高慢でないこと」などとともに「神的な資質に生まれた者に属する」としている（一六‐一、二、三）［同前書：一二二］。さらに第一七章は、それを「神々、バラモン、師匠、知者の崇拝」、「清浄」、「梵行（禁欲）」などと同様に、「身体的な苦行（功徳）」に数えている（一七‐一四）［同前書：一二八］。だがいずれの章も、「不殺生」を他の徳目とともに断片的に語るのみで、かならずしもそれ自体を正面から論じているわけではない。

むしろ『ギーター』が語る舞台が「暴力」を内実とする戦争であることは、ガンディーが同書を自身の「非暴力」の信条と結びつけることの不自然さを指摘する見方の根拠とされてきた点である。たとえば古瀬恒介は、「ガンディーのギーター解釈は、アヒンサーにおいて、もっとも異端的であり、正統派の立場に挑戦し、一見挑戦することによってのみ、ギーターとの関係を保って」おり、「ガンディーがギーターにアヒンサーを読みとった箇所こそ、ギーターでは暴力を容認し、戦争を正当化している箇所ともいえる」と述べている［古瀬 一九七七：八六－八八、強調は原著者］。大類純もまた、こうした『ギーター』における戦争の暴力性と「非暴力」との関係にかんするガンディー自身の説明について、「極めて明確を欠き、ガンディーには時に論理性を離れ、こえた《（ママ）》主観性や自己の宗教体系において現代社会の一切を律しようという問題点が少なくない」と指摘している［大類 一九五七：四三二］。

だがこうした見方は、もっぱら物語としての戦争の暴力性に注目するもので、「欲望の制御」や「義務の遂行」といった『ギーター』の説く倫理的価値の重要性にかならずしも十分に目を向けていない。上村勝彦の説明するように、『ギーター』はアルジュナにたいして「戦場で戦士としての自己の義務（ダルマ）を放棄すべきではないと説く」のであって、「無差別に人を殺してよいとは決して教えて」いない［上村 二〇〇七：四四］。

ガンディー自身は、『ギーター』の中心的教義が「アヒンサー」ではないと理解しつつも、それは「アナーサクティ」、すなわち「無私の行為」に含まれると説明している［Gandhi 1996: 32］。みずからの欲望を自発的に抑制する行為が、生命を殺害しないことで、他者とのコンヴィヴィアルな関係性を築くことにつながると考えるならば、こうした説明はそれ自体内的連関をもち、かならずしも「論理性を離れ」たものとはいえないのではないだろうか。

ところでガンディーは、「最下層者の苦しみと一体になる」ことによって「神——真理——に直接まみえ」ようとしており［*CWMG*, v. 29: 291］、それはさしあたり糸紡ぎや便所掃除などを通じて追求されるものであった。パーレークの説明するように、貧者の目から涙を拭うことを解脱への道に据えることは、インドの宗教的伝統においてはきわめて稀で、社会奉仕を宗教と結びつける方法は、ようやく一九世紀のヒンドゥー教改革においてはじめてみられるようになる［Parekh 1989: 99］。

一九世紀にはじまるヒンドゥー教改革は、ひとつにはキリスト教のインドへの流入に触発されてラーム・モーハン・ローイ、デーベーンドラナート・タゴール、ケーシャブ・チャンドラ・センらのブラーフモ・サマージを中心に開始された。それはやがて、スワーミー・ヴィヴェーカーナンダがヒンドゥー教を世界に認知させる最高段階にまで高められてゆく(7)。もっともパーレークによれば、この時期のヒンドゥー教改革は、一般にサティー、幼児婚、寡婦再婚や海外渡航の禁止など高カーストの人々の慣習にかかわるものが多く、かならずしも不可触民差別の問題を中心に扱うものではなかったという［Parekh 1989: 99, 211］(8)。だとすれば、二〇世紀に入ってこの差別を撤廃しようとしたガンディーの姿勢は、前世紀に始まった宗教改革の精神を受け継ぎ、それを発展させたものとみることができるだろう。

ガンディーは、こうして『ギーター』に「アナーサクティ」を読み込んで現実世界に留まり、カルマ・ヨーガを実行した。『ギーター』の説く「ブラフマーチャリヤ」や「アパリグラハ」、「アヒンサー」などの諸観念は、ガンディーにおいてはコンヴィヴィアルな倫理としての「真理」の観念を構成するものである。このうち彼は、「アヒンサー」にインドの伝統にはない「愛」や「非暴力」などの積極的意味を読み込んだが、そこには外来の宗教思想の影響がかいまみられる。そこで私たちは、インドにおいていっそう「アヒンサー」思想を徹底させたジャイナ教および仏教とガンディー思想との関連をみた後で、さらにキリスト教『聖書』、およびトルストイとラスキンの思想の影響を検討することにしよう。

二　ジャイナ教および仏教——インドの本格的アヒンサー思想

ジャイナ教と仏教は、古代東北インドの都市に商工業が発達するとともに、バラモン正統派にたいする異端宗教としてほぼ同時期に出現した。これらふたつの宗教は、ヴェーダ聖典が規定する動物供犠を否定して「アヒンサー」の原則を徹底し、またバラモンが権威をもつヴァルナ制度を否定して広く人々に平易な言葉で教えを説いた。仏教が、インドでは消滅しながら世界宗教へと発展したのにたいして、ジャイナ教はインドの範囲内に留まりその後縮小してゆく。だがいずれの宗教も、二五〇〇年のあいだインドの人々の倫理的生活に大きな影響を及ぼしてきたことにかわりはない。そこで本節では、これらふたつの宗教とガンディーの「真理」との関連性を検討する。

ガンディーの生まれたグジャラート地方は、アフリカ、アラビア半島、および東南アジアを結ぶインド洋交易の要所で、そこでは多くのジャイナ教徒が商いを営んでいた。ガンディーの幼少時には、ジャイナ教の僧侶がしばしば彼の父を訪れており［Gandhi 1997: 28］、また彼自身、南アフリカ時代にグジャラート生まれのジャイナ教徒商人レイチャンドバーイーとの交流を深めている［ibid.: 73-75］。とりわけガンディーは、レイチャンドバーイーを「真理の真の探究者」と呼んで、ジャイナ教その他の宗教にたいするその洞察の深さに感心していた［ibid.］。ガンディーがこうした宗教的環境にあったことを考えると、彼の「真理」、とりわけ「アヒンサー」思想が、つぎにみるようなジャイナ教の「不殺生」の思想からも深い影響を受けていたとみるのが自然である。(9)

ジャイナ教の開祖マハーヴィーラは、動物供犠を内包する祭式などを規定したヴェーダ聖典の権威を否定し、輪廻からの離脱は厳しい修行によってのみ可能であると考えた。ジャイナ教は、動植物はもちろんのこと、地、水、火、風、大気などにも霊魂（ジーヴァ）の存在を認め、(10)徹底した「アヒンサー」、すなわち生命体を殺害することの絶対的禁止を戒律の頂点に置く。ジャイナ教の修行者が厳守すべき五大誓戒は、先の『ヨーガ・スートラ』の禁戒とほぼ等しく、（一）生き物を殺すなかれ（不殺生）、（二）偽りの言葉を語るなかれ（不妄語）、（三）与えられないものを取るなかれ（不盗）、（四）淫事を行なうなかれ（不淫）、（五）なにものをも所有するなかれ（不所有）である［渡辺 二〇〇六：一六九－七〇］。

とりわけ不殺生の戒律を守るために、ジャイナ教徒は、空気中の小さな生物を殺さないように白い布切れで口を覆い、水中の生き物を殺さないように水は漉してから飲む。また、路上の小さな生物を踏まないように、小さな柔らかい箒のような塵払いをもつ。さらに、採取に際して殺生をともなう危険性の高い球根類や蜂蜜などは口にしないなどして細心の注意を払う。渡辺研二によれば、こうした徹底した不殺生は、生命を愛する思想にもとづくもので、人々は輪廻転生を信じて、動物や植物の生命に人間の生命との本質的な親近感を感じているのだという［渡辺 二〇〇六：一八二］。

もっとも、在家信者の順守すべき小誓戒は、大誓戒にくらべるとやや緩やかである。すなわち、（一）

生物を死に至らしめるほどの粗暴な行為をしない、(二) 不実のことばを発しない、(三) 与えられないものを受け取らない、(四) 自分の妻に満足すること、(五) 所有をみずからのものに限ること、である。このうち (五) については、一定以上の金、家畜、土地、乗り物、所有物、装飾、嗜好品などを所有しないことを意味する。こうした小誓戒に支えられて、ジャイナ教の在家信徒は、もっとも殺生の機会の少ない金融業や小売業などに従事することがふさわしいと一般に考えられている。渡辺によれば、出家修行者は「完全に欲望を離れた人」であるのにたいして、世俗の信者は「部分的に欲望を離れた人」であるという [渡辺 二〇〇六: 一九九―二〇二]。

こうしたジャイナ教の教えは、たしかにガンディーの「真理」、とりわけ「アヒンサー」思想と大きく重なる部分をもっている。ただしこのことは、彼がジャイナ教の教えに盲目的にしたがっていたことを意味するものではない。たとえば彼は、一九二六年につぎのようにアフマダーバードの野犬殺しを支持したために、ジャイナ教徒を含む動物愛好家から激しく批判されたことがある。「狂犬を殺すこと以外にわれわれに残された道はありません。時には、われわれは殺人犯をやむなく殺さねばならないこともありましょう」。これにたいして、あるジャイナ教徒の友人は、「怒りや悲痛や尊大を表わした」という。しかしガンディーは、基本的に「野犬は社会にとって危険であり、野犬の群れは、社会の存在そのものにとって脅威である」という姿勢を崩さなかったのである [Fischer 1995: 300-04]。

このほかにガンディーは、たとえば一九三七年に腫れもののひどい仔牛の生命を三日間思い悩んだあげくに断った経験を、「非暴力」、「無私の行為」の観点から「やむをえぬ殺生」と呼んだ [*CWMG*, v. 74: 224]。また一九四六年六月には、つぎのように述べてふたたび殺生を認めた。「私は、私の穀物を食い荒らす猿や、鳥や、虫を殺さなければならない。……国家が飢饉に見舞われているときに、アヒンサーの名において動物たちに穀物を荒らさせておくのは、明らかに罪である」[ibid., v. 84: 231]。こうしてガンディーの諸信条は、ジャイナ教の「アヒンサー」思想と原則的に深く重なり合うものの、彼は、一方で苦しむ生命を断つことを苦悩の末「無私の行為」と結論し、他方で人間社会の存在を脅かす動物の殺生を支持したのである。

さらにガンディーは、ジャイナ教の徹底した「アヒンサー」思想にひとつの矛盾をみいだしていた。つまりそれは、ジャイナ教徒が「ヒンサー」(殺生)をともなう農業を他者に任せることによってはじめて生存できる点である。「大地の何百万もの人々がヒンサーを犯してはじめて、これらの人々の労苦によって生きる一握りの人々がアヒンサーを実践できるとする考えは、まさに価値のないものであり、アヒンサーの最高の義務とは相容れない」[*CWMG*, v. 37: 385]。むしろガンディーは、人間が「他者にたいするヒンサーから完全には解放されえない」という前提にたって、ジャイナ教徒の絶対的「アヒンサー」理解から一定の距離を置いていたのである[Gandhi 1997: 292](11)。

他方、ガンディーが仏教に関心を向けるのは、やはりイギリス留学中で、先の神智学協会会員の兄弟との交流を通じて、アーノルドが著わした仏教讃仰詩『アジアの光』を読んだことがきっかけであった[Gandhi 1997: 57]。ガンディーは、「『バガヴァッド・ギーター』を読んだときよりも、大きな興味をもってそれ[『アジアの光』]を読んだ。読みだすと、私は巻をおくことができなかった」と後にふり返っている[ibid.]。

仏教の開祖ゴータマ・ブッダもまた、マハーヴィーラと同様にヴェーダ聖典の説く宗教的儀式を無意味なものとして却下した［中村 一九七〇：一八二］[12]。彼は、むしろ人間の実践すべき道としての「法」（ダルマ）、すなわち真理を追求することがニルヴァーナ（涅槃）への道であると考えた［同前書：一〇三］。原始仏教は、生きとし生けるものへの「慈悲」を説く。その際「生きとし生けるものの親友」であろうとすることは、中村元によれば、ヒンドゥー教においては最高神の特性であったが、原始仏教においては人間が実践すべき理想とされたものである［同前書：一二〇］。

こうした「慈悲」は、実は、人間が利己的なものであるという認識から出発している。「自己を愛する人は、他人を傷つけるなかれ」［中村 一九七〇：八六］。ここでいう「自己」とは、いうまでもなく一方の犠牲において他方が利益を得るというような自己ではなく、他人と協力することによって実現されるところの自己である［同前書：八六－八七］。中村は、「人間は何人《なんぴと》といえども自己を愛しているし、愛さねばならぬ」という道理のなかに、仏教の「道徳の成立する基本的地盤」があると説明している［同前書：一二四］。

原始仏教の説く五戒は、（一）生き物を殺すなかれ（不殺生）、（二）盗むなかれ（不偸盗）、（三）邪淫を行なうなかれ（不邪淫）、（四）いつわりをいうなかれ（不妄語）、（五）酒を飲むなかれ（不飲酒）で、これらは一般人も守るべき根本的な戒律である［中村 一九七〇：一九三－九四］。ここでは、ヨーガの「不貪」やジャイナ教の「不所有」のかわりに「不飲酒」が加わっているが、なお他人のものを盗むことは罪悪とされており、正当でない所有は認められていない。

原始仏教は、出家修行者には一切の経済行為を禁じているが、在家信者にはひたすら各自の業務に精励して、営利を追求すべきことを説く［中村 一九七〇：二〇六］。ただし、精励努力して富を得る人は、同時にそれを他人に与えること、すなわち布施（dāna）の道徳を遵守しなければならない［同前書：二一一］。このことから、中村は、原始仏教の資本主義的性格についてつぎのように述べるのである。

原始仏教では、富の蓄積を説きながら、しかもその財富を万人に享受せしめよ、と説く。したがって、原始仏教の経済倫理が、資本主義的であったと呼びうるにしても、それは一切の生産手段を少数の資本家が独占するという意味の資本主義とはいちじるしく意味内容を異にするものであるということは、何人も認めねばならぬであろう。［同前書：二一三］

アジット・K・ダースグプタが、ガンディー経済思想および仏教を資本主義との関連において理解する理由は、まさにこの点にある。彼は、資本家の営利活動を容認したガンディーの受託者制度理論が、仏教における「アッパマーダ」（配慮すること、気をつけること）の原理によって正当化されると考えている。彼は、その根拠としてガンディーのつぎの発言を引用する。「金持ちは、万人への奉仕に供するためであれば、（もちろん正当なやり方で）大金を稼いでもよいとする私の助言は、まったく理にかなっている」［Dasgupta 1996: 166］。

第六章で検討するように、たしかにガンディーが、一九二〇年代以降、受託者制度理論を展開して資本家の立場を容認し、彼らの能力をみずからの社会経済改革に利用したのは事実である。この理論は、ガンディー思想のなかでもダースグプタがとりわけ肯定的に評価する部分である。だがダースグプタのように、ガンディー思想をもっぱら資本主義を支える倫理としてのみ理解するのは、やや短絡的であるといわねばならない。実際私たちは、「仏教経済学」を提唱したシューマッハーが、これとは異なるガンディー理解を示していることを、第八章においてみることになるのである。

ガンディー思想が、たしかに資本家の役割を容認する側面をもちながらも、あいかわらず村落を中心とする簡素な社会経済の建設を主眼としていたことは、彼が死の直前にしたためた会議派の将来構想にも表われている。「インドはなお、都市や町とは明らかに異なる七〇万の農村の立場にたって、社会的、道徳的、そして経済的独立を達成しなければならない」[*CWMG*, v. 90: 526]。社会建設の主体としてそこに想定されていたのは、あくまでもチャルカーを廻す経済力の乏しい農民や労働者であって、資本家は、彼らの経済的自立という目的のためにいわば補助的な役割を担わされていたのである。

ガンディーの「真理」と仏教の教えとの共通性としてむしろ注目すべきは、やはり「不殺生」や「慈悲」の倫理であろう。全八編からなる『アジアの光』は、ブッダにまつわる数々の物語を通じて「不殺生」の精神を説く。たとえば、第一編では、ブッダが射落とされた白鳥を救う話が、第四編では、出奔時に妻への愛惜、憐憫の情を表現する話が示される。さらに、第五編には、蛇に咬まれた赤子を捨てた母親の悲しみを、すべてのものの悲しみであるとして共に悼む話、山羊飼いと共に王のもとに赴いたブッダが、王に動物の犠牲を止めるように懇願する話、飢死しようとしている虎の親子に自身の体を与えて、生類への無限の愛を示す話が含まれている[Arnold 1890]。

古瀬によると、ガンディーが引き合いに出すのは、これら五つの訓話のうち第五編第二話にかぎられるという[古瀬 一九七七：一一三]。彼は、ガンディーがつぎのようにナラシンハ・ラーオに書き送った部分に注目し、ガンディーの「非暴力」思想の源泉として物語のこの部分をとりわけ重視している。

「ブッダが仔羊を肩にのせ、動物供儀をとり行なう残酷なブラーフマンの所へ行ったとき、ブラーフマンたちが語ったのは穏やかな言葉ではなかった。しかしブッダは心を愛でみたしていた」［同前書：一一三－一四］。

たしかに『ギーター』における戦争の暴力性に注目する古瀬の目に、『アジアの光』第五編第二話が、ガンディーの「アヒンサー」精神のひとつの主要な源泉とみえたとしても不思議ではない。ガンディーは、「ブッダは、疑いなくそのひどい時代の改革者であっ」て、「もしも歴史の記録が正しければ、その時代の盲目的ブラーフマンたちは、利己的であったがゆえに、彼の改革を拒否した」と述べた［*CWMG*, v. 27: 62］。こうした発言からすると、たしかにガンディーが、ブッダの示した慈悲の情に人間として守るべき倫理をみいだして、みずからの「真理」を構成していた部分は少なくないだろう(13)。

ただし私たちは、『アジアの光』第五編第二話にのみガンディー思想の「アヒンサー」思想の起源を求めることはできない。古瀬は、さらに踏み込んで「ガンディー思想への外来思想の影響は、あったにしても外発的契機に止まった」と論じているが［古瀬 一九七七：六］、はたしてそうであろうか。ガンディーは、たとえば一九二五年にブッダ生誕を祝う席で、イエス・キリストをブッダやマハーヴィーラと並べて「私は、彼らの言説を受け入れるし、全力を尽くしてこれらの教えにしたがおうとしていることを自由に告白する」と述べた［*CWMG*, v. 27: 62］。また、パーレークが、「非暴力」などの積極的意味をともなうガンディーの「アヒンサー」思想にキリスト教的「カリタス」の要素を読み込んでいることは、すでに述べたとおりである。したがって私たちは、インドにとっては外来の宗教であるキリスト教が、どの程度までガンディーに影響を与えたのかをつぎに検討しなければならない。

三　キリスト教――『聖書』と異端思想

ガンディーのキリスト教への理解も、この宗教の一九世紀以降における布教活動や思想的展開との関連で形成されてきたとみることができる。ただし、彼が受け入れたのは、『聖書』に記されたイエスの言葉であり、近代キリスト教においては異端であったレフ・トルストイやジョン・ラスキンらの思想であって、かならずしもこの宗教がグローバルに展開した宣教活動ではなかった。

ガンディーは、キリスト教牧師によるヒンドゥー教への悪口や、高名なヒンドゥー教徒によるキリスト教への改宗を幼少時に嫌悪し、後に「すべての信仰にたいする寛容さが……教え込まれた」なかで「キリスト教だけが唯一の例外であった」と回顧している［Gandhi 1997: 28-29］。もっともその後は、イギリス滞在中に菜食主義者で酒を飲まない善良なキリスト教徒から『聖書』を読むよう奨められ、その「山上の垂訓」にあるつぎの一節に深い感銘を受けている。「されどわれはなんじらに告ぐ、悪しき者に手向かうな。人もしなんじの右の頰を打たば、左をも向けよ。なんじの下着を取らんとする者には、上着をも取らせよ」［Gandhi 1997: 58］。ガンディーの若い心は、敵にたいしても向けられる深い「カリタス」の精神をここに読み取り、それを「宗教の最高の形式」と位置づけた［ibid.］。彼は、パーレークの指摘するように、インドの宗教的伝統にあった「アヒンサー」にこうしたキリスト教的「愛」の意味を付与して、これをみずからの「真理」の重要な構成要素としていたのである。

ガンディーは、南アフリカ時代に多くのキリスト教徒と交流し、彼らの信仰に敬意をいだいたが、彼らの熱心な勧誘にもかかわらずキリスト教を信仰するにはいたらなかった。そのことは、南アフリカ時代にポーラク夫人に述べたつぎの発言からもうかがうことができる。

私は、キリスト教の『聖書』をしばらく研究し、それについて熱心に考えてみました。私はキリスト教に少なからず魅了されましたが、しかし最終的にはつぎのような結論に達しました。すなわち、キリスト教の『聖書』がヒンドゥー教のなかにないものをとくに含んでいるわけではないこと、善良なヒンドゥー教徒になることは、善良なキリスト教徒になることをも同時に意味しているということです。［Gandhi 1963: 23］

さらに、キリスト教にたいして南アフリカ時代にいだいた考えを、『自叙伝』ではつぎのように回顧している。

イエスが、彼の死によって、また彼の血潮によって、世界中の罪をあがなったということを文字通り信ずることを、私の理性は許さなかった。［Gandhi 1997: 113］

哲学的にいえば、キリスト教の諸原理の中には、何も変わったものはない。犠牲の点からいうと、ヒンドゥー教のほうが、はるかにキリスト教をしのいでいる。［ibid.: 114］

ガンディーのキリスト教にたいする批判的な見方は、一九二一年のつぎの発言にも表われている。「私は、現在の西洋のキリスト教は、キリストによるキリスト教を否定するものであると考える」〔CWMG, v. 21: 169〕。ガンディーは、『聖書』から『ギーター』と同じ喜びを引き出していたが〔ibid., v. 35: 332〕、『聖書』とキリスト教を排他的に奨める宣教師たちにたいしては批判的であった。

彼ら〔宣教師たち〕は、人々に『聖書』とキリスト教を通じてのみ救済されると伝えている。他の宗教を公然と非難し、救済をもたらす唯一のものとしてみずからの宗教を提示するのが習慣となっている。こうした態度は、根本的に改められるべきだ。〔ibid., v. 34: 164〕

実際ガンディーの目には、宣教師たちの活動の背後に「インドの素朴な村人たちをキリスト教に改宗し、その社会的上部構造を破壊しようとする隠された動機」が映っていた〔ibid., v. 61: 457-58〕。だからこそ彼は、帝国主義の拡張と軌を一にしたキリスト教の宣教活動に断固反対の立場をとるのである。

今日私が、正統派キリスト教に抵抗するのは、それが、イエスの教えを歪めていると確信しているからです。多くの媒体を通じて教えの伝えられるイエスは野蛮であり、その教えは、ローマ帝国の後ろ盾を得たときに帝国主義的信仰となり、今日にいたっているのです。〔ibid., v. 62: 388〕

こうしてガンディーは、『聖書』に感銘を受けながらも、西洋社会の帝国主義的拡張とともに普及していったキリスト教にたいしては懐疑的だった。
キリスト教世界で彼を惹きつけていたのは、むしろ異端的思想家であったトルストイとラスキンである。

私の生涯に、深刻な印象の残したのみならず、私をとりこにした人々に現代では三人がある。生ける交わりをしたレイチャンドバーイー、『神の国は汝自身のうちにあり』のトルストイ、そして『この最後の者にも』のラスキンである。［Gandhi 1997: 75］

トルストイは、以下に明らかなように、ロシア正教会をはじめとする教会の権威に抵抗した点で文字通り異端であった。一方ラスキンは、当初母親譲りの厳格な福音主義的キリスト教徒であったが、後に「神の排他的恩寵（摂理）に従順に従う人間」や神の言葉としての自然世界を想定する神学的思考と訣別して異端に転じてゆく［伊藤 二〇一一：一〇－一三］。そこでつぎに、ガンディーの「真理」の観念が、これらふたりによる異端的思想からどのような影響を受けているかをみることにしよう。

ガンディーは、南アフリカ時代にイギリスのキリスト教徒との文通を通じてトルストイの『神の国は汝自身のうちにあり』を入手し、これを読んだ。彼は、同書に深く感動し、そこから「非暴力」の精神を受け継いで自己のなかに確実なものにしてゆく。「トルストイの『神の国は汝自身のうちにあり』を読んで、私は感動で圧倒された。それは、私に永遠の印象を刻みつけた」［Gandhi 1997: 114］。

トルストイは、同書のなかでカトリック教会、ロシア正教会、プロテスタント教会などあらゆる「教会」が政治的、経済的権力と結託する様子を徹底的に批判している。彼によれば、キリスト教の教えは、ごく初期の時代よりそもそもの意義を逸脱し、一部の人間の理解の「絶対的な無謬性」を確認してゆく傾向にあった［トルストイ 一九七四：一九三］。「この集まり（＝教会）こそ、後に権力の支持という助けを得て強力な施設に発展して、キリスト教の真の理解普及の大きな障碍となったものなのである」［同前書：一九七］。彼は、「教会」と国家が結びつくことによって、宗教的、政治的、経済的権力の総体が、「暴力」によって維持されてゆく社会の構図を見抜いていた。「この故に君は、虐待、暴力、詐欺、拷問、殺害と結びついた地主・商人・裁判官・皇帝・大統領・大臣・司祭・兵士などという君の立場を反省しないわけにはゆかず、その不当性を認めざるをえないことになる」［同前書：三八七］。「君」のなすべきことは、「真理を認めてそれを信奉する」こと、いいかえれば「神の国への奉仕」である。その「神の国」は、「教会」などの権力機構にではなく、ほかならぬ「汝自身のうちにあるなり」と結論されるのである［同前書：三八八－八九］。

トルストイは、いうまでもなくみずから生きた時代のロシア正教会を厳しく批判しており、その際「悪に対して暴力で抵抗するな」という教えを力説していた。「キリスト教徒は誰とも口論せず、誰に対しても暴力は用いない。むしろ反対に自ら諾々として暴力を忍ぶ。しかし、暴力にたいするこの態度そのものによって、一切の外的な権力から自身が解放されるばかりでなく、世界をも解放するのである」［トルストイ 一九七四：二九一－九二］。トルストイもまた、こうした「非暴力」の精神を『聖書』から学び取っている。だが、彼の「非暴力」の教えは、自己の解放を目的とする抵抗の手段だったという意味において、『聖書』よりいっそう大きくガンディーの「真理」の形成に与っていたとみられるのである。

ガンディーは、南アフリカでサッティヤーグラハ運動を開始した当初、この運動を「受動的抵抗」(Passive Resistance)と呼んでいた[Gandhi, 1997: 266]。これについて蠟山芳郎は、「明らかにトルストイの反教会反皇帝の『受動的抵抗』から名称を借りてきたものである」[ガンジー 一九七九：二四七、訳註]と指摘している。トルストイは、ガンディーから『ヒンドゥ・スワラージ』を受け取ると、「大きな関心をもって読んだ」と返答している[Nag 1950: 67]。また、死を迎える二カ月前にガンディーに宛てた最後の手紙でサッティヤーグラハ運動をつぎのように賞賛している。

トランスヴァールは、世界の中心からはまったく外れたところにあるようですが、そこでのあなたの仕事は、私たちにとってもっとも根本的で、しかももっとも重要なものです。そして、それがもっとも重々しく実際に示していることは、世界がいまや共有することができ、キリスト教徒だけではなく全人類が参加することのできるものです。[ibid.: 74]

一九四五年三月にガンディーは、「私の思い描く独立とは、『神の国を汝自身のうちに、そしてこの大地に』実現することにほかならない」と述べており[*CWMG*, v. 79: 300]、トルストイの思想がサッティヤーグラハ運動に絶大な影響を与えたことは明らかである。ここに「悪にたいして抵抗するな」、「敵を愛せよ」といったキリスト教の教えが、トルストイとの知的交流を通じてガンディーの「非暴力」思想の形成にいっそう深く関与したことが理解されるのである。

他方ガンディーは、やはり南アフリカ時代にキリスト教徒のヘンリー・ポーラクから渡されたラスキンの『この最後の者にも』を読んで、「内心のもっとも深いところにある信念のいくつかがラスキンのこの偉大な本に反映されていることを発見したように」思った［Gandhi 1997: 250］。そこでつぎに、ラスキンの思想をみることにしよう。

『この最後の者にも』の初版が出版されたのは一八六〇年であるが、このときイギリスは一八四〇年代から一九七〇年代までつづいた貿易ブームのなかにあり、古典派経済学においては、エドワード・G・ウェークフィールドやジョン・スチュアート・ミルなどによる帝国主義の思想が出現した時代でもあった。訳者の冨田義介は、同書〔冨田訳では『この後の者にも』〕についてつぎのように説明している。「本書は、貪欲の自由に基づく古典派経済学原理に対抗するラ先生のキリスト教の愛の精神を基底とする新しい経済学原理——倫理的経済学原理——に関する四つの論文を収めたものである」［ラスキン 一九五三：xviii］。

ラスキンは、経済学者を含めた論者たちのなかに「誰一人として、……人はその利益が……必ずしも反目するとは限らないということに気付くものがいなかった」という［ラスキン 一九五三：一〇三］。彼は、「雇者と被雇者の利益が一致するとも、しないとも、一概に論ずることはできない」と述べて、両者の利害が一致する可能性を残している［同前書］。そのうえで、「主人と召使人に最大量の実績を上げさせる方法は、……互いに愛情を持つことである」と主張する［同前書：一〇六］。それは、あたかも「雇い主が彼〔わが子〕を待遇するのと同じように使用人を待遇」することを意味するのである［同前書：一一七］。

さらにラスキンは、物質主義に傾く「致富の科学」としての経済学と一線を画して［ラスキン 一九五三：一一九］、「富の鉱脈」は「岩石の中には無い。肉体の中にあるのではなかろうか」と述べる［同前書：一三一］。つまり彼は、「健康に満ちた眼光輝々として明朗な人々の可及的多数を作ること」にこそ「富」をみいだそうとするのである［同前書］。そこには単なる物質的富の増大ではなく、人間の質的・精神的充実を重視する視点をうかがうことができる。

こうしたラスキンの経済思想は、いわゆる功利主義の思考とは明らかに異なっている。ジェレミー・ベンサムは、人間を「快楽」を増大させ、「苦痛」を減少させるものと規定して、「快楽」から「苦痛」を差し引いた社会全体の合計を増大させる政策が功利性の原理に適していると考えた［ベンサム 一九七九：八一－八四］。ガンディーは、ラスキンと同様に、こうした功利主義における「最大多数の最大善」が「少数者の犠牲のうえに確保される」可能性を想定していた。だからこそ彼は、『この最後の者にも』をグジャラーティー語に翻訳した際、訳書に『サルヴォーダヤ』（すべての人の幸福）のタイトルを与えて、原著者とともに功利主義にたいする批判精神を表現していたのである［*CWMG*, v. 8: 240-41］。「西洋の人々は、目的が最大多数の幸福であるために、それが少数者の犠牲のうえに確保されるものであったとしても、このことをまちがったこととは考えない」［ibid.］。

ラスキンの経済思想はまた、アダム・スミス以降の古典派経済学者たちが、資本家と労働者の利害をほとんどつねに対抗するものとして位置づけてきた姿勢とも大きく異なっている。ラスキンの追求した雇用者と被雇用者とのあいだのいわば「社会的愛情」のテーマは、仏教のアッパマーダとともに、ガンディーの受託者制度理論に色濃く投影されている。ガンディーは、一九二〇年代以降にこの理論の名のもとに労使協調を軸とした独自の社会改革論を提唱し、マルクス主義者の主張した階級闘争論にこれを対置したのであった（第六章）。

ラスキンは、『この最後の者にも』においてかならずしもつぎの三点を明示的に論じているわけではないが、これらは、ガンディーが同書を読んで「私に理解できたもの」として挙げたものである。彼は、一九〇四年に「夜明けとともに立ち上がり、これらの原理を実行に移すために」南アフリカにフェニックス農園を建設したのであった。

一、個人のなかにある善は、すべてのもののなかに潜んでいる善である。
二、すべての人が、彼らの労働から生計を得る権利をもっているかぎり、法律家の仕事と、理髪屋の仕事は同じ価値をもっている。
三、労働の生活、すなわち地を耕すものの生活や手工業者の生活は、ともに生きるに値する生活である。[Gandhi 1997: 250](14)

こうしてガンディーは、キリスト教の『聖書』とともにトルストイやラスキンから「非暴力」や「隣人愛」（あるいは「社会的愛情」）の倫理を摂取し、これらをインドの宗教的伝統にある「アヒンサー」と融合させて、みずからの「真理」の観念を形成していった。このことは、これらの外来思想がガンディー思想にとってはたんなる「外発的契機」にとどまるものではなかったことを意味する。ただし、ガンディー思想にたいするキリスト教の影響は、帝国主義と軌を一にして積極的に展開された宣教活動によるものではなく、むしろ宗教的権威に抵抗した異端的思想家によるところが大きかったのである。

四　「真理」観――ヴェーバー的「禁欲」との比較

これまでみてきたように、ガンディーは、一九世紀以来のグローバルな宗教運動が展開されるなかで、真理、不殺生、非暴力、隣人愛、不所有、純潔などの諸信条を練り上げて、みずからの「真理」の観念を構成していった。そうした「真理」は、ガンディー自身の生活の信条であったのと同時に、コンヴィヴィアルな社会を構築するための倫理を構成している。そこには、現実世界において人々が共生するために必要な「よろこびにあふれた節制と人を解放する禁欲の価値」(イリイチ)が内包されているが、それはマックス・ヴェーバーのいう「禁欲」とは異なるものである。

ヴェーバーは、現世内の家族、財産、政治、経済、芸術、恋愛などあらゆる人間関係から生じる社会的・心的緊縛から完全に離脱して宗教的救済を得ようとする行為を「現世逃避的禁欲」(weltflüchitige Askese)と呼び、他方、現世秩序内部に留まって世俗的職業労働に専念することにより、宗教的救済を得ようとする行為を「現世内的禁欲」(innerweltliche Askese)と呼んだ[ヴェーバー 一九七二、一九七六、一九八九、二〇〇二]。そのうえで、ヒンドゥー教、仏教、ジャイナ教などにおける修行僧の生き方に「現世逃避的禁欲」の類型を、またキリスト教、とりわけプロテスタンティズムにおける職業倫理に「現世内的禁欲」の類型をみいだして、後者のなかから資本主義の発生につながる「合理的生活態度」を抽出した。

ヴェーバーにとって「キリスト教的禁欲」は、遅くとも中世以来「自然の地位を克服し、人間を非合理的な衝動の力と現世および自然への依存から引き離して計画的意思の支配に服させ」るような「合理的生活態度」〔ヴェーバー 一九八九：二〇〇‐〇二〕を意味した。わけてもプロテスタンティズムの「現世内的禁欲」は、利潤追求の合理化を「まさしく神の意思に添うものと考えて、……伝統主義の桎梏を破砕し」た〔同前書：三四二〕。これにたいして、アジアの宗教が追求した知識は、ヴェーバーにとって「自然と人間との合理的な支配を可能にする経験科学的認識の合理的な提示と学習」ではなかった〔ヴェーバー 二〇〇二：四六四〕。

現世を呪術から解放することEntzauberung der Weltおよび、救済への道を瞑想的な「現世逃避」Weltfluchtから行動的・禁欲的な「現世改造」Weltbearbeitungへと切りかえること、この二つが残りなく達成されたのは……ただ西洋の禁欲的プロテスタンティズムにおける教会および信団の壮大な形成の場合だけであった。〔ヴェーバー 一九七二：七六〕

もっとも、こうした西洋における資本主義発生要因としてのプロテスタンティズムにかんするヴェーバーの理解には、若干の留保が必要である。第一に、ヴェーバーは、ミルトン・シンガーの指摘するとおり、現世内の義務を説く『ギーター』に「プロテスタント的倫理との類似性」のあることに気づきながら、「その〔『ギーター』の教義の〕有機体的、相対主義的性格、そして『現世内的無関心』を強調するあまり〔類似性を〕無視している」可能性がある［Singer 1961: 147］[15]。第二に、『ギーター』の支持するヴァルナ制度の「有機体的社会倫理」が、かりにヴェーバーの主張するように資本主義の発生を妨げた側面があるとしても、その制度から比較的自由な立場にあった仏教徒やジャイナ教徒の商工業者たちは、むしろ宗教によって営利の追求が奨励されていたのである。これに関連して第三に、ヴェーバーの「現世逃避的禁欲」が、かりにヒンドゥー教、仏教、ジャイナ教の出家修行僧についておおむね当てはまる面があるとしても、それらの在家信者についてはかならずしもそうではなかったはずである。こうしてみると、インドの諸宗教に「現世逃避的禁欲」の類型をみいだし、そのことによって、そこでの資本主義発生の可能性を排除してしまうヴェーバーの論理構成には、はなはだ議論の余地があるといわねばならない。

とはいえヴェーバーが、こうして西洋においてのみ資本主義が成立した宗教的背景を「合理的生活態度」を内包するプロテスタンティズムの倫理に求めたことは、大きな説得力をもって受け止められてきた。このことを前提とするとき、ヴェーバーとガンディーのカースト制度にたいする理解は、じつに対照的なものであることが分かる。すなわちヴェーバーには、カースト制度の「あらゆる職業変更やあらゆる労働技術の変更が儀礼的転落を結果しえたというような儀礼法則」は、経済的技術的革命を妨げるものとして映っていた［ヴェーバー 二〇〇二：一四七］。これにたいしてガンディーは、人々が職業選択の自由や労働市場での競争に向かうのではなく、この制度において祖先の職業を慎ましく継承してコンヴィヴィアルな関係性を維持することを理想としていたのである[16]。

ヴェーバーのいう「現世内的禁欲」が、「自然の地位を克服し、人間を非合理的な衝動の力と現世および自然への依存から引き離」そうとする観念であるのにたいして、ガンディーの「真理」に含まれる「禁欲」は、人間が自然のなかで簡素に生き、他者と共生してゆくためのそれである。ガンディーの「真理」がそうした「禁欲」の倫理をもつのはなぜか。それは、その「真理」が、キリスト教の『聖書』および異端思想の影響を強く受けながらも、生命の一体性を前提として、人間が自発的に欲望を制御することを教えたインドの諸宗教にもう一方の軸足をしっかりと置いていたからにほかならない。

先に述べたいくつかの留保をふまえながらも、かりにヴェーバーのいう「現世内的禁欲」が、多分にヨーロッパにおける資本主義の精神の源として認められるとすれば、それは、一八世紀の産業革命を引き起こし、二一世紀のグローバル経済へと連なる一連の経済発展の原動力となったものである。しかしそれは、人類が巨大な生産力の実現とともに化石資源を大量に消費しながら、みずからをその一部とする生態系を大きく危機に晒してきた過程でもあった。もしも今世紀において、そうした流れを食い止める環境倫理が求められるとすれば、それは、ヴェーバーの「現世内的禁欲」ではなく、他者との関係性を支えるコンヴィヴィアルな倫理としてのガンディーの「真理」であることはいうまでもない。

ガンディーは、一九世紀以来のグローバルな宗教運動の風潮にあって、一方では、神智学協会の会員やキリスト教徒と接触し、他方では、インド宗教改革の精神を受け継いで、独自の意味での「真理」の観念を形成していった。その観念を構成する「アヒンサー」は、インドの宗教的伝統においては消極的な意味のものであったが、彼はそれにキリスト教の「カリタス」(隣人愛)や「非暴力」などの積極的意味を付与した。そこには『聖書』にくわえて、トルストイやラスキンなどによるキリスト教異端思想の影響が強く表われている。

ガンディーの「真理」は、全体として人々が自発的に欲望を制限し、他者と資源を分かち合うことを歓迎する観念である。それは、現代においては、かぎられた空間のなかで人々がコンヴィヴィアルに生きるための倫理につながるものである。そこにこそ彼は、マーガレット・チャタジーのいう「人間社会の将来にたいする希望」［Chatterjee 1983: 172］をみいだしていたのということができるだろう。

したがって、こうしたガンディーの「真理」の観念は、ヴェーバーのものとは大きく異なる意味の「禁欲」を含んでいる。かりにヴェーバーの「現世内的禁欲」が、資本主義の発生をもたらした原動力として認められるとするならば、それが引き起こした近代の矛盾を回避するために必要なのは、むしろコンヴィヴィアルな倫理としてのガンディーの「真理」である。

私たちはここで、ガンディーの「真理」が、どのような宗教や思想の影響のもとで形成されたかを確認してきた。そこでつぎに、そうした「真理」によって支えられる彼の近代文明批判と身の丈の経済論の概要をみることにしよう。

第四章　経済思想の基本構造

ガンディーは、近代社会が「文明」の名のもとに機械を通じて物質主義を推進し、結果として国家間の支配・従属関係を生み出してゆく様子を批判的にみていた。こうした見方は、西洋の自由主義経済学やマルクス主義などの近代主義とも、また情報化社会の言説としてのポスト近代主義とも著しく異なっている。彼は、これらの言説が想定するような、人々の欲望が開花し物質に溢れた社会ではなく、村落を基盤とする人間の身の丈に合った経済を建設することを理想とした。そこでは、人々がインド古来のチャルカーやカーディーを復活させて、他者とコンヴィヴィアルな関係性を構築することが期待された。こうした考えは、当時においては社会主義を信奉したジャワーハルラール・ネルーや人間の自由を重んじたラビンドラナート・タゴールによって、また近年ではタゴールの見解を踏襲したアマルティア・K・センによって厳しく批判されることとなった。

したがってここではまず、ガンディーの近代文明批判と、自由主義経済学およびマルクス主義にたいする批判を吟味する。つづいて、ガンディーがタゴールと行なった論争と、この論争にたいするセンの評価について考察する。さらに、ガンディーがタゴールの批判をふり払って推進したスワデーシーの思想と実践をとりあげ、その身の丈の経済論の基本構造を明らかにしたい。

一　近代文明批判

ガンディーは、すでに一八九四年一二月にナタールのヨーロッパ人のあいだで配布された「公開状」において「文明」に言及している。「インドは、アフリカとは異なり、『文明』という言葉のもっとも真の意味で文明化された国である」[*CWMG*, v. 1: 183]。私たちはここに、アフリカにたいする一種の文化的優越感をわずかに読みとることもできるが、こうした発言は、その後みられなくなってゆく。また、一九〇八年のヨハネスブルグYMCA講演では、現在の「西洋文明」にみられる「力は正義なり」や「適者生存」などの考えを「誤った格言」と呼び、「西洋文明は破壊的であり、東洋文明は建設的である」と述べている [ibid., v. 8: 243]。こうした「西洋」と「東洋」の単純な二分法もまた、まもなく修正されることとなる。

ガンディーが「近代文明」を本格的にとりあげるのは、やはり一九〇九年に著わした『ヒンドゥ・スワラージ』においてであろう。同書は、彼が南アフリカでイギリス帝国を相手にサッティヤーグラハ運動を展開していたさなかに書かれた。一九二二年の同書第五版で「本書は近代文明にたいする厳しい批判の書である」と述べられているように［Gandhi 1922: 6］、ガンディー経済思想の全体的構造は、なによりもまず厳しい近代文明批判の精神に支えられている。「インドを踏みにじっているのは、イギリス人の踵ではなく、近代文明のそれであるというのは、私の慎重な考えです」［ibid.: 39］。

ガンディーは、産業革命以来のヨーロッパ資本主義の発展をみて、近代文明の特徴は物質主義にあり、そこでは人々の精神性が軽視されていると考えた。つまり、「今日のヨーロッパの人々が、一〇〇年前よりも上等の家に住んでいること」が「近代文明の象徴と考えられ」［Gandhi 1922: 31］、「人は金や、金で買うことのできる奢侈品の虜になっており」［ibid.: 33］、「この文明は道徳や宗教には注意を払わない」というのである［ibid.: 34］。この認識は、一九一六年のミュアー中央大学での講演でも敷衍され、ガンディーは「経済的進歩」を「真の進歩」からはっきりと区別してつぎのように述べた。「経済的進歩とは、私の考えでは際限のない物質的発展を意味しています。真の進歩とは道徳的発展を意味しています。……私は、私のいう意味での経済的進歩は、真の進歩の妨げになるものと考えています」［*CWMG*, v. 13: 311-14］。この考えの根底には、第三章でみたブラフマーチャリヤやアパリグラハなどの「禁欲」の倫理がある。ガンディーにとって「真の意味での文明」とは「必要物の拡大ではなくて、それの慎重なそして自発的な削減に依存するもの」であった［*SWMG*, v. 4: 230］。

ガンディーが近代文明のなかで「機械」によって推進されるとみた「産業主義」は、ここでいう「際限のない物質的発展」のことである。「現在のところ機械は、少数者が大衆を搾取して生きるのを助けている」のであり、その少数者の動機は、「彼らの人間性や愛などではなく、意地汚さや貪欲である」(1)。また彼は、機械が人間を「無能力化し、弱体化させる」側面を指摘し［*CWMG*, v. 47: 89］、分業の進展によって労働者が「あまりに専門化するために役立たずになる」と考えた［ibid., v. 30: 291］。「機械はヨーロッパを荒廃させはじめた。荒廃の波はイギリスの門戸を叩きはじめた。機械は近代文明の主たる象徴であり、それは大きな罪を表わしている」［Gandhi 1922: 105］。

ガンディーは、一九世紀後半以降ヨーロッパ列強が、産業主義の結果として帝国主義支配に乗りだし、非西欧社会の有機的組織を破壊したと考えている。「インドを貧困にしたのは機械です。マンチェスターがわれわれに与えた損害ははかり知れないものです。インドの手工業がまったく姿を消してしまったのはマンチェスターのせいなのです」［Gandhi 1922: 105］(2)。また、ヨーロッパ社会における産業化が、天然資源や市場をめぐる競争と、植民地の分割・搾取を必要としたことなどから、ガンディーは、インドがそれらにならって工業化することに断固反対するのである。

インドをイギリスや合衆国のようにすることとは、搾取の対象としてこの地球上に他の民族や土地をみつけることである。これまでのところ西欧諸国は、ヨーロッパ以外のあらゆる民族を分割してしまって、新しい場所はもう発見できないようにみえる。搾取されたもののなかでインドは最大の犠牲者である。［*CWMG*, v. 31: 478］

もっともガンディーは、インドの社会経済建設を実際に指導する一九二〇年代以降には、みずからの原理原則に拘泥せず、近代文明にたいして柔軟な姿勢をもみせている。たとえば彼は、一九二四年に「私たちが西洋から学ぶことができ、また学ばなければならないことのひとつ」として「都市衛生」を挙げ、「西洋の努力に敬意」を表している［*CWMG*, v. 25: 460-61］。また、一九二六年にも「西洋のすべてが拒否されるべきであるとは思わない。……私は、西洋から多くを学んできたし、またそれにたいして感謝もしている」と述べている［ibid., v. 32: 43］。(3)

ガンディーの機械反対論にも、いくぶん柔軟な姿勢がみられるようになる。たとえば彼は、一九二四年にシンガー・ミシンと紡錘を例外的に認め、それらが「ちょうど個人を助けるのをやめて、その人の個性を蝕む手前のところ」までは許されるとの考えを示した［*CWMG*, v. 25: 255］。また一九三五年には、「大衆から労働の機会を奪わず、個人を助けてその効率を高め、人がその奴隷とならずに自分の意思で扱うことのできるあらゆる機械」は、「村落工業運動によって保護される」と述べている［ibid., v. 61: 187］。さらに一九四〇年には、「電気、造船、製鉄、機械製造などが、村落の手工業と隣り合わせて存在する様子をまさに思い浮かべ」た［ibid., v. 71: 130］。

資本家の動機を「意地汚さ」や「貪欲」とするガンディーの基本的認識も、ときにやや緩められる場合があった。たとえば、一九四二年には「私は、故意に不正を犯さなくても富を獲得することはできると確信しています」［*CWMG*, v. 75: 357］と述べた。また、「有産階級が数世代にわたる経験と専門化を通して身につけた商売の才能や知識を過小評価してはならない」として、そうした資本家の資質をみずからの計画〔チャルカー運動など〕において「ただで利用する」としている［ibid., v. 76: 420］。

もっとも、こうした一連の修正的見解は、ガンディーが、みずからの近代文明批判を根本的に放棄したことを意味するものではない。たとえば彼は、一九二五年に「機械はみずからの場所をもつ」として、その存在を認めるようになるが、あくまでも「それは必要な人間労働にとって代わることは許されない」ものであった［*CWMG*, v. 28: 428］。また一九三一年には、つぎのように主張した。

ヨーロッパ文明は、明らかにヨーロッパ人には適しているが、私たちがそれを模倣しようとするならば、それはインドにとって荒廃を意味する。……物質的快適さとその多様化をたゆまず求めることは悪であり、ヨーロッパ人は、自分たちの態度を改めなければ、自分たちを虜にしている快適さの重みに耐えかねて消滅してしまうだろう。［ibid., v. 46: 55-56］

ガンディーは、同じ年に生活必需品である食料と衣服については「死んでも産業化に反対する」と述べた［*CWMG*, v. 48: 385］。とりわけ農業の機械化には、晩年まで反対の立場を貫いた。「トラクターや、農地に水をやるための揚水機械、そして品物を運ぶ荷車の代わりにトラックを用いることで起こりうる結果を考えたことがありますか。どれほど多くの農民が失業し、どれほどの雄牛が暇になってしまうでしょうか」［ibid., v. 88: 221］。

こうしてガンディーは、一九〇九年の『ヒンドゥ・スワラージ』において近代文明を徹底的に批判しながら、一九二〇年代以降に実際にスワデーシー運動を展開するにあたっては、きわめて柔軟な姿勢を示した。しかしこのことは、ガンディーが、近代社会のもつ物質主義を支持する立場に転向したことを意味するものではない。彼の目的は、あくまでも貧窮化した人々の経済的自立に置かれており、実際の運動において資本家の資質を利用することは、そうした目的のための手段にとどまっていたのである。その意味で彼は、みずからの論理構成において一定の矛盾を抱えながら近代文明のなかに留まりつつ、同時にその近代文明からインドを脱却させる方向性を模索していたとみることができる。

二　自由主義経済学およびマルクス主義への批判

このようにガンディーは、みずからの原則にこだわらずに柔軟な姿勢を示しながらも、基本的には人々の「貪欲」に基礎をおく社会の物質的発展を批判的にみていた。彼のこうした視点は、利己心の追求と経済発展を是認した西洋の経済学者やマルクス主義者たちのそれとは根本的に異なるものである。そこで本節では、近代主義を代表するものとして自由主義経済学とマルクス主義をとりあげ、ガンディーがそれらをどのようにみていたかを検討することにしよう。

自由主義経済学批判

ガンディーは、一九二一年一〇月二七日の『ヤング・インディア』誌上で、「人はもっとも良い、もっとも安い市場で物を買うはずであるという経済の法則は悪いことですか」との質問にたいして、「それは近代の経済学者たちによって示された格言のなかでもっとも非人間的なもののひとつです」と答えた［*CWMG*, v. 21: 357］。また、一九三四年にも「アダム・スミスにとっての純粋な経済的動機である人間の利己主義は、克服されるべき『錯乱要因』である」と述べて［ibid., v. 58: 353］、利己心を前提とする自由主義経済学とは明確に一線を画している。

たしかにスミスは、『諸国民の富』においてつぎのように述べたとき、自愛心〔利己心〕の追求を肯定的にとらえていた。「われわれは、かれら〔肉屋や酒屋やパン屋〕の人類愛にではなく、その自愛心に話しかけ、しかも、かれらにわれわれ自身の必要を語るのではけっしてなく、かれらの利益を語ってやるのである」［スミス 一九六九、第一冊：八三］。

もちろんスミスは、『道徳情操論』において利己心とともに共感の倫理を挙げていたのだが［Smith, 1790］、スミス以降の自由主義経済学の展開においては、利己心に大きな比重がかかり、共感の倫理がしだいに忘れられていった感は否めない。ガンディーにとって利己心は非道徳であり、その対極にあるのは、彼の「アパリグラハ」ないしは「無私の行為」であった。したがって、自由主義のもとに人間の利己心が貫徹することで社会全体に利益がもたらされるといういわゆるスミス流の予定調和説は、おそらくガンディーのつぎの言葉で断罪されるだろう。「私は、非道徳が、しばしば道徳の名のもとに教えられるという結論にいたった」［Gandhi 1922: 34］。

ところでスミスは、経済発展が極度に達成された状態として「その地味や気候の性質、ならびに他の国々に対するその位置がゆるすかぎりで、富の全量をあますところなく獲得した国」を想定した。それは、利潤率・賃金率がきわめて低く押さえられた「これ以上前進もできず、後退もしない国」である［スミス 一九六九、第一冊：二〇三］。デイヴィッド・リカードゥもまた、土地耕作における収穫逓減と食糧価格の上昇が、定常状態をもたらすと予期していた。定常化阻止の方策としてリカードゥが想定したのは、たとえば海外の優等地からの安価な農産物の輸入や、機械の導入による産業全般の生産性の上昇などであった。スミス以来の自由貿易の思想が、後にジョン・スチュアート・ミルやエドワード・

G・ウェークフィールドらの資本輸出論に補強されてゆくなかで、古典派経済学における定常化阻止の課題は、帝国主義を正当化する議論へと展開してゆく(4)。

ガンディーのつぎの言葉は、彼が、こうした経済学における近代主義的思考をどのようにみていたかを端的に示している。

> 近代文明に酔っている人は、それにたいして反対するようなことは書こうとはしない。彼らの関心は、それを正当化するための事実や論証をみつけることであり、彼らは無意識のうちにそれが真実であると信じつつ、そうするのである。［Gandhi 1922: 31］

> 一国が他国を食い物にすることを許す経済学は、非道徳である。［*CWMG*, v. 21: 290］

イギリスの自由主義経済学が、帝国主義支配を正当化するように展開していったのにたいして、ガンディーの経済学にたいする批判は、まさに帝国主義の支配を受けた側からの異議申し立てであったといえる。

マルクス主義批判

これまでみてきたようなガンディーの文明観および自由主義経済学への批判は、そのままマルクス主義にたいする批判へと連なる。ガンディーは、一九二四年一二月一一日付の『ヤング・インディア』誌上で、共産主義者の友人達の動機に共感と敬意を表しながらも、彼らの採ろうとする暴力的手段にたいしては「妥協することのない反対者」であると述べている〔*CWMG*, v. 25: 424〕。一九二八年一一月一五日付の同誌では、ボルシェヴィズムが「暴力の使用を排除しないばかりか、むしろ私有財産の没収と、国家による集団的所有の維持のために自由に暴力を使用する」との認識を示した〔ibid., v. 37: 380〕。そのうえで、つぎのように言う。「ボルシェヴィズム体制は、その現在の姿では長つづきしない、と述べることに私にはなんらためらいはない。なぜなら暴力のうえになんら永続的なものは建てられえない、というのが私の信念だからである」〔ibid.〕。

そもそもガンディーは、国家権力が増大することを「最大の恐怖」をもってみていたのである。それは、「それ〔国家権力〕が、搾取を最小化することによって明らかに良いことをしつつも、すべての進歩の根底にある個人を破壊することによって人類に最大の危害をくわえる」〔*CWMG*, v. 59: 319〕との考えにもとづくものであった。ガンディーのつぎの言葉は、共産主義にたいする彼の批判を端的に示している。「それ〔階級なき社会〕を達成するために暴力が行使されるとき、私はそれ〔共産主義〕と袂を分かつ。……私は、銃剣をつきつけて人間の心から悪を根絶できるとは信じない」〔ibid., v. 64: 423〕。ガンディー思想は、「非暴力」によって平等をもたらそうとするものであるから〔ibid., v. 83: 27〕(5)、旧ソヴィエトにおけるような「暴力」によって人々に強制された共産主義とは相容れないのである。

ところで、インドではロシア革命に深く心酔したジャワーハルラール・ネルーが、インド独立後の国家建設にかんしてガンディーと大きく異なる見解を示している。ガンディーは、「工業化が神格化されたロシア」を模倣することを拒否し〔*CWMG*, v. 68: 266〕、村落における手紡ぎや手織りなどの手工業を経済の基本単位として重視した。これにたいしてネルーは、社会主義の路線にそう大規模工業化の推進を主張したのである。深沢宏は、ネルーの社会主義的国家建設の方針をつぎの五点に簡潔にまとめている。

一、インドの諸問題、特にインドの貧困を解決する唯一の途は社会主義である、
二、この社会主義はマルクス主義的社会主義である、
三、そこでは土地と工業における既得権益は廃止され、又は大幅に削減される、
四、経済建設の基調は、大規模工業化におかれ、その際基幹工業や公益事業は国営とする、
五、ガンディーの主張する家内工業の復活は、インドの経済問題を根本的に解決するものではなく、過渡期の一時的施策に過ぎない。〔深沢 一九六六：五九二〕(6)

ガンディーは、西洋の工業国が国の内外で搾取や従属を生み出した経緯から、ネルーの主張する社会主義的工業化には反対の立場をとる。「彼〔ネルー〕は工業化を信じているが、私はそれがインドにとって有益であるということに大きな疑いをいだいている」〔*CWMG*, v. 74: 73〕。

ネルーは、一九四五年一〇月にガンディーに宛てた手紙のなかで「村落は通常知的にも文化的にも後退しており、後退した環境からはなんの進歩も生まれません」〔*SWMG*, v. 5: 122〕と述べた。ネルーが社会主義的大規模工業化を主張するのは、実際こうした村落観にもとづくものであった。それは、インドの村落共同体を「半野蛮、半文明」のものとみたカール・マルクスのインド観に通ずるものである。

マルクスは、「イギリスのインド支配」においてインド民族を「停滞した」存在ととらえ、つぎのように述べた。

> イギリスの干渉は、紡績工をランカシャに、織布工をベンガルにとわけへだてたり、あるいはインド人の紡績工と織布工とを共に一掃したりして、この小さな半野蛮、半文明の経済的基礎を爆破して共同体を解体させ、こうすることによってアジアでかつて見られた最大の、じつは唯一の社会革命を生み出したのである。〔マルクス　一九六二：一二六、強調は原著者〕

このときマルクスは、イギリスの干渉によるインド村落共同体の解体にインド社会のひとつの「進歩」をみていたのである。こうした見方にたいするガンディーの基本的立場は、つぎの発言に表われている。

> インドの人々が非文明的で、無知で愚かであるということ、彼らに変革を促すのは不可能であるということは、インドにたいする中傷である。その中傷は、私たちの長所にたいしてのものである。〔Gandhi 1922: 63〕

> インドの事情は独特なものである。……したがって私たちは他国の歴史を参考にする必要はない。〔ibid.: 70〕

実際ガンディーの目標は、イギリスによってその経済的基盤が破砕される前の村落共同体を再建することであった。マルクスは、インドについて「自然の支配者である人間が猿のハヌマンや牝牛のサッバラにひざまずいて礼拝する事実」に「堕落した自然崇拝」をみていた［マルクス 一九六二：一二七］。だがガンディーは、むしろインド人のアイデンティティをインド土着の精神に引き戻そうとして、ハヌマーンの登場する神話や経典を賛美し、牝牛を人間に近いものとして大事にしたのである［坂本 一九六九：一五四］。この点においてガンディーは、インドのたどるべき進路を、マルクスやネルーが「進歩」と考えていた社会の変化の方向とは大きく異なるベクトルに設定していたということができる(7)。

私たちは後に、近代文明に代わりうるものが、ガンディーの社会経済建設構想においてどのように描かれていたかを検討する。だが、そのためのいまひとつの準備として、マルクス主義とは異なる観点からガンディーを批判したラビンドラナート・タゴールのチャルカー運動批判とこれにたいするガンディーの反批判（ガンディー＝タゴール論争）、ならびにこの論争にたいするアマルティア・K・センの評価をみることとしたい。

三　ガンディー＝タゴール論争

タゴールは、マルクス主義者ではなかったものの、近代主義的発展観にたってガンディーの思想や運動にたいへん厳しい目を向けていた。ここではロマン・ロランが記録したガンディー＝タゴール論争と、後にセンがこの論争について「タゴールの側」にたって行なった評価を取り上げることで、ガンディーによる近代文明批判の趣旨をいっそう明らかにしたい(8)。

ロランによるとタゴールは、つねづね「人間の神聖な精神への信仰が今もなお生きていることを証する機会を、ガンディーがインドに与えてくれたこと」に感謝していた。しかし一九二〇年の夏頃から、ガンディーの内に溢れる愛と信仰の力が、ティラク死後の政治に注がれたのを惜しんでいたという。タゴールがガンディーの思想と行動の犠牲的精神を賞賛すればするほど、「非協力」に含まれる否定的要素は、タゴール自身にとっていっそう容認しがたいものとなってゆく。「一方ではまさに非協力が説かれているときに、海の彼方で私が東洋と西洋の文化の提携を説いてきたのはなんという運命の皮肉であろう」。ロランによれば、ガンディーの「非協力」は、「世界のあらゆる文化に養われた彼〔タゴール〕の豊かな知性」を傷つけたというのである［Rolland 1924: 112-19］。

一九二一年三月一三日にタゴールは、つぎのように西洋による支配を「人類のための使命」の観点から擁護し、ガンディーの非協力運動を「地方気質の最悪の形式」として批判している。

われわれの精神を西洋のそれから引き離そうとする今の試みは精神的自殺である……現代は西洋の力強い支配を受けてきた。それが可能だったのは、人類のために果たすべき大きな使命を西洋が有していたからである。……西洋との協力を保つことが悪いというのは、地方気質の最悪の形式を奨励するものであり、それは知的窮乏を生むにすぎない。［Rolland 1924: 120］

ロランは、西洋文明の排斥がガンディー思想の真意ではないことを認めつつも、基本的にはガンディーを「国家主義」と結びつけて否定的に捉えていた。「インドの国家主義の情熱は、ガンディーにそうした傾向〔西洋文明排斥の傾向〕を与えるであろう」〔Rolland 1924: 120〕。また、「彼〔タゴール〕はこの精神の野蛮の到来を恐れる」〔ibid.〕と述べるとき、ロランは確実にタゴールの立場をかりてガンディーを批判していたのである。

一方ガンディーは、六月一日に「詩人の憂慮」と題する文章のなかで、みずからの思想が偏狭なナショナリズムではないことを弁明する。

私は、自分の家に垣をめぐらし、窓を閉めることを望みはしない。私は、すべての国々の文化の息吹が、できるだけ自由に家のなかを流れることを願う。しかし私は、その風に足をさらわれることを拒む。〔Rolland 1924: 122〕

ガンディーは、タゴールの批判をふり切って、七月三一日にボンベイにて外国製布地の焼き払い運動を決行するのである（第五章第二節）。

タゴールは、一〇月一日の『モダン・レビュー』誌上で、人々がガンディーの呼びかけに盲目的に応じて各地で外国製布地を焼き払う光景は、「理性と教養に鍵をかけ」ることを意味するとの見解を示した。彼は、ガンディーが人々にひたすら「糸を紡げ、布を織れ」と呼びかけたことを「これがはたして新時代の新しい創造への呼びかけであろうか」と批判する。「もし大機械が西洋の精神に危険であるな

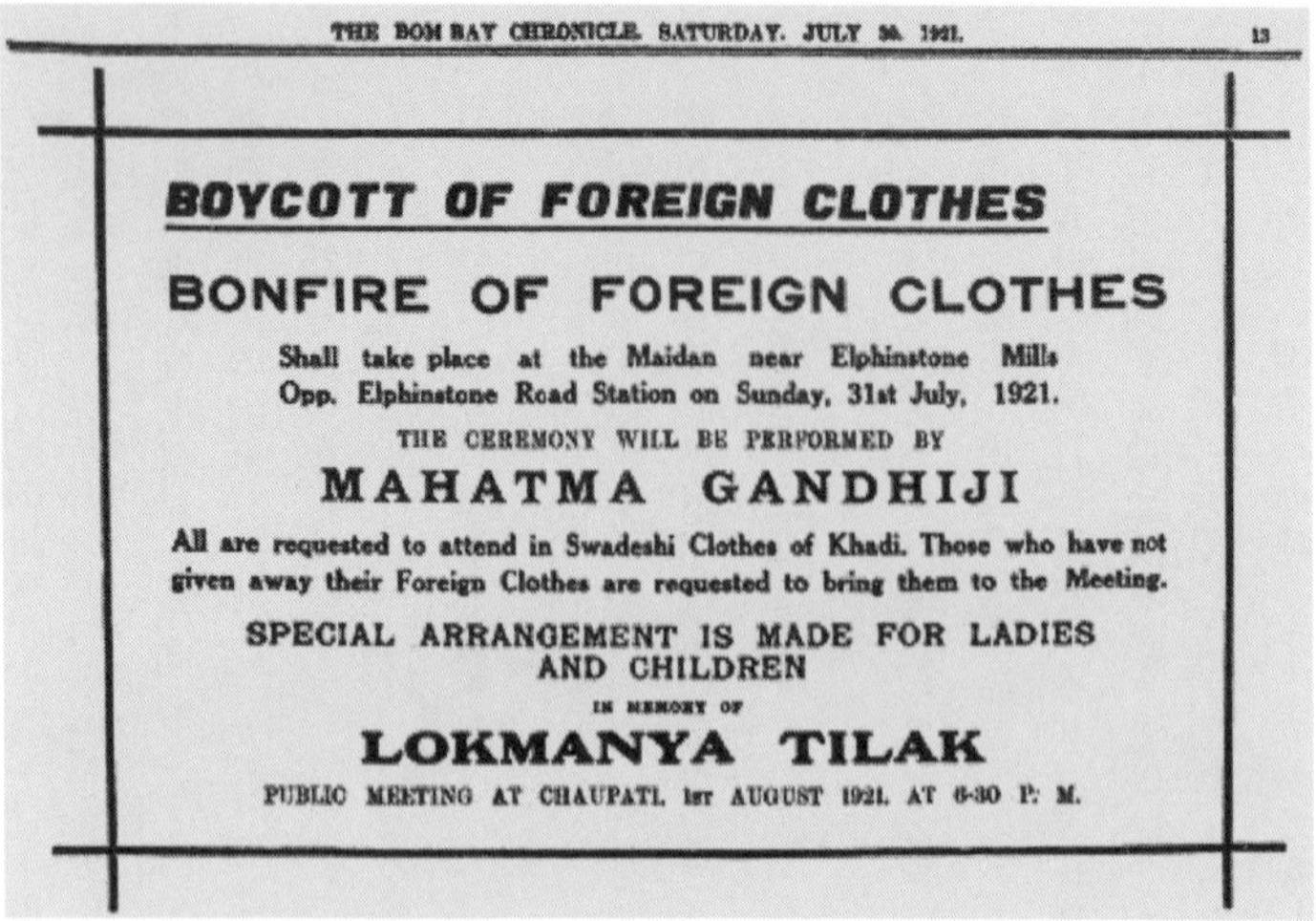

THE BOMBAY CHRONICLE, SATURDAY, JULY 30, 1921. 13

BOYCOTT OF FOREIGN CLOTHES

BONFIRE OF FOREIGN CLOTHES

Shall take place at the Maidan near Elphinstone Mills Opp. Elphinstone Road Station on Sunday, 31st July, 1921.

THE CEREMONY WILL BE PERFORMED BY

MAHATMA GANDHIJI

All are requested to attend in Swadeshi Clothes of Khadi. Those who have not given away their Foreign Clothes are requested to bring them to the Meeting.

SPECIAL ARRANGEMENT IS MADE FOR LADIES AND CHILDREN

IN MEMORY OF

LOKMANYA TILAK

PUBLIC MEETING AT CHAUPATI, 1st AUGUST 1921, AT 6-30 P. M.

外国製衣服焼き払い運動の事前告知（*The Bombay Chronicle*, July 30, 1921）

ら、小機械は私たちにもっと悪い危険ではないだろうか」[Rolland 1924: 126]。

こうしたタゴールによる批判にたいして、一〇月一三日付の『ヤング・インディア』誌上でガンディーの展開した反論は、詩人を沈黙させるに十分であった。

> 私のまわりの人々が、食物がないために餓死しつつあるときに、私に許される唯一の仕事は飢えた人々を養うことである……飢えた、活動的でない民衆にとって、神の姿が現われる唯一の形式は仕事と、みずからの生計の道をうる望みである。神は、働いてみずから糧をうるように人間を創りたまい、働かずして食う者は盗人であるといわれた……糸紡ぎ車こそは幾百万の瀕死の人々にとっては生命である。……詩人は明日のために生きる、そして私たちも彼と同じようにすることを望むであろう。彼は私たちのう

っとりとした眼の前に、小鳥が朝まだきに讃美歌を歌うか、飛び立とうとする美しい絵を示す。……飢えた人々の苦しみを、カビールの歌で和らげることは不可能なのを見た……彼らが食をうるように仕事をあたえよ！……食うために働く必要のない私がなぜ糸を紡ぐのかと人は尋ねる。それは、私は自分に属していないものを食べているからである。私は同胞たちを掠めて生きている。あなたの懐中に入ってくるすべての貨幣の跡を探ってごらんなさい、……糸を紡がなければならない。何人も紡ぐべきである！タゴールも紡ぐがいい、他の人々と同じように！彼も外国製の衣服を焼くがいい！……それが今日の義務である。［Rolland 1924: 129-30］

タゴールはこれにたいして反論せず、両者の論争は幕を閉じる。もっとも森本達雄が説明するように、タゴールが沈黙したのは、論争の敗北を認めたからではなく、詩人としての己の分をわきまえ、国民の運命をすべて「マハートマ（偉大な魂）」に託したからであるというのが正しい見方であろう［森本 一九九五：九七］(9)。

ロランは、ガンディーとタゴールの論争をふり返り、「彼〔ガンディー〕は道徳意識において、タゴールは知性において世界主義的である」と述べて、両者を賞賛している。しかし同時に、「彼〔ガンディー〕の心はキリストのように広いが、その知的禁欲主義と放棄の精神において狭い」として、「彼〔ガンディー〕を心から畏敬しながらも、私たちはタゴールに味方するものである」と注に書きくわえている［Rolland 1924: 137］。またロランは、ガンディーの弟子や民衆が「もっとも皮相なもの、……糸紡ぎ車によって、救世的スワラージ（ホーム・ルール）を待つこと」を「進歩の否定」と捉え、「非

ラビンドラナート・タゴールとガンディー（1940年）

暴力の使徒たちが、……西洋の物にたいして示した暴行にタゴールが不安を抱いたのは無理もない」としている［ibid.: 138］。ロランはこのとき、ガンディー思想を国家主義・懐古主義の狭い枠内に閉じこめ、タゴールとともに一種のコスモポリタニズム・近代主義の観点からこれを批判していたとみることができる。

ところで、インド独立運動の終盤にベンガルに生まれたセンは、ヒンドゥー至上主義などの排外主義を激しく批判する論考のなかで、ガンディーとタゴールに深い敬意を表している。それは、センがこれらふたりをインドの「寛容で受容的な伝統」を受け継いだ人物とみなし、「共同体論的な排除と攻撃的な偏狭主義」および「文化的排外性と孤立主義的ナショナリズム」の対極に置いていることに表われている［Sen 2005: 348-49］。ガンディーが、ひたすらコミュナル統一を説いてヒンドゥー至上主義を信奉する青年に暗殺されたことを思うとき、宗教的多様性を尊重しようとするセンのこうした姿勢は、基本的にガンディーと同一の方向性を向いたものであるといえる。

ところがセンは、右に示したガンディー＝タゴール論争を「タゴールの側」にたってふり返るとき、たちまち批判すべき「偏狭主義」や「孤立主義的ナショナリズム」の枠組のなかにガンディーを位置づけてしまうのである。センは、タゴールが「人々が自由に生き、考えること」をもっとも重視していた点を強調したうえで、ガンディーのチャルカーを批判するタゴールのつぎの言説を引用する。「チャルカーは何人にも考えることを要求しない。人は、この時代遅れの発明物をただ絶え間なく廻し、最小限の判断力とスタミナを費やすのみである」[Sen 2004: 10]。そしてセンは、ふたりの論争において「チャルカー批判をけっして止めなかった」タゴールが「その経済的判断においておそらく正しい」という[ibid.]。

センが「タゴールの側」にたつ根拠は、独立インドの第二次五カ年計画においても重要な位置を占めたアンバル・チャルカー（ガンディー型チャルカーの発展型）にたいするみずからの評価にある。彼は、一九六〇年の『技術の選択』で、アンバル・チャルカーの技術的可能性を（a）労働生産性、（b）産出一人あたりの粗付加価値、（c）産出一単位あたりの粗余剰、（d）資本／産出比率、（e）資本投下一単位あたりの余剰率の観点からつぎのように評価した。

アンバル・チャルカーのプログラムは、インフレ的で資本蓄積にマイナスに影響しがちである。余剰のフローを形成するにはほど遠く、循環コストにも見合わない価値の産出フローしか生み出さない。……技術的可能性の観点からみて、アンバル・チャルカーは、あまり多くを提供するようにはみえない。[Sen 1960: 115-19]

タゴールは、さしずめ近代科学や「大機械」こそが「新しい創造」を生み出すものと考えたが、センにとっても、選択されるべき技術は、資本蓄積にプラスに影響するものでなければならなかった。だがこうした考えは、資本蓄積や分業、資本輸出によって経済の定常化を阻止しようとしたイギリス古典派経済学者たちの近代主義的思考と基本的に同じ方向を向いている。そうした思考はまた、タゴールがいみじくも「西洋の力強い支配」を「人類の使命」の名のもとに正当化したことにも表われているといえるだろう。

ガンディーは、現実にはチャルカーの生産性を高めようとしていた部分がまったくなかったわけではないが[10]、原理的にはそもそも「資本蓄積」や「余剰のフローの形成」などを最優先の課題としていたのではない。彼は、チャルカーを通じて人々が相互に助け合うコンヴィヴィアルな社会を樹立することによって、「近代」の物質的発展よりもむしろ身の丈の経済の構築にインドの活路をみいだしていたのである。したがって、センのように経済発展に寄与しないことをもってチャルカー運動を否定的に評価するのは妥当ではない。

私たちは、グローバル化時代におけるガンディー思想の意義を考える終章において、グローバルな物質的繁栄によって貧困を解決しようとするセンの思考がすぐれて近代主義に彩られていることをあらためて確認する。しかしこのとき、そうした近代主義は、そもそも地球の資源と環境の制約を前に限界をもち、ほかならぬガンディー主義によってやがて超克されるべき対象として照らし出されるのである。

四　脱近代の経済建設

ネルーやタゴールの批判を退けたガンディーにとっては、「スワラージ」(政治的独立・自治)へ向けて、人々が身の丈の経済においてコンヴィヴィアルな関係性を構築することが重要であった。それは、いうまでもなく近代文明から脱却する方向になければならなかった。

もしも将来近代的な手段でイギリスの支配にインドの自治がとって代わったとしたら、インドはイギリスに流出する資金がいくらか留保できる以外はけっして良くはならないだろう。ただそのときは、第二の、あるいは第五のヨーロッパやアメリカのような国になるのみであろう。[*CWMG*, v. 9: 479]

近代文明から脱却するための身の丈の経済の建設とは、主としてチャルカーやカーディーなど村落家内工業を中心として「スワデーシー」(経済自立)を達成することにほかならない。

ガンディーは、「スワデーシー」の第一義的定義を「他の者を排除してもっとも身近な隣人に奉仕しようとする精神」としている。そのかぎりでは、ロランやタゴールのように、彼をナショナリストとみなすことは可能である。しかしガンディーは、つぎにその条件として「そのように奉仕を受けた隣人は、そのかわりにみずからの隣人に奉仕しなければならない」とし、その意味において「スワデーシーはけっして排他的ではない」というのである［*CWMG*, v. 87: 26］。このように、ガンディー思想におけるナショナリズムは、少なくとも定義的にはインターナショナリズムの前提としてのナショナリズムである。「人は、ナショナリストとなることなくしてインターナショナリストとなることは不可能である」［ibid., v. 27: 255］。

それでは、ガンディーのいう「スワデーシー」とは、具体的にはどのようなものであろうか。ガンディーの経済学批判からも容易に想像されるように、彼はインドの貧困の原因を自由貿易に求めるのである。「イギリスはインドに自由貿易を押しつけることによって罪を犯した。それはイギリスにとっては食糧であったかもしれないが、この国にとっては毒であった」［*CWMG*, v. 13: 223］。

したがって「スワデーシー」の樹立は、自由貿易を通じてもたらされる経済的従属関係を解消することからはじまる。

> インドがみずからを支え、みずからを頼りにし、誘惑や搾取を排除するとき、私たちの国は東西のいかなる勢力にたいしても貪欲の対象となることをやめるだろう。……その国内経済は侵略にたいする最強の砦となるであろう。［*CWMG*, v. 47: 90］

「最強の砦」としての国内経済を建てなおすためには、まず第一にイギリスへの経済的流出をくい止め

英国のランカシャー州ダーウェンの紡績工場を訪問中のガンディー（1931年9月26日）

なければならない。それは、とりもなおさず外国製布地への依存からインドが脱却することを意味する。もっとも、繊維を中心とする外国製品のボイコットは、ガンディーがインド独立運動を指導するよりはるか以前に、すでに国民会議派の大会で決議されていた。すなわち、一九〇六年の会議派カルカッタ大会における四大決議は、(Ⅰ)自治、(Ⅱ)ボイコット運動、(Ⅲ)スワデーシー、(Ⅳ)民族教育であった。このうち第三の決議は、「一般大衆が多少の犠牲を出しても土着産業の発展を促進し、輸入製品に優先して土着製品の生産を鼓舞すべく熱烈かつ不断の努力を払うべきこと」を要請していた[Sitaramaya 1969, v. 1: 84-85]。それは、中村平治が指摘するように、保護政策不在のもとで外国資本に圧倒されていたインド民族資本の、国内市場を開拓したいという思惑を国民会議派が表現したものにほかならない[中村 一九五七:四二]。しかしそれでは、外国の工業製品をインドの都市で作られる工業製品に取り替えるだけであり、産業主義を否定するガンディーからみれば、近代文明の枠を一歩も外に出るものではなかったのである。

これにたいして、ガンディーが指導した第一次非暴力抵抗運動(一九一九年四月－二二年二月)においては、チャルカーやカーディーの復活・普及が中心におかれるようになる。これらはまさに、近代文明のなかで「マンチェスターの機械」によって消滅しかけていたものであった。ガンディーは、『自叙伝』のなかでつぎのように述べている。

私はカーディーの生産に注意を集中しています。私はこの方式のスワデーシーを信じています。なぜならこれによって半飢餓、半雇用の状態にあるインドの女性たちに仕事を与えることができるからです。私の考えは、これらの女性たちに糸を紡がせ、その糸で織られたカーディーをインドの人々に着せることにあるのです。［Gandhi 1997: 413］

中村によれば、ガンディーは手紡ぎとカーディーの生産に三つの積極的側面を認めているという。それらはつまり、経済的には職を失った手工業者の救済、道徳的には労働による怠惰の追放、そして政治的にはスワデーシーの樹立した段階において市民的不服従によりインド政府を屈服させる前提条件となること、である［中村 一九五七：四六］。また長崎暢子が指摘するように、チャルカーは「ヒンドゥーの神や英雄といったヒンドゥーにしか通じないものではなく、……宗教的にニュートラルなもの」である［長崎 一九八九b：一一七］。ガンディーは、宗派を超えて人々に共通するこうしたインド古来の道具を復活させることによってコミュナリズムの調整をも狙っていたとみられる。彼は実際、チャルカーを通じて「インドの無数の人々のあいだに本質的な、そして生き生きとした利害の統一性を実現し」ようとしていたのであった。こうした彼の姿勢は、チャルカーを「国民のあいだに死にも似た同一性をもたらそうとするもの」として忌避したタゴールとは著しく異なるものである［*CWMG*, v. 28: 427］。

スワデーシー運動の中心を占めたチャルカー運動は、第五章で詳しく検討するように、一九二〇年代から四〇年代にかけて大々的に展開された。この運動を通じて貧窮化した農民たちに生きる手段を確保しようとしたガンディーの姿勢は、二〇世紀の初頭に「スワデーシー」を掲げながら、民族資本の利害を代表するにとどまっていた会議派のそれとは実に対照的である。チャルカーは、独立運動のさなかに民族旗の中央に掲げられ、文字通りインド民族の「統一のシンボル」［Gandhi 1957a, v. 2: 133］となった。それは、まさに「真のインドは農村にある」［*CWMG*, v. 85: 251］というガンディーの信念を表現したものにほかならない。

ところで、このチャルカー運動のための資金調達を思想的に支えたのが、第六章で検討する受託者制度理論である。受託者制度理論とは、社会の富者がその財産を神から信託された「受託者」として行動し、これを社会の貧者のために行使するという考え方である。この理論にしたがうと、資本家や地主は「受託者」としてふるまうかぎり、その立場が保証される。このためそれは、当然のことながらマルクス主義者により「体制擁護」論として激しく批判されることとなった。たしかに、ガンディーがこの理論を展開するなかで、資本家や地主をけっして敵に回さなかったことは、少数者の動機が意地汚さや貪欲であるという先の認識との整合性が問われてよいところではある。

しかし、受託者制度理論をチャルカー運動との関連でみるならば、ガンディーが資本家や地主の擁護ではなく、「非暴力」の枠内で富の再分配をめざしていたことが理解されるだろう。つまり彼は、受託者制度理論によって富裕階級の豊富な資金を非暴力的に調達し、チャルカー運動を通じて貧者にこれをふり向けようとしていたのである。こうしてみると、受託者制度理論は、けっして「体制擁護」を目的としたものではなく、むしろ独立運動の途上で同時にインド社会の内在的矛盾をも直視し、これを平和のうちに解決しようとする積極的な社会改革論だったと考えることができる。

ガンディーは、受託者制度理論とスワデーシー運動を軸に、「インド七〇万村落の搾取とその荒廃の上になり立つ六つの都市とイギリス帝国のかわりに、前者〔インド村落〕がおおかた自給自足的になる」ことを目標としていた［Gandhi 1945: 11］。カーディーは、「全産業の太陽系の太陽」に位置づけられた〔*CWMG*, v. 59: 411〕。村落では、そのほかに綿、砂糖、油菜、麦などが協同組合的組織のもとで生産される〔ibid., v. 30: 521〕。ガンディーは、「土地およびすべての財産はそれにたいして労働する者〔すなわち農民〕のものである」〔ibid., v. 64: 192〕と考えながらも、第二次世界大戦後に中国などで徹底して行なわれたような土地改革は想定していなかった。それは、権力によって地主から土地を没収することが「非暴力」の精神に反するからである。したがって彼は、地主にたいしてもやはり「受託者」としてふるまうことを要請する。

ガンディーにとって民主主義は、インド村落に古くから伝わる「パンチャーヤト」(Panchāyat)を中心に実現されるべきものであった。「パンチャーヤト」とは、狭義には民主的な手続で選出された村民からなる自治組織を意味するが、広義には村落それ自体をさす。ここにガンディーは、村落を政治の基本単位とする権力の分散化を想定していたとみることができる。

> 独立は基底から始まらなければならない。そして、村落は十分な権力をもつひとつの共和国、すなわちパンチャーヤトとなる。各村落はしたがって、みずからを支え、みずからの事柄は、全世界にたいしてみずからを防衛することさえも含めて、みずから対処しなければならないのである。
> 〔*CWMG*, v. 85: 32〕

つまり、「パンチャーヤト・ラージ」(Panchāyat Rāj)[11]の実現は、国家が上から人々に与え授けるものではなく、村落を基底として人々が下から獲得するものである。よってこのことは、「究極的には個人が

〔パンチャーヤトの〕単位である」というガンディーの理想に結びつく［ibid.: 32-33］。
　これらに村落の衛生や快適な住居環境などをくわえて、ガンディーはインド村落の理想像をつぎのように描写している。

理想的なインドの村落は、完全な衛生を備えるように建設されるだろう。そこにある家屋は、十分な光が射して、風通しもよく、村の周囲半径五マイル以内で手にはいる材料で建てられるだろう。家屋には、住人がみずから消費するための野菜を植え、家畜を飼うための庭があるだろう。……そこ〔村落〕には、村落自体の必要に応じて使われ、またすべての人々が利用できる井戸があるだろう。さらに、すべての人のための礼拝所、集会所、家畜を飼育するための村落共用地、協同組合型の酪農場、そして工業教育を中心とする小学校と中学校もあるだろう。それ〔村落〕は、それ自体の穀物、野菜、果物、そしてカーディーを生産するだろう。［Tendulkar 1988-90, v. 4: 118］

ガンディーは、こうした共同体的村落が「政府の手を借りずに、ザミーンダールを含めた村民たちの手によって」［ibid.］建設されることを、受託者制度理論とスワデーシー運動の究極的目標にすえていた。こうした考え方は、利己心を物質的発展の原動力とする都市・大工業中心の社会にかわって、アパリグラハや奉仕の精神に依拠した自然のなかでの簡素な生活を理想とするものである。それは、スミスの描いた「富の全量をあますところなく獲得した国」や、マルクスのいう「自然の支配者たる人間」といったイメージとは著しい対照をなす。そしてまた、情報やコンピュータが氾濫し、人間の欲望がかぎりなく開発されるポスト近代主義の世界観とも異なっている。

いいかえればガンディーは、これら近代主義やポスト近代主義において認識される社会の「進歩」の方向とは別の進路にインド社会の歩むべき方向性をみいだし、まさに「イギリスの干渉」によって破砕された村落共同体を再建することによって「近代文明の名のもとにまかり通っている多くのことを破壊するか、あるいは根本的に変更し」[CWMG, v. 60: 54]ようとしたのである。「独立インドが泣きうめく世界にたいしてみずからの使命を果たせるのは、その何千という村落を発展させ、世界と平和を保ちつつ簡素で気高い生活を採用することによってである」[ibid., v. 85: 205-06](12)。

ガンディーの村落論は、スミスの利己心ともマルクスの発展論とも異なって、人々が身の丈の経済においてコンヴィヴィアルな関係性を築くことを理想とする考え方である。それは、ガンディーと同時代のネルー、ロランおよびタゴールによって、また現代ではセンによって国家主義や懐古主義の思想として厳しく批判されてきたものである。

一方、当のガンディーは、七〇歳の誕生日を迎えたときに、『ヒンドゥ・スワラージ』の目的が「いわゆる無知で暗黒の時代に戻ろうとすることではな」く、「自発的な簡素、貧しさ、ゆったりとしたこと（slowness）のなかにある美しさを理解することにあ」ったと説明した[CWMG, v. 70: 242]。そのことの真意は、彼と同時代のグレッグやマンモーハン・ガンディーによって、また後の時代にシューマッハーやリフキン、長崎、シヴァなどによって理解されたものである（第二章）。これらの論者が、地球の生態系をも視野に入れてガンディー思想に注目するのをみるとき、それが、近代主義者やポスト近代主義者の考えていたものより時間的、空間的にはるかに大きな広がりをもった思想であったことが理解されるのである。

私たちは、これまでガンディー経済思想の基本構造を概観し、チャルカー運動と受託者制度理論がその重要な構成要素であることを確認した。そこで、これらの運動と理論をつづくふたつの章でより詳しく検討することにしよう。

第五章　チャルカー運動

チャルカー運動[1]は、独立運動期のインドにおける手織業や人々の服装文化を考えるうえで重要な意味をもつが、その評価はかならずしも定まってはいない。インド経済史の分野においては、この運動のもとで作られたカーディーの繊維市場全体に占める規模が、機械製綿布のそれに比べて圧倒的に小さかったことなどから、一般にその経済的効果はけっして高く評価されてこなかった。一方、文化人類学の分野においては、この運動が、独立運動の一端を担いながらインドの人々に強い文化的インパクトを与えていた事実に注目する議論が多く生み出されている。

そこで本章ではまず、こうしたチャルカー運動にかんする先行研究をふり返りながら検討すべき課題を設定する。つぎに、チャルカー運動の展開を全インド紡ぎ工協会（All India Spinners' Association: AISA）その他による資料を用いて検討する。その際ガンディーが、当時インド綿布市場を席巻していた機械製綿糸・綿布との相克のなかで、チャルカーを通じてどのように貧者を救済し、独自の「協同組合的社会」を建設しようと努めていたかを考える。また同時に、チャルカー運動の経済的効果についてもあらためて検討することとしたい。最後に、そうした試みが、市場における相対的規模の小ささにもかかわらず、究極的には「近代」を代表する機械と市場が生み出した矛盾を「非暴力」の手法で克服しようとしていた点を積極的に評価しうることを示して結びとする。

一　運動にたいする評価

一九世紀半ば以降の近代的工場制生産の発達過程で、インドの手織業は機械製糸を用いて二〇世紀に入っても長く残存したが、手紡ぎ糸の生産はこの世紀の初頭までにほとんど消滅したことが共通の理解となっている[2]。ガンディーの指導したチャルカー運動は、そもそも外国製布地の輸入が、「インドの何百万という同胞を死においやり、その何千もの愛しい女性たちを恥辱の生活においやった」［YI, August 11, 1921］との認識にたっている。それは、まさに糸紡ぎを含む織物の工程をすべて手作業とすることによって労働の機会を彼らに広く分配し、「インドの哀れさと悲惨さを緩和」［YI, November 3, 1921］しようと意図したものであった。

ところがインド経済史において、チャルカーやカーディー、さらにはチャルカー運動が言及されることはほとんどない。また言及されたとしても、それらの経済的意味が高く評価されることは稀である。たとえばティルタンカール・ローイは、一九三〇年代における手織業が工場製綿布との競争にもかかわらず存続したこととチャルカー運動の関連性を否定している。その理由は、手織業が付加価値の高い製品に移行することによって生き残る際、カーディーを構成する手紡ぎ糸の七〇％が商業目的に生産されたものだったという点にある［Roy 1988: 2-9］。スミット・グハもまた、チャルカー運動にはほとんど関心を払っていない。彼は、一九世紀前半以降の中央インドにおける手紡ぎ糸生産量の推移をおい、「手紡ぎは二〇世紀初めに広範囲に消滅した」と結論する。それは、一九五〇／五一年の繊維への支出のうち、〔機械製糸を用いた〕手織布が二四％を占めたのにたいして、カッダル〔＝カーディー〕はわずかに一・四％にとどまっていたという理由によるものである［Guha 1989: 307-09］。

ピーター・ハーネッティーは、チャルカー運動のいわば負の側面をつぎのように指摘している。つまり、一九三〇年代にインド国民会議派が輸入糸を禁止したために、中央州では国内紡績工場がそこから利益を得たのにたいして、上質布の手織工は、逆にチャルカーで紡がれた糸が均質でないために利益を得なかったというのである［Harnetty 1991: 494］。他方、柳澤悠は、マドラス州の手織業が、インド内外の工場製綿布との競争にもかかわらず生き残った背景のひとつとして、男性の被り物が、ターバンからガンディー帽やフェズ帽などに変わっていった需要構造の変化に着目した。だがその変化は、かならずしもチャルカー運動との関連で分析されたものではなかった［Yanagisawa 1993: 18］。

チャルカー運動にいっそう焦点を当てたものとしては、マンモーハン・ガンディー、リチャード・グレッグ、篠田隆らの研究が重要である。マンモーハン・ガンディーは、後述するように、公式統計に表われない手紡ぎ糸が一定の生産高に上っていたことを慎重に推計した。グレッグは、太陽エネルギー消費効率やエントロピーの観点からチャルカーの機械にたいする優位性を強調している［Gregg 1946: 19-

27, 105]。これらふたりは、チャルカー運動の経済的意義を認めたガンディーと同時代の数少ない論者であるが、後の人々にあまり顧みられていない。

他方、篠田は、つぎのいくつかの理由から、チャルカー運動が経済的には「失敗」であったと結論する。その理由とは、第一に、チャルカー運動の経済的規模が、その全時期を通じてきわめて小さかったこと、第二に、運動の「波及効果」は小さく、その根拠として在来の手織工を運動に組み込むことができなかったこと、第三に、真のカーディーは、一方で機械製「擬似カーディー」の売り上げを伸ばし、他方で非登録カーディーによる蚕食を受け、両者に挟撃されていたこと、そして第四に、ガンディーが人生の終盤に示した「より糸銀行」の構想にみられるように、結局は市場原理を前提とした経済的誘引以外のより有効な方法を示しえなかったことなどである(3)。

ローイ、グハ、ハーネッティー、柳澤、篠田らの研究は、チャルカー運動の経済的効果が小さかったと考える点で共通している。ところがそれらは、多分に「市場」の動向に焦点を当てて手織業を分析する性質のものである。つまり、「市場」の外にあった手紡ぎ糸やカーディーの存在を考慮していないために、チャルカー運動の潜在的影響力をかならずしも十分に把握しているとはいえない。

これにたいして、マンモーハン・ガンディーとグレッグの研究は、逆にチャルカーの有効性を訴えるものである。ところがそれらは、独立運動の文脈においてチャルカー運動のダイナミズムを分析しようとするものではなく、したがって、それがしばしば困難な道のりをたどった経緯を認識しているわけではない。

ところで、文化人類学の分野においては、チャルカー運動が独立運動のさなかにインドの人々の服装文化に大きな影響を与え、彼らのナショナリズムを鼓舞した事実に注目する研究が蓄積されている。バーナード・コーンは、第一次非暴力抵抗運動（一九一九－二二年）の時期に、虐げられてきた人々が、衣服を通じていかにイギリス支配を動揺させたかを示している。その動揺は、たとえばヨーロッパ人の雇用者が、白いカーディー帽の職場での着用を禁止したことや、アラーハーバードやシムラーの政府、あるいはグジャラートやボンベイの法廷が、カーディー製の衣服や帽子の着用を禁止したことなどにみられるものであった［Cohn 1989: 344-45］。スーザン・ビーンによれば、腰布を身に纏ったガンディーがインド総督レディング卿と一九二一年に行なった会見の「もっとも重要な結果は、イギリス的価値を否定する服装をし、インドの人々を代表したガンディーが、インドにおけるイギリス帝国の代表と同格に渡り合うことを許されたことである」［Bean 1989: 373］。

エマ・タルロもまた、カーディーが「ヨーロッパ的価値システムの拒否」を意味したと考えている［Talro 1996: 75］。彼女は、カーディーが引き起こした衝突事件の例として、ガンディー帽着用者が、非着用者の頭から外国製帽子を剥ぎ取り、ガンディー帽を被らせたことや、徴税官がガンディー帽着用者から土地を取り上げ、不服従運動に参加しなかった者に低価格で売却したことなどを挙げている［ibid.: 97-99］。農民の多くが、税の不払いとカーディーの着用を通じて市民的不服従運動を支持したが、当局は道路に出現した幾千ものガンディー帽着用者をコントロールできなかった。また、カーディーを通じて貧者に奉仕しようとするガンディーの教えは、会議派組織、ボランティア、地域の指導者、そして遠く離れた村民に浸透していったが、それはあたかも「伝言ゲーム」のようであったという［ibid.: 98-100］。

他方リサ・トゥリヴェーディーは、地域的、社会的にニュートラルなカーディーが、遠く離れた地方の人々を意識的に結びつけることによって、彼らの心のなかに「インド民族」の概念を形成したことを重視している［Trivedi 2003: 15］。すなわち彼女は、スワデーシー運動家による幻灯スライド・ショーが、ともすれば個別社会的な慣習によって分断されがちなカーストやコミュニティの枠を超えて人々を相互に結びつけた効果を評価しているのである［ibid.: 28］。

幻灯スライド・ショーをみて糸を紡ぎ、カーディーを着、あるいは寄付をした人々は、彼らが個人的には知るよしもない何百万の他の人々と行動をともにしていたのである。［ibid.: 30］

人々は、……カーディーを作る人々を目にするという経験によって、民族の地図とコミュニティを想像することができたのである。［ibid.: 36］(4)

こうしてみるとチャルカー運動は、かりに全インドの綿布市場における相対的規模が小さかったにせよ、なお独立運動の一端を担い、ナショナリズムの形成・高揚に決定的な役割を果たしたと評価されている。しかしながら私たちは、前述の文化人類学的諸研究にならって、チャルカー運動のなかに「ヨーロッパ的価値システムの拒否」をみいだすにしても、それをたんにナショナリズムの表象と捉えるだけでは十分ではない。というのは、それではすぐれて近代的思考様式においてこの運動を理解することになるからである。トゥリヴェーディーは、「カーディー展示会の目玉の物品は、伝統的インドや植民地インドの限界を克服しようとする、新しい近代の政治コミュニティの産物であった」[Trivedi 2003: 16]とするが、ガンディー自身は、インドの独立によってまさにその「近代」を克服しようとしていたのではなかっただろうか。

チャルカー運動の経済的側面については、すでにマンモーハン・ガンディー、グレッグおよび篠田の優れた研究があり、ここでの分析は、それらに大きく与っている。筆者は、チャルカー運動が数々の困難に直面した点においてとりわけ篠田論文に首肯するが、しかし、この運動を支える経済原理、およびその規模や経済的効果にたいする評価についてはなお若干の議論の余地があるものと考えている。したがってここでの課題は、チャルカー運動をその規模や経済的効果に注意しながら独立運動の文脈において分析することであり、「独立」の中身としてガンディーがめざした「近代」以降の社会の経済原理をみいだすことである。(5)

それではつぎに、こうした観点からガンディーの指導したチャルカー運動の全史を概観することにしよう。ここで依拠する資料は、主としてＡＩＳＡの年次報告[AISA 1926; 1929; 1934; 1950; undated]、*Young India*（*YI*）と*Harijan*（*HJ*）の新聞二誌、および*The Collected Works of Mahatma Gandhi*（*CWMG*）などである。その際、運動の期間をおおむねＡＩＳＡの資料の時期区分に則ってつぎの三期に分けてこれを分析する。すなわちこの運動が、市場を通じて「世界最大の協同組合」の建設をめざした第一期（一九二〇－三四年）、生活賃金の提供を第一の目的に掲げて、「道徳の経済学」なるものを樹立しようとした第二期（一九三四－四四年）、そして運動の規模を縮小しながらも市場からの脱却をめざした第三期（一九四四－四八年）である。(6) そうすることによって、チャルカー運動が、「近代」の諸制度である機械や市場に激しく抵抗しながら、これを乗り越えるための経済の原理をいかに紡ぎ出していったかをみることとしよう。

二 「協同組合的社会」建設の端緒——第一期（一九二〇―三四年）

チャルカー運動の第一期は、一九二〇年九月の国民会議派カルカッタ特別大会にはじまる。この大会は、「各家々に手紡ぎを、何百万の織工たちに手織りを復活させること」［*YI*, September 15, 1920］をめざすものであった。一九二一年四月にベズワーダで行なわれた全インド会議派委員会は、その精神を引き継いで「全インド・ティラク記念スワラージ基金」一〇〇〇万ルピーの募金事業を採択した。それによって集められた資金の多くは、国民会議派の手紡ぎ・手織り事業に向けられてゆく［*YI*, April 13, 1921］。

ティラク一周忌の前日にあたる一九二一年七月三一日、ガンディーはタゴールの激しい批判にもかかわらず、ボンベイにて一五万着の外国製布地に厳かに火を付けた。それは、ディーナーナート・テーンドゥルカルによれば、「何千もの市民が目撃した壮観な光景」［Tendulkar 1988-90, v. 2: 53］であった。「炎が駆け上がって〔布地の〕山全体を包み込んだとき、あたかもインドを縛っていた足鎖が真っぷたつに割れたかのように、歓喜の叫びが空中に鳴り響いた」［ibid.］。インドの布はインドが作るという、強い決意の表明である。

手紡ぎをするガンディー（1920年代後半）

一九二一年一二月の会議派アフマダーバード大会以来、カーディーを素材とする衣類やその製作工程が欠かさず展示されるようになった。手紡ぎ・手織りを組織的に推進するために、一九二三年には全インド・カッダル委員会（All India Khaddar Board: AIKB）が、一九二五年にはＡＩＳＡが設立された［AISA undated: 10-11］。一九二〇年代後半には、カーディーの生産デポや販売デポが全国各地に続々と設立され、一九二八／二九年の記録では、前者が一七六、後者が二〇八を数えている［AISA 1929: 9］。

アフマダーバードでは、早くから多くの被抑圧階級出身者を含む少年たちを対象に、タクリ（チャルカーに代わる糸紡ぎの道具）で糸を紡ぐ競技などが行なわれた［YI, November 26, 1925］。手紡ぎの訓練は、日常生活における手紡ぎの定着、生産性と品質の向上などを目的として、まもなく全国の小中学校などに導入されてゆく。(7) 国民会議派は、一九二四年から一九二五年にかけて、すべての党員に月二〇〇〇ヤードの手紡ぎ糸をAISAを通じて提供するように義務づけた［AISA undated: 24］(8)。一九二七年にバンガロールで行なわれた「南インド・カーディー展」でも、手紡ぎの実演、南インドにおけるカーディー運動の実績の紹介、生産物の展示・販売、および競技などが大々的に行なわれた［*YI*, July 21, 1927］。手紡ぎ・手織りの国民生活への浸透を狙ったこうした政策は、会議派およびAISAを通じて強力に推し進められてゆく。

行政当局の反応としては、一九二七年にマドラスの開発大臣が、手紡ぎは農民にとって重要な補助的仕事であるとしてこれを支援した［*YI*, January 27, 1927］。ビカネール、ウダイプル、キサーンガード、ジャウラなどの藩王も、カーディーにたいする熱烈な支持を表明した［*YI*, February 17, 1927］。ジャイプルが、カーディーにたいする税を撤廃する一方、グワーリヤルの委員会は、チャルカーを農民にとっての「もっとも自然な補完的仕事」として推進する政策を検討していた［ibid.］。一九二八年にはハイデラーバードの財務大臣が、チャルカー運動を強く支援する旨演説している［*YI*, December 20, 1928］。一九二九年には、ニパーニ（ベルガウム）、ベズワーダ（アーンドラ）、ムルワーラー（中央州）やナーガプル（中央州）なども、カーディーにたいする免税措置を講じた［*YI*, August 15, 1929］。

タルロが、ガンディーの教えが村人のあいだに浸透してゆく様子を「伝言ゲーム」にたとえたのは、前述の通りである。一方、マハーデーヴ・デーサーイーは、そうしたゲームの末端の人々がそれを受け止めた例としてつぎのエピソードを示している。すなわちガンディーは、ムザッファルプル訪問の際に、ドービー（洗濯職人）が寄付した一五〇ルピーという額の大きさを不思議に思った。これについてドービーは、「あなたの運動のおかげで、私たちの懐はたいへん潤っています」、「この街の二〇人ほどのドービーは、カーディー以外のものを洗濯することを拒否しています」と答えたとのことである［YI, February 3, 1927］。

国民会議派は、一九二七年三月に「プールナ・スワラージ」（完全独立）を決議する。一九三〇年一月の会議派運営委員会による「独立の誓い」につづいて、ガンディーが同年三月から四月にかけて塩の行進を決行すると、まさに「革命の熱狂は頂点に達した」［Tendulkar 1988-90, v. 3: 39］。五月五日にガンディーが逮捕されると、ボンベイでは六月五日に女性、パターン人、シーク教徒などが抗議のために長蛇のデモ行進を組織し、この日を「ガンディー記念日」として祝った。六万五〇〇〇人の労働者が仕事を止めて祝賀に参加した。外国製衣服のボイコットに参加した女性たちは、オレンジ色のカーディー製サリーを身に纏い、外国製品を扱う販売店にピケを張った［ibid.: 43］。こうした動きはインド各地の人々に伝播し、彼らは、殉教の精神でラーティー・チャージ（警棒での殴打）に立ち向かっていったのである。

こうした動きにたいする政府当局の弾圧は、指導者および民衆へのラーティー・チャージや逮捕にくわえて、六七の民族系新聞社および五五の出版社の閉鎖など苛烈をきわめた。当然のことながら、ガンディーのナヴァジーヴァン出版社も差し押さえられ、チャルカー運動に関連するその他の機関も弾圧の対象となることをまぬかれなかった［Tendulkar 1988-90, v. 3: 43-45］[9]。

人々のカーディーへの熱狂はすさまじく、綿布工場のなかには、この機に乗じていわゆる「擬似カーディー」を製造、販売するものが出てきた。ここでいう「擬似カーディー」とは、「カーディー」を名乗りながら、実際には工場で作られた綿布である。ジャワーハルラール・ネルーによれば、「紡績工場側は、民衆の手織布地愛用の心理に乗じて……手紡ぎ、手織りのものとほとんど見分けのつかない粗布を作った」という［Nehru 1996: 524］。一九二九年一月にＡＩＳＡ事務局長は、アーンドラの上質カーディーのなかに工場製糸が使用されていたことが分かると、ＡＩＳＡによる民間組織への認証の取り下げを勧告、「上質カーディーの注文は、すべてＡＩＳＡに向けられるべきで、検査に合格したものだけが、アーンドラ支部の認証と検査官の署名を付けられる」と宣言する［YI, January 3, 1929］。また、一一月には「アーンドラ支部から派遣された検査官の報告によると、これらの商人は、この種の布地〔擬似カーディー〕を二〇万ルピーほど販売しており、カーディー販売所やカーディー着用者が彼らから購入しないように警告する必要がある」と述べている［YI, November 21, 1929］。

一九二七／二八年（一〇カ月）の擬似カーディー生産量は、一億〇三〇六万ヤードで［YI, May 10, 1928］、同じ時期にＡＩＳＡ傘下で生産された純粋カーディー五七四万ヤード（一九二四／二五年から一九二七／二八年の平均値）［ASIA 1950: 254］のおよそ一八倍強であった。本来貧者に広く分配されるはずの一八倍の経済的富が、少数の工場主たちの懐に入ってしまったことは、ガンディーにとっては不本意であったにちがいない。しかし、他方でそれは、「独立」の意味を担ったカーディーがひとつの流行となって一般消費者のあいだで定着していたということをも意味している。

一九二〇年代のカーディーは、手紡ぎ工と織工によるコスト削減と生産性・品質の向上のための努力によって市場競争力を保持し、「擬似カーディー」その他の工場製綿布にたいして一定の価格抑止力をもって存在していたとみられる。リチャード・グレッグによれば、一九二二年から一九二六年にかけてカッダルのドーティー布地の価格が二五％下落したのにたいして、これとほぼ同質の工場製輸入綿布

図１　AISA および関連機関のカーディー生産・販売

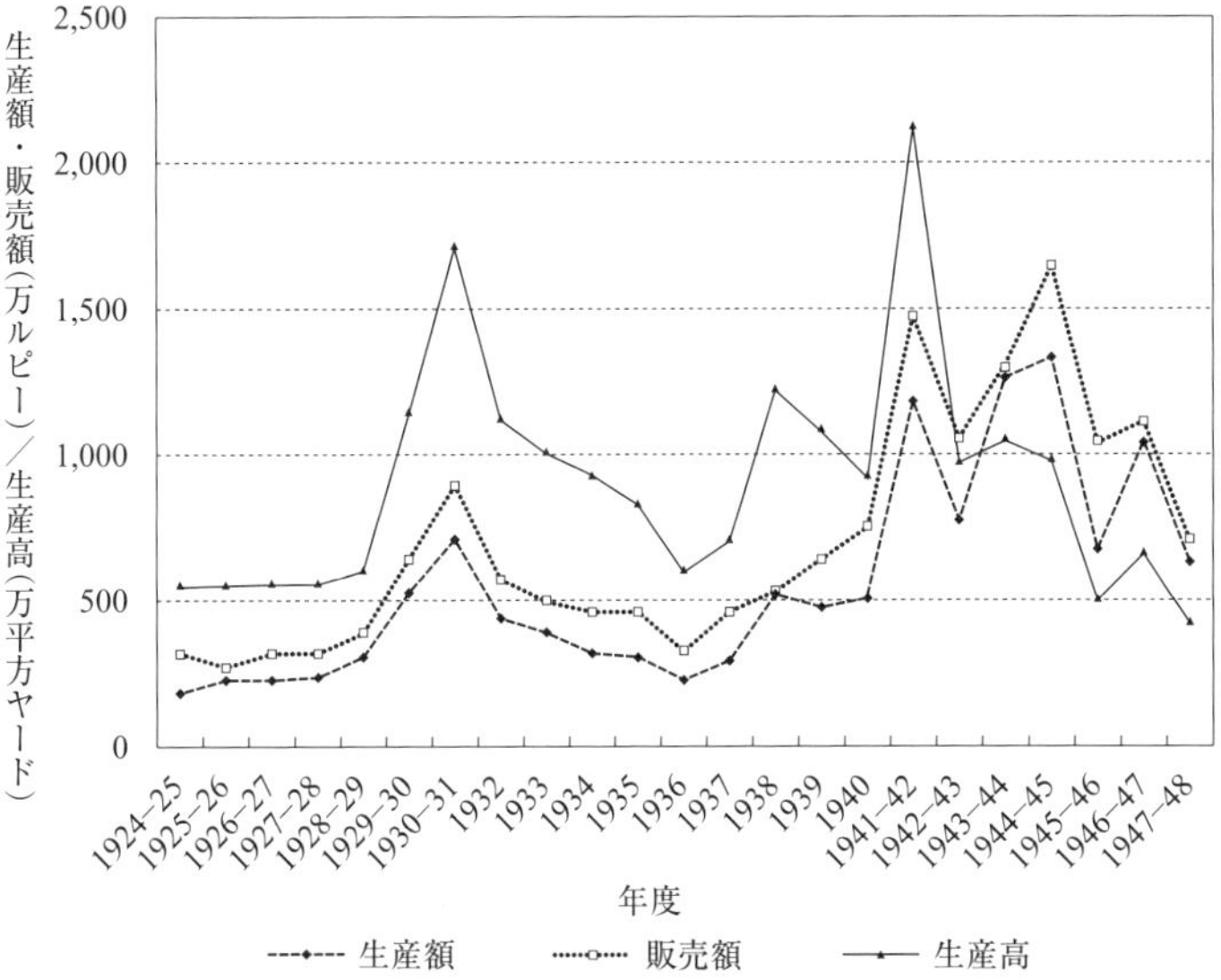

註：生産高の1924–25年から1927–28年までは，４年間の平均値。
出所：AISA［1950: 254］より作成。

（灰色のシャツ地）の価格は一七％下落したという[10]。また、一九二六年から一九二八年にかけては、カッダルの価格はほぼ横這いであったが、工場製綿布の価格は、四〇％近く下落し一九二二年の価格以下になったという［Gregg 1946: 80］。実際ネルーは、手織布地運動は「製品の値段を上げようとする、いつまでたってもなくならない紡績工場主の性癖の押さえになった」といい、「手織布地の出現がなければ織物の値段は高くなってしまっていたかもしれない」とみていたのである［Nehru 1996: 524］。

第一期のＡＩＳＡによるカーディー生産額（および販売額）は、図１にみられるように、一九二四／二五年の一九〇万ルピー（二三六万ルピー）から一九三〇／三一年の七二二万ルピー（九〇九万ルピー）まで年々増加する。これは、第二次非暴力抵抗運動（一九三〇－三四年）に向けた機運の高まりと、職人の低賃金に裏づけられた市場競争力によるものである。その後は、主としてこの抵抗運動にたいする政府当局による激しい弾圧の当然の結果として、一九三四年の三四一万ルピー（四六七万ルピー）へと減少してゆく［AISA 1950: 254］。

ＡＩＳＡの一九二六年報告によると、主要諸州の雇用者数の合計は、梳き職人一一〇人、手紡ぎ工四万二九五九人、織工三四〇七人で、関与した村落は一五〇〇を超えている［AISA 1926: 9］。一九二九年報告におけるこれらの数字は、手紡ぎ工一〇万九六三三人、織工七八七六人、関与村落三九九七に増加する［AISA 1929: 11］。さらに一九三四年報告では、手紡ぎ工二一万七九三一人、織工一万一一九二人、関与村落四四五九に増加している［AISA 1934: 29-30］。

表1は、ＡＩＳＡの一九二九年報告にもとづいて、手紡ぎ工、織工の雇用者数と支払い賃金の合計から平均賃金を算出したものである。これによると、手紡ぎ工の賃金は、パンジャーブの最低〇・五六ルピーからベンガルの最高一〇・〇七ルピーまで（平均四・八一ルピー）、織工の賃金は、デリーの最低二七・六一ルピーからタミル・ナードゥの最高一五八・五五ルピーまで（平均九三・八四ルピー）であった。また表2は、一九三四年報告にもとづいて同様の計算をしたものである。これによると、手紡ぎ工の賃金は、パンジャーブの最低〇・五九ルピーからベンガルの最高一二・六九ルピーまで（平均二・六九ルピー）、織工の賃金は、ラージャスターンの最低三三・三五ルピーからシンドの最高一〇九・二八ルピーまで（平均四九・二〇ルピー）であった。この間、生産額・販売額が大幅に減少したにもかかわらず、雇用者数を増加させた当然の結果として、平均賃金は大幅に低下している。

それでは、手紡ぎ・手織りから得られる収入は、家計のどれほどの割合を占めていただろうか。それ

表1　1928/1929年の手紡ぎ工と織工の雇用者数と賃金

州	手紡ぎ工			織　工		
	雇用者数	賃金（ルピー）	（平均）	雇用者数	賃金（ルピー）	（平均）
アーンドラ	16,529	105,709	6.40	1,023	143,282	140.06
ビハール	n.a.	48,175	n.a.	387	50,673	130.94
ベンガル	3,025	30,453	10.07	441	29,492	66.88
デリー	2,292*	n.a.	n.a.	893*	24,656	27.61
グジャラート	4,356	n.a.	n.a.	79	n.a.	n.a.
カルナータカ	3,640	15,232	4.18	198	21,712	109.66
マハーラーシュトラ	1,096	9,747	8.89	122	9,606	78.74
パンジャーブ	37,761	21,174	0.56	760	40,128	52.80
ラージャスターン	6,106	50,760	8.31	1,873	76,140	40.65
タミル・ナードゥ	33,386	223,491	6.69	2,033	322,342	158.55
連合州	n.a.	13,057	n.a.	n.a.	15,101	n.a.
ウトカル	1,442	9,323	6.47	67	5,984	89.31
合計	109,633	527,121	4.81	7,876	739,116	93.84

註：デリーの紡ぎ工と織工の雇用者数は，連合州のそれを含む。
出所：AISA［1929: 11-12］より作成。

表2　1934年の紡ぎ工と織工の雇用者数と賃金

州	手紡ぎ工			織　工		
	雇用者数	賃金（ルピー）	（平均）	雇用者数	賃金（ルピー）	（平均）
アーンドラ	53,065	151,357	2.85	1,710	111,579	65.25
ビハール	11,585	51,662	4.46	472	39,155	82.96
ベンガル+	1,500	19,033	12.69	199	15,285	76.81
グジャラートとカティアワール	23	157	6.83	4	253	63.25
カルナータカ	2,151	1,533	0.71	136	5,619	41.32
カシミール+	n.a.	n.a.	n.a.	n.a.	n.a.	n.a.
マハーラーシュトラ	12,731	55,654	4.37	1,865	87,351	46.84
パンジャーブ	89,791	52,848	0.59	1,432	55,119	38.49
ラージャスターン*	12,000	60,000	5.00	2,000	66,700	33.35
シンド	1,492	4,437	2.97	53	5,792	109.28
タミル・ナードゥとケララ	22,363	111,553	4.99	1,708	78,898	46.19
連合州とデリー*	10,000	73,535	7.35	1,500	78,898	52.60
ウトカル	1,230	5,258	4.27	113	6,019	53.27
合計	217,931	587,027	2.69	11,192	550,668	49.20

註：＋データ不完全。＊推定値。
出所：AISA［1934: 30-31］より作成。

を知る手がかりとして、たとえばＡＩＳＡカーディー・センターの置かれているヴェッチ村（バールドーリー）で一九二九年に行なわれた調査がある。これによると、データが得られた七一家族の総現金収入（農業収入＋農外収入）一万三三九二ルピーのうち、梳きおよび手紡ぎの賃金が五六ルピー（総現金収入の〇・四二％）、機織のそれは二四六ルピー（同一・八四％）であった。これにたいして、綿花が九六八八ルピー（同七二・三％）、賃金労働が一一〇九ルピー（同八・三％）、耕作・運搬が七二六ルピー（同五・四％）であった。こうしてみると、手紡ぎ・手織りから得られる収入が、綿花や賃金労働などの主要な収入源に比べてはるかに僅少であることが分かる［YI, November 7, 1929］。こうした低賃金構造は、チャルカーの生産力が低いことの査証として受け止められるものであり、このことをもってチャルカー運動の経済的効果を否定的に評価する議論もなされうるところではある。

しかしここではむしろ、たとえ少ない富であっても、それをできるだけ多くの貧者に分配しようとしたチャルカー運動の労働集約的側面が理解されなければならない[11]。そこで、ＡＩＳＡと工場の労働集約度を、比較的年度の近いデータを用いて比べてみよう。たとえば、一九二九／三〇年のＡＩＳＡおよび関連機関のカーディー生産量は一一六七万六九三〇ヤード［AISA 1950: 254］、雇用者数は紡ぎ工・織工を合わせて一一万七五〇九人であった［AISA 1929: 11］。これにたいして、一九三〇／三一年の工場による綿布生産量は二四億八一〇〇万ヤード［FFC 1942: 55-56］、雇用者数は三九万五〇〇〇人であった［ibid.: 36］。ここから、綿布生産一〇〇万ヤードあたりの雇用者数を算出すると、ＡＩＳＡおよび関連機関の一万〇〇六三人にたいして、工場は一五九人となる（六三：一）。ガンディーは、こうした手紡ぎ・手織りの圧倒的に高い労働集約度を念頭において、インドの綿布生産をすべてチャルカーで賄えばおよそ五〇〇〇万人の貧者に生きるための仕事を与えられると考えていたのである[12]。

ところが実際には、多くの貧者が年間三カ月以上失業状態にあり、ゆえに低賃金を強いられていた。少なくともガンディーの認識において、その根本的要因が、わずか四〇万人に満たない人々を雇用して多額の富を独占していた綿布工場の存在にあったことは明らかである。にもかかわらず彼は、工場の破壊ないしは没収を想定することはなかった。その基本的な姿勢は、「機械の消滅を嘆くことも、それを不幸に思うこともない」が、「そのような計画〔機械をすべて破壊する計画〕はない」とした一九二一年の発言に表われている［*YI*, January 19, 1921］。

むしろガンディーは、一九二九年に、工場が外国製綿布のボイコット運動に参加する条件としてつぎの六点を示している。

一、カーディーを彼らの販売網で販売すること、
二、運動に経営の才覚を提供すること、
三、AISAと協議して、彼らの作る布地の種類を決めること、
四、カーディーの製造を止めること、
五、価格を標準化すること、
六、運動の資金を提供すること。［*YI*, July 4, 1929］

テーンドゥルカルによると、ボイコット運動の結果として、一九三〇年秋までにボンベイの一六のイギ

リス系工場が閉鎖されたが、その一方で一一三のインド系工場は、カッダルと競合しないように一八番手以下の布地の生産を控えることに同意した［Tendulkar 1988-90, v. 3: 44］。ガンディーは一九三一年にも、上質のカーディーが一般化するまでの「過渡期においては、工場は上質の布地の製造が奨励されてよい」と述べて、工場がカーディーを圧迫しないかぎりにおいて、それとの共存をはかる姿勢をみせている［*YI*, July 16, 1931］。

ところで、インド商工会議所事務局長であったマンモーハン・ガンディーによると、一九二九／三〇年の全インド綿布生産量三八億二二〇〇万ヤードのうち、工場生産が二四億一八〇〇万ヤード、手織機による生産が一四億〇四〇〇万ヤードであった(13)［Gandhi 1931: 14-17］。篠田は、上記の手織機による生産のうち「カーディー」（手紡ぎ－手織りの綿布）の生産をＡＩＳＡ傘下のものに限定して一一六〇万ヤードとし、カーディーが全綿布生産量に占める割合を〇・三％と見積もっている［篠田 一九八一：二七一－七二］。しかし、これではＡＩＳＡ以外での手紡ぎ・手織りの可能性を排除してしまうことになり、後に検討する「波及効果」との関連においても、手紡ぎの普及の程度をいささか過小評価することにつながる。

マンモーハン・ガンディーは、インド国内で生産される手紡ぎ糸にかんする統計が存在しないものの、手紡ぎ糸の生産は、疑いなく増加してきたと考えている。みずからの研究の価値が下がらないように安易な推計を控えつつも、その下限推定値として「工場製綿糸と輸入綿糸の一〇％相当が、一八九六／九七年から一九二九／三〇年までのすべての年にわたって、手織機が利用できた手紡ぎ糸であったにちがいない」と述べている［Gandhi 1931: 10-11］。一九二九／三〇年に手織機が消費した工場製綿糸と輸入綿糸の合計が三億五一〇〇万ポンドであったから［ibid.: 14-17］、その一〇％は三五一〇万ポンドである。ところが、彼はさらに、全インドでチャルカー五〇〇万台が稼動中であり、それらが一台あたり年間一二－二五ポンドを生産、全体で六〇〇〇万－一億二五〇〇万ポンドのより糸を生産していたとみている［ibid.: 73］(14)。一九四一年に実情調査委員会が手織機および綿工場にかんして行なった調査の報告でも、六六〇〇万ポンドのより糸がチャルカーおよびタクリで生産されていたと推計されているから［FFC 1942: 111］、一九三〇年の段階で六〇〇〇万ポンドという数字は、決して不自然な数字ではない。

綿布の生産量は、反物の幅を四四インチ（一・二二ヤード）とするか一ヤードとするかによって変わってくるので、そのふたつの可能性を念頭において、カーディーの生産量（および全インド綿布生産量に占める割合）を推計してみよう。一〇ポンドの手紡ぎ糸が四四インチ幅の布地約三〇ヤードに相当するとみられているから［*HJ*, October 27, 1946］、下限推定値の三五一〇万ポンドからすでに約一億〇五〇〇万ヤードの布地（全インドの綿布生産量の二・六七％）が生まれる。AISAの資料［AISA 1950］にしたがって、単位を平方ヤード（幅を一ヤード）とするならば、同量の手紡ぎ糸から約一億二八〇〇万ヤードの布地（全インドの綿布生産量の三・二四％）が生まれることになる。手紡ぎ糸の上限推定値を六〇〇〇万ポンドとするならば、四四インチ幅で一億八〇〇〇万ヤードの布地（全インド綿布生産量の四・五〇％）、一ヤード幅で二億二〇〇〇万ヤードの布地（全インド綿布生産量の五・四四％）が生まれることになる(15)。

ＡＩＳＡ管轄下のカーディーは、全インド綿布生産の〇・三％にとどまっていたとしても、ＡＩＳＡの範疇外で生産されたものを含めると、純粋なカーディーは、一九二九／三〇年の段階で綿布総生産量の少なくとも三－五％に及んでいたとみられる。これを単純に人口比に直すと、同年のインドの人口が三億五〇〇〇万人であったから［FFC 1942: 291］、少なくとも計算上は一〇五〇－一七五〇万人分のカーディーが存在していたことになる。

このことは、「村民によって自家消費用に生産された布地」は、「協会〔ＡＩＳＡ〕の指導のもとで生産された布地をはるかに超えていることが知られている」というグレッグの発言と符合する［Gregg 1946: 98］。そこには、自家消費用に生産されたカーディーが多分に含まれていたであろう。これらは、近代的生産システムのなかで生産・消費されたカーディーや、「市場」を経由しない伝統的交換システムが導入される前からインドに存在していた種類のカーディーであるが、「市場」分析においてはことごとく考察の対象から外されてきたものであった。

ところが、「近代」の生産システムに取り込まれなかったそうしたカーディーこそ、チャルカー運動が本来活力を与えようとしていたものであった。いわゆる純粋カーディー（手紡ぎ－手織りの綿布）は、「市場」で取引されたＡＩＳＡのカーディーの一〇－一七倍に及んでいた計算である。ガンディーのメッセージが「伝言ゲーム」に乗って村落の人々に伝えられる過程で、そうしたカーディーは、無数の人々の身体を包み、そのまま「近代」の綿布にたいする対抗軸を形成していたとみることができる。

それでは、ガンディーは、第一期のチャルカー運動をどのように導こうとしていたのであろうか。彼は、一九二一年にそもそもチャルカーに「商業的戦争のシンボルではなく、商業的平和のそれ」としての意味を込めていた［*YI*, December 8, 1921］。一九二六年には、これによって「世界最大の協同組合的社会」を築こうとしていると述べた［*YI*, June 10, 1926］。ここでいう「協同組合的社会」とは、綿繰り工、梳き工、紡ぎ工、織工、購買者などが、競争し合うのではなく、相互の思いやりと奉仕によって結ばれるコンヴィヴィアルな社会である［ibid.］。

ガンディーは、早くから生産者に生産性と品質の向上につとめるよう促していた。チャルカー運動員には、「投機家や綿花市場の変動から自由になり、カーディーの価格を安定させる」ために綿花栽培者と直接取引きさせて、少しでも多くの賃金を紡ぎ工・織工に安定的に支払おうとつとめた［*YI*, October 27, 1927］。さらに消費者にたいしては、一九二九年に「隣人になにが生ずるかを考えずにもっとも安い市場に向かうように教えることは、浅薄な思想である」と述べて、安易に利己的動機に身を任せた消費行動を慎むよう戒めている［*YI*, January 17, 1929］。

この時期のＡＩＳＡの運動は、貧者の自助努力によって生産性を向上させる一方、「市場」においては、消費者からカーディーへの支持を得ようとするものであった[16]。運動は、国民会議派の強力な支援を受けて、一九二〇年代には一定の規模で拡大し、ＡＩＳＡの内外で生産されていた純粋カーディーは、一九二九／三〇年の段階で少なくとも全インド綿布生産の三－五％の規模で独立運動を構成していたとみられる。ＡＩＳＡによるカーディーの市場競争力を支えていたのは、紡ぎ工・織工らの低賃金であった。そうした低賃金構造は、生み出された経済的富がたとえ少ないものであっても、これをできるだけ広く彼らに分配しようとした運動方針によるものである。このため、ＡＩＳＡによるカーディー生産の労働集約度は、工場のそれの六三倍にのぼっていた。

もっとも、市場を支配していたのは、工場製綿布と工場製綿糸を用いた手織綿布で、圧倒的な工場資本の力が、貧者を救済しようとしたチャルカー運動の前に立ちはだかっていたことにかわりはない。しかしガンディーは、労働節約的技術である機械にたいして批判的であっても、これを破壊する計画を当初よりもたなかった。ＡＩＳＡのカーディー生産・販売が一九三一年にピークを迎えると、まもなく彼は、市場競争力を支えていた低賃金構造を改善すべく、チャルカー運動の新たな展開を模索するのである。

三　「真の経済学」と運動の波及効果――第二期（一九三四－四四年）

チャルカー運動の第二期は、一九三四年一〇月の全インド村落工業委員会（All India Village Industries Association: AIVIA）の創設をもってはじまる。ガンディーは、同年四月の第二次非暴力抵抗運動の停止、九月の会議派脱退表明に引きつづいてこれを発足させた。ＡＩＶＩＡは、まさにガンディー主義的経済学者といわれるＪ・Ｃ・クラマッパを事務局長として、手紡ぎ・手織りを含む手工業全般を復活させて村落の再建を目指すものであった［*CWMG*, v. 59: 183］。これ以後ガンディーは、少なくとも表向きは、政治の第一線を離れて村落を中心とする社会経済建設にいっそう傾倒してゆくことになる。

従来からチャルカー運動を率いてきたＡＩＳＡもまた、「最低賃金」を確保するための「新しい出発」の段階に入る。すなわち、ガンディーは一九三五年七月一三日に、織工に比べて紡ぎ工の賃金があまりに低く、賃金の地域間格差が著しいことなどに鑑み、紡ぎ工の「最低賃金」として「八時間の熱心な労働にたいして八アンナ」を提案する［*HJ*, July 13, 1935］。一九二五年に「手紡ぎは、……一パイサの追加所得でさえ歓迎されるわずかな所得の人々にとってたしかに有益である」［*YI*, October 8, 1925］と述べたことからすれば、ここに一日八アンナの「最低賃金」を提示したことは、運動の目標水準を一段高めたことを意味する。

「最低賃金」確保のための方策は、第一に、一時間一アンナ以上を受け取っている織工の賃金スケールを低めることと［*HJ*, July 6, 1935］、第二に、無限に存在する生産者の一部をやむをえず排除すること［*HJ*, August 10, 1935］、第三に、カーディーの価格を引き上げること［ibid.］などであった。市場原理に逆行するこうした試みは、「死滅的競争ではなく、生命を与える協力こそが人間の法則である」との信念のもとに、「まちがった経済学を真の経済学に代え」ようとするものであった［*HJ*, July 13, 1935］。とくに第二の方策は、「ハリジャンを含め、極貧のなかでももっとも無力な人々」［*HJ*, April 27, 1934］を救済するために、貧者のあいだに序列を設けざるをえないことを意味している。このことは、市場競争の圧力のもとで「協同組合的社会」を建設することが、いかに困難であったかを如実に物語るものである。

また、第一期においては、主として都市住民の嗜好に合わせてカーディーを生産・販売する際、市場競争力を保持するために職人に低賃金を強いる結果となっていた。このため第二期は、市場への依存をできるだけ軽減する方向を模索することになる。すなわち、ＡＩＳＡ委員会は一九三五年一〇月一一－一三日の会議で、カーディーの自給自足の度合いを高め、都市で需要されるカーディーの生産を副次的なものとすることを決議した［*HJ*, October 19, 1935］。紡ぎ工にカーディーを着せるための方策は、手紡ぎ糸の価格の三分の一をデポジットとして彼らから預かり、六－八アンナ貯まるとそれに相当する布

表３　マハーラーシュトラでの賃上げの成果

番手	1935年９月23日以前の賃金 Rs. As. Ps.	1937年５月１日以降の賃金 Rs. As. Ps.	上昇率（%）
9–10	0–9–6	1–2–0	80.00
11–12	0–8–8	1–6–0	135.71
13–14	0–10–4	1–10–0	143.75
15–16	0–12–0	1–14–0	150.00
17–18	0–14–0	2–0–0	128.57
19–20	0–15–0	2–4–0	140.00
21–22	1–3–8	2–8–0	96.72
23–24	1–10–0	2–14–0	76.92
25–26	1–12–4	3–4–0	81.40
27–28	1–15–6	3–10–0	81.25
29–30	2–4–6	4–0–0	72.97
31–32	2–9–6	4–8–0	71.43

出所：*Harijan*, June 26, 1937.

地を提供するというものである［*HJ*, November 23, 1935］。ガンディーは、一一月二日に「自己充足的カーディー」を「職人が着る三ヤードにたいして、外部に売る二ヤード」とするバーブーとジェータラールの見解を受けて、「自己充足的カーディーが広まるためには、地域市場の大きな支援が必要である」と考えた［*HJ*, November 2, 1935］。これは、市場への依存度を従来の水準の四割に落とし、なおかつ販売の重点を都市から農村へと移すことによって、「協同組合的社会」の理想にいま一歩近づこうとする試みであったと理解することができる。

　この「新しい出発」の試みは、少なくとも当初は一定の成果を収めた。『ハリジャン』誌によれば、一九三五年初めまでは一日一アンナ–九パイセであった紡ぎ工の賃金は、一九三七年六月にカルナータカで二アンナまで［*HJ*, June 26, 1937］、また一九三八年四月にバールドーリーで三アンナ六パイセまで引き上げられた［*HJ*, April 23, 1938］。賃上げにともなう製品価格の上昇は、生産性と品質の向上によって相殺された。すなわち、たとえばカルナータカでは、賃上げのための六六・七%のより糸価格の上昇は、スピード・ウィール（speed wheel）などを導入して生産性を一時間あたり三〇〇ヤードから四〇〇ヤードに、また糸の太さを一五番手から二〇番手に引き上げることによって実現されたものである［HJ, June 26, 1937］。表3は、マハーラーシュトラで達成された番手ごとの賃上げの成果であるが、それぞれ、一九三五年九月から一九三七年五月にかけて七一・四三－一五〇・〇〇％（平均一〇〇・一〇％）の割合で軒並み引き上げられた。

他方、カーディー自己消費の割合については、つぎの通りであった。ティルチェンゴドゥのガンディー・アーシュラムでは、一九三五年一〇月から一九三六年一二月までに現物支給されたサリーは、金額にして七八一三ルピーに相当し、一九三六年のカーディー総生産量七万六六一〇ルピーのおよそ一〇％であった［HJ, September 4, 1937］。また、一九三七年にパンジャーブ州アダンプル生産センター登録の紡ぎ工三七四七人のうち、常時カーディーを着用していた者は一一四七人（三〇・六％）、少なくとも一着はカーディーを保有していた者は一一六二人（三一・〇％）であった［HJ, August 14, 1937］。さらに、タミル・ナードゥでは、自家消費のためのより糸生産は、一九三六年の一三％から一九三八年の三一％へと上昇している［HJ, September 2, 1939］。地域によって隔たりはあるものの、これらは、販売中心のカーディー生産から自家消費中心のカーディー生産への方向転換の成果として認められてよい。

こうした貧者救済の政策は、ガンディー独自の経済哲学に支えられたものであった。彼は一九三八年一二月に、働くことのできない年老いた親や子どもを養うことを恵みと考えるのと同様に、「他の布地を排除してでもカーディーを維持しなければならない」と訴えている［HJ, December 10, 1938］。さらに、「国家の幸福の観点からカーディーの価格を検討するならば、それはけっして高価ではないことが分かる」と述べる［ibid.］。ここでいう「国家の幸福」とは、さしずめ資本蓄積と分業を通じてなされる富の蓄積ではなく、人々が同胞を支援し、最貧の者までもが「尊厳ある仕事」に従事して生きてゆけるコンヴィヴィアルな状況を意味するものであろう。

もっともこの「新しい出発」の試みが、実際にはなお少なからず市場に依存しており、それゆえ非公認カーディーの存在によって困難を極めたことは事実である。たとえば、篠田も指摘しているように、AISAマハーラーシュトラ州支部が、一日八アンナの目標に向けてさらなる賃上げを計画すると、非公認カーディー販売店が州内につぎつぎと生じることとなった。その結果、公認販売店が多大の損害を被り、同州支部は「賃下げか、操業停止か」を迫られるにいたった[*HJ*, June 24, 1939; 篠田 一九八一：二七七]。一九三九年八月にガンディーは、「一日八時間の労働にたいして八アンナの賃金を支払うことさえできないという厳然たる冷酷な事実」に目を向け、目標を大幅に引き下げざるをえなかった[*HJ*, August 26, 1939]。「非公認のカーディーが市場に投入される瞬間に、AISAの法則は崩れ、本物のカーディーは後退を余儀なくされるのである」[*HJ*, September 1, 1940]。

とはいえガンディーは、「すべての非公認店の閉鎖」を望みながらも、その方策として、会議派州政府による店舗の没収や破壊といったような強制的手段を行使しようとはしなかった。彼は、一般市民は他州のものより高価であったとしても、使用するカーディーを自州で生産されたものに限定すべきであり、会議派党員らは、市民に非公認店で購入しないように警告すべきであると主張するにとどまっている[*HJ*, June 24, 1939]。

第二期のAISAによるカーディー生産額（および販売額）は、図1にみられるように、第二次非暴力抵抗運動への弾圧の影響もあって、一九三六年に全時期の最低水準である二四三万ルピー（三三五万ルピー）まで低下する［AISA 1950: 254］。しかしその後は、一九四三／四四年の一二七五万ルピー（一三二六万ルピー）まで急激に上昇をつづける［AISA 1950: 254］。それは、第一に、一九三七年から一九三九年にかけてボンベイ、マドラス、オリッサ、連合州などの会議派州内閣が実施した財政支援に支えられたこと［*HJ*, April 9, 1938］(17)、第二に、工場製布地が戦争で高騰したにもかかわらず、AISAがカーディー価格を上げなかったこと［AISA undated: 17］などによるものであった。

生産高のピークは、一九四一／四二年の二一六〇万ヤードで［AISA 1950: 254］、この年AISAおよび登録組織は、一万五〇〇〇村落に関与し、手紡ぎ工三二万五〇〇〇人、織工二万五〇〇〇人、その他職人五〇〇〇人を雇用した［AISA undated: 17］。もっとも、一九四二年の「クイット・インディア」決議を機にAISAやAIVIAなどガンディーの関連機関がふたたび弾圧を受けると、運動それ自体も後退を余儀なくされる。タミル・ナードゥ、アーンドラ、ケーララ支部の被害は比較的少なかったが、ビハール州の事務所は立入禁止にされ、その販売店や生産センターも没収されたり破壊されたりした（七三の生産センターのうち、残ったのは二七箇所）。ウトカル、ベンガル、ラージャスターン、グジャラート、カルナータカ、連合州、メーラト、マハーラーシュトラ、アッサムなどでも同様で、AISAは運動員の四分の三を削減せざるをえなかった［ibid.: 17-18］。一九四二／四三年の生産高は、前年比半分以下の一〇〇五万ヤードに落ち込み［AISA 1950: 254］、ここに第二期の幕が閉じる。

ところで篠田は、在来の手織工をチャルカー運動に組み込みえたかどうかによって、第一期、第二期におけるこの運動の波及効果を検証しようとしている。そうした効果は、実際には目にみえないものであるから、これを厳密な意味で計測することは難しい。とはいえ、先に検討したAISA範疇外の手紡ぎ糸の存在も念頭において、このことについて考えることは重要な意味をもつ。

篠田は、結局のところこの運動は「これら厖大な在来の手織工層を捉えることはできなかった」と断言する。その理由のひとつは、「工場制度の確立にともなう在来綿業の再編のなかで、綿糸供給・手織綿布販売の両流通過程から問屋制支配に組み込まれていった織工層の部分を、支配から解き放ち、チャルカー運動に繰り込んでゆくための具体的手段の欠如」にあったという［篠田 一九八一：二七八－七九］。

ところが、篠田が右の立論において依拠している柳澤悠の研究は、織工が問屋制支配に組み込まれてゆくプロセスをそれほど単純に語ったものではない。たしかに柳澤論文は、二〇世紀初頭に手工業的綿糸生産が衰退し、紡績業において機械制工場制度が支配的位置を確立することを確認している［柳澤一九七一：五四］。そのうえで、マドラス州において在来の織工が問屋制家内工業に組み込まれてゆく事例や、ショーラープル市において「カールカーナー」と呼ばれるマニュファクチュアが、工場製織物との競争に敗れて他地域から流れてきた手織工たちを雇用してゆく事例などを紹介している［柳澤 一九七二：三二－五二］。

だがむしろ柳澤の主張は、全体としてマニュファクチュアから小工場への推転がけっして一般的ではなかったということにあった。その根拠は、マドラスの問屋資本が基本的には集中的作業場（＝マニュファクチュア）をもたずに「金融的関心」のみをもっていたことから、小商品生産者のマニュファクチュアへの推転がきわめて限定的だったことや、「カールカーナー」についても結局のところ、一般的には大マニュファクチュアが小マニュファクチュアおよび小商品生産者を問屋制的に支配していたことなどにある［柳澤 一九七二：三四－五二］。アッサムなど「後進地域」において、自給自足的手織生産が一般的だった事実［柳澤 一九七一：六五－六九］などとも相まって、インド在来綿工業全般の「停滞性」を浮き彫りにすることが柳澤の課題であった。[18]

表4は、柳澤も依拠している実情調査委員会（手織機と工場）の報告が、州別・部門別の織工数を全インドについて示したものである。そこから私たちが学ぶのは、問屋制支配下の織工を意味する「マハージャンの下の織工」や「カールカーナー内の織工」は全インドにおいて圧倒的少数であったということである。逆に独立の織工は、全体の六割近くを占め、なお根強く残っている。[19]柳澤にとって、たとえば問屋制支配を受けていないアッサムの四二万の織工は、「低位な生産力水準における自給的な余暇利用の農家婦人による生産として残存しているもの」であった。そして、そうした広範な自給的生産の残存は、「アッサムにおける商品流通の展開がいまだに限定的であること、すなわちアッサムの後進地域たること」によるものであった［柳澤 一九七一：六八］。

だが、そうしたいわば「近代」の生産・流通システムに組み込まれなかった部門の紡ぎ工・織工に新たな可能性をみいだし、生きるための手段を彼らに確保することこそが、チャルカー運動の大きな目的のひとつであった。たとえば、全インド会議派カッダル課（All-India Congress Khaddar Department: AICKD）は、一九二一年以来、アッサムでチャルカーや手織機を用いる習慣が広く残存していた「理想的」状態を前提として、それらを活性化すべく積極的に活動を行なってきたのである［AICKD 1922: 80-84］。AICKDは、アッサムにおいて機械製綿糸が普及している状況をふまえながらも、そこでの運動の見通しをつぎのように語っている。「多くの織機が、横糸に手紡ぎ糸を使用しはじめており、私

の種類

カールカーナー内の織工	(%)	協同組合の組合員	(%)	合計	(%)
2,000	0.48	1,000	0.24	421,000	100.00
n.a.	n.a.	n.a.	n.a.	201,979	100.00
3	0.00	197	0.19	102,693	100.00
63,300	54.06	2,000	1.71	117,100	100.00
1,843	2.58	130	0.18	71,390	100.00
34,218	8.00	17,108	4.00	427,716	100.00
250	0.50	250	0.50	50,000	100.00
6,400	1.80	3,548	1.00	355,854	100.00
228	4.99	228	4.99	4,569	100.00
n.a.	n.a.	n.a.	n.a.	244,712	100.00
11	0.20	211	3.88	5,438	100.00
210	8.57	400	16.33	2,450	100.00
72	1.24	n.a,	n.a.	5,824	100.00
43,510	39.91	1,345	1.23	109,015	100.00
795	6.17	n.a.	n.a.	12,891	100.00
n.a.	n.a.	n.a.	n.a.	35,000	100.00
5,704	30.01	100	0.53	19,010	100.00
158,544	9.40	26,517	1.56	1,686,235	100.00

ルとデカン諸州を除く。

たちが、ただただ〔スワデーシーの〕メッセージを人々に届け、手紡ぎ糸の利点を示せば、彼らが機械製綿糸の使用を止めて、純粋な手紡ぎ糸に回帰してゆくことを期待できる十分な理由がある」[AICKD 1922: 83]。アッサムの人々は、これに呼応し、「非協力運動に特別のメッセージをみいだし、その運動を通じて失われた精神を取り戻そうとしている」とみられているのである[ibid.: 81]。

実情調査委員会の報告は、インド全般について「低番手の糸を用いていた手織業の大部分は、スワデーシー運動に起因する便益をある程度受け」、「カッダル布地の生産にかんして工場に課された規制は、工場によるカッダル生産を減少させたが、その限りにおいて

表4　織工

州	独立織工	(%)	マハージャンの下の織工	(%)
アッサム	416,000	98.81	2,000	0.48
ベンガル	n.a.	n.a.	n.a.	n.a.
ビハール	100,193	97.57	2,300	2.24
ボンベイ	23,800	20.32	28,000	23.91
中央州およびベラール	56,747	79.49	12,670	17.75
マドラス	119,760	28.00	256,630	60.00
オリッサ	10,000	20.00	39,500	79.00
パンジャーブ	206,631	58.07	139,275	39.14
シンド	457	10.00	3,656	80.02
連合州	n.a.	n.a.	n.a.	n.a.
バローダ	768	14.12	4,448	81.79
コーチン	300	12.24	1,540	62.86
グワーリヤル	4,952	85.03	800	13.74
ハイデラーバード	28,550	26.19	35,370	32.45
コラプールとデカン諸州	2,032	15.76	8,706	67.54
マイソール	n.a.	n.a.	n.a.	n.a.
トラヴァンコール	9,000	47.34	4,200	22.09
合計*	972,206	57.66	539,095	31.62

註：データの不完全なベンガル，連合州，マイソール，グワーリヤル，コラプー
出所：FFC［1942: 71, Table XXVI］.

手紡ぎ糸を織った手織機は便益を得た」という［FFC 1942: 16］。もちろん柳澤が認識した手織業の「停滞性」、すなわち独立の織工が全体の六割近くを占めた事実のすべてをスワデーシー運動と関連づけることはできない。しかし私たちは、強力な商人資本の進出にもかかわらず、容易に問屋制家内工業やマニュファクチュアの支配下に入らなかった在来の織工が多数いた事実のなかに、この運動の一定の波及効果を認めることができるはずである。

デーサーイーは、一九四〇年一月にラホールから「独立記念日の前夜に非公認のカーディーと民族旗が飛ぶように売れている」との報告を受けている［*HJ*, February 3, 1940］。他方、前述の実情調査委員会は、一九四一年の南イ

ンドの若い女性の平均的消費生活に確実にチャルカー運動によるカーディーが定着している様子を、つぎのように観察している。

> 二五年前は、マドラスの若い女性の衣装ダンスには、冠婚葬祭用のレースの縁取りをしたシルクのサリーが四着、普段着用のシルクのサリーと綿のサリーが四着ずつあって、合計一二着、すべて手織りのものであった。今日、同じ階層の若い女性は、およそ二倍の数のサリーを持ち、うち二－三着は冠婚葬祭用のシルクの手織りのサリー……、一－二着はパーティー用のジョーゼットやボイルなど輸入もののサリー、そして、一－二着はカッダル展示会で買ったカッダルのサリーである。
> ［FFC 1942: 175-76］

マドラスで同じ年に行なわれた別の調査の報告も、マドゥーラにおいてシルクやレースで縁取りされたドーティーやアンガヴァストラム（上着）など、高価な着衣の生産が減少していった理由のひとつとして「カッダル運動の生み出したファッションと意識の変化」を挙げている［Madras 1942: 16］[20]。ダーナンジャイ・ガドギルは、二〇世紀初頭以来の手織業の成長は、「より高級な品の価格の異常な上昇と、ある程度はカーディーへの宣伝の結果として戦後の時期に粗布の消費が増加した一般的傾向に起因している」と考えている［Gadgil 1929: 322］。

カーディーの宣伝が、非公認カーディーの売り上げを伸ばすのに役立ったことは、たしかにチャルカー運動にとっては否定的な側面を合わせもつ。だが、その宣伝によって、手織綿布が一九二〇年代以降

図２　綿布生産と輸入

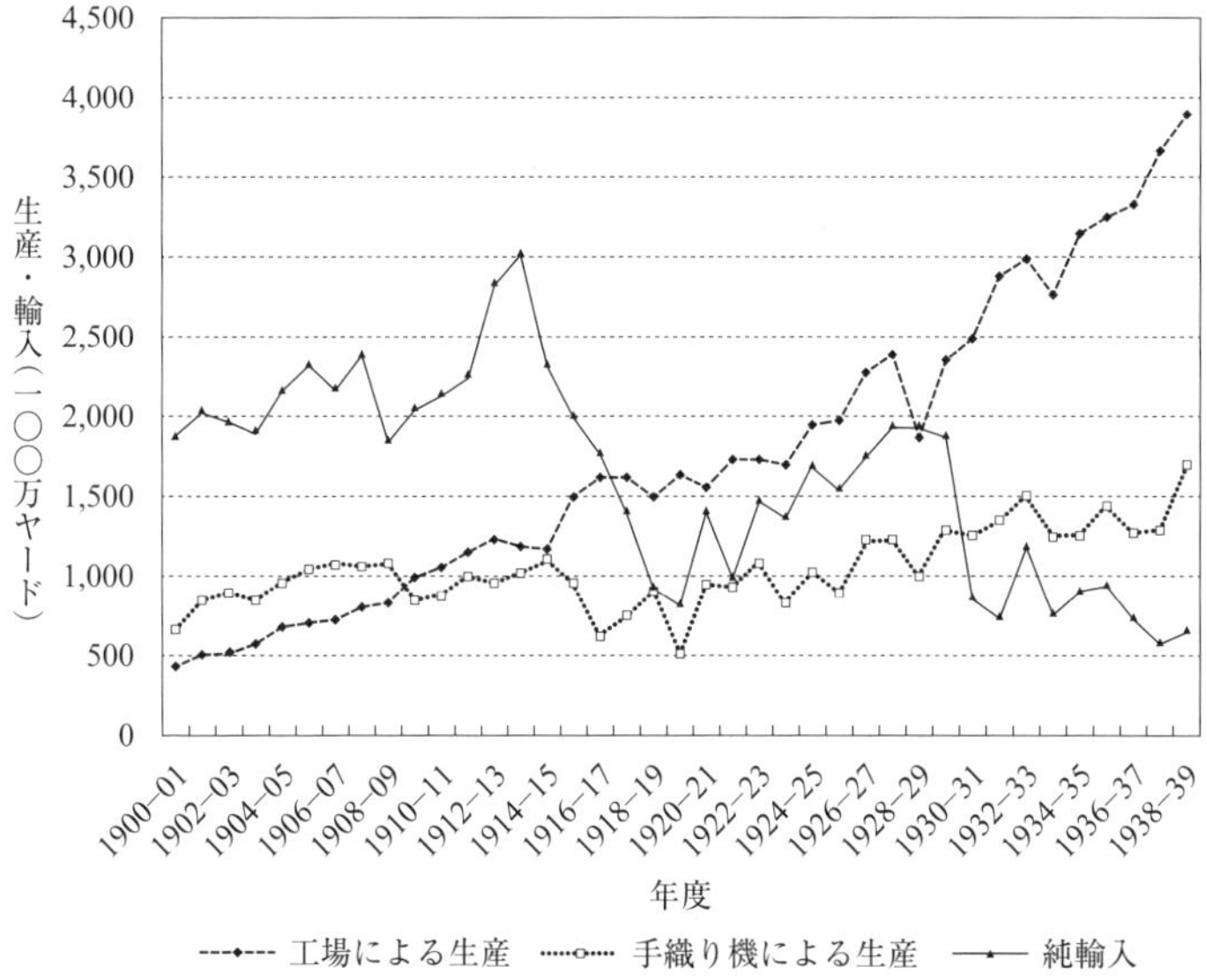

註：純輸入は、輸入から輸出を差し引いたもの。
出所：FFC［1942: 55-56, Table XIX］より作成。

着実に伸長してゆく事実（図２）には、在来の織工層にたいするこの運動の一定の波及効果が認められてよいといえるだろう(21)。

第二期をふり返ると、たしかに「最低賃金」を確保しようとした「新しい出発」の試みが、マハーラーシュトラの例のように、最終目標の一日八アンナを達成できずに市場原理の前にひとつの限界に直面した感は否めない。一九四〇年にガンディーは、「非暴力は、インドの心深くには入り込まなかったし、またチャルカーもひとり立ちすることはなかった」と嘆いている［*HJ*, April 13, 1940］。ここに運動の「失敗」をみいだす議論もありうるが、こうした運動の落ち込みには、植民地政府による苛烈な弾圧を考慮に入れなければならない。

いずれにしても、ガンディーおよびAISAが、市場原理を前提とするシステムにおいて周縁化された人々を救済するために、そうした原理に抵抗しようと発想したことは、ただちに非合理ではない。また、在来の織工層にたいする運動の「波及効果」は、独立運動との関連において一定程度認められる余地があり、そうした効果のもとに無数の人々がAISAの内外で布を織っていたとみられるのである。

こうしてチャルカーは、少なくともガンディーにとっては、相変わらず「インドの哀れさと悲惨さを緩和」する主要な手段でありつづけた。だからこそ「非暴力をインドの心深くに」浸透させ、「チャルカーをひとり立ち」させるという課題は、なお市場から脱却する方向で第三期に受け継がれてゆくのである。

四　市場からの脱却をめざして——第三期（一九四四—四八年）

チャルカー運動の第三期は、「クイット・インディア」決議以降の政府による弾圧からこの運動を立て直す時期にあたる。それは、一九四四年九月初旬にセーヴァーグラムで開かれたAISAの会議をもって始まる。一年九カ月に及ぶ監獄生活を終えて出所したガンディーは、政府がAISAの指導者を逮捕し、これを破壊しえた原因を「AISAの基盤が弱く、……人々の生活に根を下ろしていなかった」ことに求めた。彼は同時に、「非暴力を自分たちの存在の一部とすることに失敗した」ことを認めたが、それゆえにこそ「この仕事〔チャルカー運動〕が、遠く広く分散し、恒久的に根を下ろすために分散化されなければならない」と主張するのである［*CWMG*, v. 78: 63-65］。

この「分散化」とは、右の会議では「ＡＩＳＡを閉鎖し、その財産と資産のすべてを仕事の継続のために運動員たちのあいだに分配する」ことを意味した［*CWMG*, v. 78: 66］。翌一〇月のガンディーとＡＩＳＡ指導者シュリークリシュナダース・ジャジュとの会談では、ＡＩＳＡの中央事務局は、「さまざまなセンターの実際の細かい事柄に頓着するのではなく、全般的仕事を道徳の線にそって調整する」ものとされた［ibid.: 157］。そこでガンディーは、「真の経済学」なるものを「非人間的経済学」に対置しつつ「非暴力と道徳性」に基礎づけて、つぎのように述べている。

> 道徳の反対をゆく経済学は、真の経済学とは呼びえない。私たちの運動員が、非暴力と道徳性に鼓舞されて働く場合にのみ、彼らは真の経済学の見通しを開拓できる。［ibid.: 174］

ガンディーは会議の五日目に、高い賃金などによって人々をひきつけようとする第二期までの運動が、「人々に本当の救済をもたらしてはいない」と悟り［*CWMG*, v. 78: 185］、翌日「職人が、……支払われる賃金と引き換えに、最終製品〔カーディー〕をＡＩＳＡに引き渡すこと」は「分散化ではない」と断言する［ibid.: 190］。また、「銀行員のように金袋を持って村民のところへ行き、四アンナないしは六アンナを約束する」かわりに、「われわれは村民の生活のなかに入ってゆかなければならない」と述べた［ibid.: 194］。そこには、手紡ぎ・手織りを、人々の利己的動機の錯綜する市場から脱却させようとするいっそう明確な姿勢を認めることができる。

ＡＩＳＡの運動員が、文字通り村人とともに生活するなかで、彼らにチャルカーの哲学を啓蒙的に教え込むことは、「非暴力をインドの心深くに」浸透させ、「チャルカーをひとり立ち」させるための究極の方策であった。一九四五年のガンディーの発言によれば、三〇〇〇人の運動員がインド中に散在していたが、カーディーが一般化した暁には、その数は各村落に一人、全インドで七〇万人に達することが想定されている［*CWMG*, v. 82: 18］。

ところで、第三期においてガンディーは、より糸にカーディー購入の際に使われる貨幣の役割を担わせ、これを集めて貯蔵する「より糸銀行」を構想していた。それは、自給自足を目的としたカーディー生産を促進するために、一九四二年以来抱いていた考えを発展させたものである。「ちょうど、金銀が造幣局から出てくるように、カーディーのみがより糸銀行から出てくる」［*HJ*, July 7, 1946］。「より糸銀行」の目的は、第一に、一箇所に集められたより糸を二重にしてひねり、これを織工に安定的に供給すること［ibid.］、第二に、都市住民のあいだに手紡ぎを普及させ、彼らからより糸を集めること［*HJ*, July 14, 1946］にあった。(22) また第三に、通常の貨幣による取引を制限することによって、第一期からの課題であった「投機家や綿花市場の変動から自由になる」ことをめざしていたものとみられる。(23)

篠田は、この「より糸銀行」の構想について、「市場原理を前提とした経済的誘引以外の、より有効な方法を示しえなかったところに、第三期におけるチャルカー運動の波及力の限界がある」と述べている。それは、織工が、強さの面で工場製綿糸にひけをとらないより糸を用いることでそれと同じスピードで織ることができるという前提をもとに、「在来の織工との賃金格差を解消できる、と考えられている」との理解にもとづくものである［篠田　一九八一：二八二－八三］。

ところがガンディーは、少なくとも明示的には「より糸銀行」によって「在来の織工との賃金格差を解消できる」とは述べておらず、彼がこの期に及んで工場と賃金面で競争しようとしていたとは考えられない。また、市場原理を前提とするその他のとりうる方策として、より糸やカーディーの供給量を市場価格の変動に応じて調整しようとする姿勢などももはや窺うことはできない。この構想は、前述の三つの目的を考慮するかぎり、「市場原理を前提とした経済的誘引」というよりは、むしろ市場から脱却する論理を前提として貧者救済をめざしていたとみるべきであろう。

ガンディーは、一九四八年一月三〇日に暗殺されるが、その前日にひとつの将来構想をしたためている。それは、「インドが、……七〇万の村落の観点から、社会的、道徳的、経済的独立を達成する」ために、国民会議派が「国民奉仕者協会(Lok Sevak Sangh)へと発展的に解消する」というものである。そこでは、「各活動家が、自分で紡いだより糸で作られたカーディーか、AISAが保証したカーディーの恒常的な着用者であるべき」こと、同協会が、AISAやAIVIAを系列下に置くことなどが求められている。ここにチャルカーが、最後まで非暴力の「協同組合的社会」を建設するための中心的手段として位置づけられていたことがみてとれるのである[*CWMG*, v. 90: 526-28]。

第三期においても、チャルカー運動は、相変わらず非公認カーディー業者に悩まされた。一九四六年五月一二日付『ハリジャン』誌によると、五〇以上の非公認業者が、AISAの紡ぎ工・織工の双方と取引して、月々七〇万ルピーの非公認カーディーを売り上げていた。こうした業者のなかには、会議派執行部の者もいたという[*HJ*, May 12, 1946]。布地価格(工場引渡し価格)は、戦争の影響で一九四二年一〇－一二月に急騰、一九四三年五月には最高値を記録して戦前の五・五倍になったが、闇市場ではそれよりさらに五〇－一〇〇％高い値がつけられた［*HJ*, January 19, 1947］。このときＡＩＳＡのカーディーの価格は、「闇市場よりも安く、工場製綿布よりも安」かった［*HJ*, November 17, 1946］。それでもガンディーは、一九四四年一〇月の会議で、生産拡大ではなく、ＡＩＳＡから賃金を受けてきた三〇万人の雇用を、みずからのために糸を紡ぎ、布を織る三万人以下に削減することをジャジュとともに思い描いたのである［*CWMG*, v. 78: 193-94］。

工場製綿布や非公認カーディーの価格が割高になっていたにもかかわらず、第三期のＡＩＳＡによるカーディー生産は、図1にみられるように、一九四一／四二年の二一六〇万ヤードから、一九四七／四八年の四三〇万ヤードまで大きく下落する［AISA 1950: 254］。これは、政府が「クイット・インディア」運動弾圧の一環としてＡＩＳＡを大々的に破壊したことにくわえて、運動の重点がカーディーの販売から自己消費にいっそうシフトしたことの必然的帰結である。「より糸銀行」の構想に特徴づけられる第三期の試みは、第二期の「新しい出発」にもまして、市場原理の圧力から貧者を防衛しようとする姿勢のいっそう明確な表現であった。それはまた、運動員を各村落に浸透させることによって、「非人間的経済学」ではなく「非暴力と道徳性」に裏づけられた「真の経済学」を人々の内面から確立しようとする試みでもあった。コミュナリズムの激化のなかで、人生の終焉を悟っていたガンディーにとって、理想の「協同組合的社会」（コンヴィヴィアルな社会）の建設を急ぐための不可欠の方策だったのである。

近年のインド経済史研究におけるチャルカー運動への低い評価は、「市場」の動向に分析の焦点を当てるあまり、「市場」の外側にあった手紡ぎ糸やカーディーの存在を考慮していない。しかし、それらの存在を考慮することによってはじめて、この運動が植民地インドの「市場」の内外にあった無数の人々を巻き込んで、ゆえに政府当局に激しく弾圧されたことの経済的インパクトがより正確に理解されるのである。

とはいえ、カーディーの全インド綿布生産に占める割合が、なお相対的に小さかったことにかわりはない。機械製綿糸および「擬似カーディー」を含む機械製綿布が、チャルカー運動の前にその全期間を通じて立ちはだかっていたのは事実である。ガンディーは、一九四四年九月の段階でも「一〇〇〇万人の人々が、三億九〇〇〇万人を犠牲にして生きる光景」を耐えがたい気持ちでみながらも［*CWMG*, v. 78: 70］、工場を破壊ないしは没収しようとはしなかった。貧者を救済するために、市場原理を拒否する方向に傾きながら、最後まで権力による強制的手段を採用しなかったところにガンディー経済思想の「非暴力」的本質が明確に表われているといえる。

ガンディーの描いた「独立」は、たしかにトゥリヴェーディーなどが認識したようにナショナリズムを表現している部分がある。しかしその中身は、同時に市場経済（資本主義）や計画経済（社会主義）など、機械を通じて物質的発展をめざす「近代」の経済システムとは異なるものである。そのめざすところは、チャルカーのように、資本蓄積の観点からみれば非効率な技術を主軸とするものであるから、人間の身の丈に合った物質的には簡素な経済である。

それは、生存のための手段としてそうした技術を広く貧者に提供し、彼らの自助努力を同胞が支援するという、精神的には豊かな人間関係を内包する社会であった。つまるところ、ガンディーの理想とする身の丈の経済は、まさにコンヴィヴィアリティにもとづいて、そのまま利己心を原動力として富の蓄積をめざす近代主義の思考を道徳的に乗り越えようとする試みだったといえるだろう。

私たちは、これまでガンディー経済思想の一方の柱であるチャルカー運動を検討してきた。この運動の資金調達は、もう一方の柱である受託者制度理論によって理念的に支えられたものである。したがって、つぎにこの理論の展開をたどり、ガンディー思想にたいするマルクス主義者の批判ともポスト近代主義者の再評価とも異なるその意味を探ることとしたい。

第六章　受託者制度理論

受託者制度理論（The Theory of Trusteeship）は、チャルカー運動と並んでガンディーの経済思想を構成する重要な柱のひとつである。それは、第一義的には社会の富者がその財産を神から信託（trust）された「受託者」（trustee）として行動し、これを貧者のために行使するという考え方である。資本家や地主は、この理論にしたがって「受託者」としてふる舞うならば、その立場が保証されることになる。このため受託者制度理論は、マルクス主義の側から「体制擁護」論として批判される一方、ポスト冷戦期には一部の論者によって資本主義や混合経済に親和的なものとして再評価された。だがこの理論には、たとえば社会改革を急ぐ社会主義者への歩み寄りもみられるなど、これらの批判や再評価では把握できない側面もまた観察できるのである。したがって、それがガンディーの人生の最後の二〇年間に力説されてゆく過程を詳しくたどり、その意義を考える余地はなお残されているといえる。

そこで本章ではまず、受託者制度理論にたいするこれまでの批判や再評価をふり返ることとする。つぎに、この理論の生成からガンディー暗殺にいたるまでの展開を『ガンディー全集』（CWMG）にもとづいてつぶさにおう。そして最後に、実はこの理論が、資本主義とも社会主義とも一線を画したガンディー独自の「非暴力」の社会改革理論だった点を積極的に評価しうることを示して結びとする。

一　理論にたいする評価

受託者制度理論の実際の展開を検討する前に、この理論が一般にどのように認識されてきたかをみておく必要がある。マルクス主義者は、この理論が、拡大しつつある大衆運動を「非暴力」の観点から突然停止してしまうガンディーの指導方法とともに「体制擁護」を目的としていたか、あるいは結果として「体制擁護」の役割を果たしたと認識する。インドにおいては、マナベーンドラ・ナート・ローイ以来こうした見方が形成されてきたが、ここではさしあたり、ネルーとナンブーディリッパードゥのマルクス主義的ガンディー批判を中心にみてゆくことにしよう。

はじめに、人間の性悪説を前提とするネルーは、ガンディーの受託者制度理論の実現可能性に疑いをかける。「受託者制度理論を信ずること――ひとりの個人に無限の権力と富を与え、それを公の福祉のために、もっぱら行使するよう彼に期待することは合理的だろうか」［Nehru 1996: 528］。ネルーの目に、この理論を主張するガンディーが大土地所有制度、封建主義、資本主義を支持するものと映ったことは、第二章で示したとおりである。ネルーは、こうしたガンディーの考えを受け入れることはできなかった。

なぜ彼は、負け犬にたいして愛情と哀れみをもっているにもかかわらず、不可避的に負け犬を作り出し、それを踏みつぶしてしまう仕組みにたいして支持を与えるのであろうか。なぜ非暴力に傾けた彼の情熱にかかわらず、全的に暴力と強制にもとづいている政治的・社会的体制に味方するのであろうか。［Nehru 1996: 515］

また第二章では、ナンブーディリッパードゥの『マハートマとガンディー主義』が、ガンディーを「ブルジョアジーの抜け目のない政治指導者」として描くものであったことを確認した。ナンブーディリッパードゥは、受託者制度理論についてつぎのようにいう。

受託者制度理論は、……現実の実践においては、つぎの点でブルジョアジーを大いに助けることになったのである。それは、(a)帝国主義に反対して大衆を行動に奮い立たせること、(b)彼らが革命的大衆行動に訴えるのを阻止することの二点である。［Namboodiripad 1981: 117-18］

このように当時のインドにおいて、マルクス主義に傾倒する論者の目には、受託者制度理論が既存の階級関係を維持し、ブルジョア階級の利害を代表するものと映ったのである。ガンディー思想を「体制擁護」論とするこうした見方は、実は旧ソヴィエトや日本でもひろく共有されてゆく。

旧ソヴィエトのディヤコフによるガンディー評価は、ロシアのステパニアンツと同様に、日本でも坂本徳松が詳しく紹介している。坂本によれば、ディヤコフにおいては「ガンディー主義は、国民会議派のブルジョア・地主的首脳部の手中にあるもっとも強力な武器で、それによって大衆を従属させ、昂まる大衆運動を自己の利益のために利用することができた」のであった〔坂本 一九五七：六〕。ディヤコフは、さらにつぎのようにいう。

ガンディーは農民大衆の宗教的偏見を利用し、その無智、立ち遅れ、会議派とその指導者たち、とくにおくれた大衆によって聖雄と仰がれていたガンディー自身にたいする農民の盲従のならわしなどを利用し、それによって大衆の積極性を抑えつけ、かれらを堕落させ、ふたたびブルジョアジーと地主との裏切りの犠牲者にした。〔同前書[1]〕

坂本は、一九五七年にこうしたガンディー評価について「インド・ナショナリズム指導者、ならびにインド民衆にたいして、これほどひどい侮辱があるだろうか」と憤りを表明した〔坂本 一九五七：六〕。だがその坂本自身も、その後一九六九年に出版された『ガンジー』においては、マルクス主義の視点を取り込んでつぎのように述べる。

ガンジーは農民を含めてのインド・ナショナリズムの指導者であって、農民や労働者の階級的立場を代表するものではなかった。

このことは大衆運動が高揚し、イギリス側の暴力に抗して、大衆自身が革命的な暴力を爆発させる、という階級的な場面になると、ガンジーは常にこれを抑制する立場にたつ、ということに露骨

にあらわれている。［坂本 一九六九：五六－五七］

坂本の「ガンジーは、民族に強く、階級に弱い」［同前書：一六九］というテーゼはここから導かれるものである。

さらに蠟山芳郎は、一九五〇年に出された『マハトマ・ガンジー』のなかでつぎのように述べている。「ガンジーは、インド民族資本の代弁者として、根強い民族資本の力を背景として、かれの教義、非暴力の教義を説いた。……インド民族資本の代弁者として終始したところにガンジーの真髄がある」［蠟山 一九五〇：九二］。内藤雅雄は、こうした見方を、蠟山がガンディーを「インド民族資本の培養と発展」に貢献した人物であるとしたこととともに高く評価している［内藤 一九六九b：三〇］。

また蠟山は、ガンディーの死後インド国内に階級対立が激化した事実について「インド民衆の上にもったガンジーの偉大な声望は、その下で進行していた階級闘争をおおいかくしていたわけである」と論じる［蠟山 一九五〇：二一二］。これにたいして内藤は、そこに「冷徹な科学の目を感じることができる」と評価する［内藤 一九六九b：三二］。これは、内藤自身がもつ体制変革に保守的なガンディーのイメージにもとづくものである。

内藤は、その著書『ガンディーをめぐる青年群像』のなかで受託者制度理論について触れ、「ガンディーおよび彼の思想が資本家の利害を反映したとみるべきではなく、逆に資本家の利害がまさにガンディー哲学の中の諸概念を必要とし、それにひきつけられたとすべきであろう」と述べている［内藤 一九八七：一一四］。しかし内藤にとって、基本的には「ガンディーが階級闘争にたいして異常な忌避あるいは敵対の姿勢を示したことも大きな問題を残すことになる」のであり〔同前書：三三六〕、この理論を「階級協調論」として否定的に捉えることにかわりはないのである。

彼ら〔地主や資本家〕が、自らの富を神からの信託物として、農民や労働者に分かち与えるのがその義務であるとする彼の特異な「神の信託《トラスティーシップ》」論は、現実のインド社会の場にあっては地主・資本家の存在をほぼそのまま認めることであり、せいぜい典型的な階級協調論を示すものである。ガンディーは、二〇年代、三〇年代に高まっていく左翼勢力主導下の農民・労働者の運動にたいして、この思想を武器に立ち向かおうとしたのである。〔同前書〕

以上のように、主としてマルクス主義的観点から形成された保守的・反動的なガンディー像は、批判のトーンの強弱はあれ大きな影響力をもって受け入れられてきた。もっとも、こうした否定的なガンディー像が、後に一連のポスト近代主義やポスト植民地主義の言説のなかで大きく修正されてゆくことは、第二章に示したとおりである。

ここでは、かならずしもポスト近代主義などの用語を用いているわけではないが、受託者制度理論を肯定的に捉えるポスト冷戦期のいくつかの評価を示しておくこととしたい。第一に、シュリーネーリー・インディラーは一九九一年に、ネルーなどが受託者制度理論に抱いた懐疑にたいしてつぎのように反論する。「達成不可能かもしれないが、少なくとも幾人かの人々が〔受託者制度を〕実行したとするならば、私たちは、世界に存在する搾取、暴力、不平等、不自由などの多くをなくすことができるかもしれない」[Indira 1991: 155]。彼女は、ガンディー自身が「完全な受託者制度は、ユークリッドによる点の定義と同じように抽象的な観念であり、達成不可能である」と考えていたことをふまえつつも、なおこの制度が「追求するに値する崇高な理想である」と受けとめる。そもそもインディラーは、資本主義と共産主義が憎悪、暴力、搾取、階級対立、疎外などの諸問題を解決できなかったという前提にたって、個人と社会がより有効なやり方で受託者制度を実行することがこれらの問題への唯一の解決策であることを示そうとしたのである[ibid.: 7-8]。

第二に、アジット・K・ダースグプタもまた、受託者制度理論を共産主義へのオルターナティヴとみなして肯定的に評価する。ダースグプタにとってこの理論は、地主＝小作人間においては急進的土地改革を妨げることにはなったが、資本家＝労働者間においては両者の協調によって生産性を増大させるものである。

> 歴史的経験が示すのは、地主制度を終焉させる手段としては、これ〔受託者制度〕は非現実的なものであるということである。受託者制度は、企業の管理についてはより広い見通しを提供しており、そのいくつかの要素は、終身雇用の伝統をもち、労使間の闘争よりも協力を強調するいわゆる「日本型」管理のなかに含まれるものである。[Dasgupta 1996: 131]

第三に、マドゥーリ・ワドワは、国家的所有が「個人を破壊する」ことへのガンディーの恐怖が、「フリードリッヒ・ハイエクやミルトン・フリードマンなど現代リバタリアン」の考え方に一致するものとみて、ガンディー思想を自由主義の陣営に位置づけている。他方で彼女は、受託者制度理論を高度に発展した混合経済体制と関連づけて、それによってもたらされる経済的平等が「スカンディナヴィアのような現代福祉国家によっても」達成しうると論じている［Wadhwa 1997: 68-70］。

こうしてみると、まずインディラーは、資本主義および共産主義の弊害を克服するための第三の道として受託者制度理論を捉えている。またダースグプタは、労使協調を基軸とする資本主義の道としてこの理論を理解している。最後のワドワについては、ガンディー経済思想の位置づけがリバタリアニズムとスカンディナヴィア型の福祉国家論のあいだでやや揺れているようにみえる。しかし、いずれの理解も、マルクス主義的な「体制擁護」論とは異なって、この理論を肯定的に評価しようとしている点で共通している。

受託者制度理論についてのこうした肯定的見解のなかでは、インディラーのそれが、筆者の理解にはもっとも近いものである。とはいえ、この理論がガンディーを取り巻く政治的環境のなかで展開してゆく様子をたどる余地は、なお残されているといえる。そうすることによって、ガンディーが階級闘争を回避しようとしながら、一部に社会主義的要素を取り入れつつ階級間の不平等な経済的分配を是正しようとしていたことが明らかとなるであろう。そこでは、ガンディー思想を「体制擁護」論とみなすマルクス主義的見解や、これをたんに資本主義とも親和的なものとみて肯定するにとどまるポスト近代主義的見解が、かならずしも十分ではないことが理解されるのである。

二　大資本家との出会い

ガンディーは、一八八八年から一八九一年にかけてイギリスのインナー・テンプル法曹院に学んだ際に、当然のことながら「信託」（trust）の概念を学んでいた。『自叙伝』によれば、スネルの『衡平法』が「信託」の概念形成の大きなきっかけとなっていたようである。スネルは同書のなかで、「受託者」をつぎのように定義している。「受託者とは、法的財産を取得し所有する能力があり、信託を執行するにふさわしい能力と法的能力を保持し、（便宜的理由から）エクイティ裁判所の管轄区に住んでいなければならない」[Snell 1901: 125]。スネルによれば、受託者は「衡平の諸規則にしたがって行動しなければならず、……さしあたり信託受益者の奉仕者にほかならない」。この場合の「信託受益者」は、「信託基金に有限の受益者利益を有するひとりの人間ではなく、……信託財産になんらかの受益者利益を有する資格があるか、将来その資格を有するかもしれない人間全員を構成する集団全体をさす」[ibid.: 126-27][(2)]。

ガンディーのこうした「信託」にたいする法的理解は、その後南アフリカ滞在中に宗教的視点をくわえてこれを研究する際の支えとなった。「イギリス法の研究は、私の助けとなった。スネルの衡平法諸格言についての議論が、思い出された。私は『受託者』という言葉の意味を、『ギーター』の教えに照らしていっそう明確に理解したのである」[Gandhi 1997: 221]。彼は実際、『ギーター』から「捨離（不所有)」、「貪欲でないこと」、「無私の行為」などを学んでいる(第三章)。彼の「信託」にかんする考えは、これらの宗教的観念にも支えられて、たんなる法的理解を超えてひとつの信念のようなものに変わっていったものと想像されるのである。

さらに、ガンディーの「信託」にかんする理解を深めたもうひとつのきっかけとして、やはり南アフリカ時代に学んだラスキンの経済思想が考えられる。ガンディーは、ラスキンの『この最後の者にも』から「雇い主がわが子を待遇するのと同じように使用人を待遇する」可能性を学んだ(第三章)。ラスキンのこうした「社会的愛情」の考え方は、まさに富者が自身の財産を貧者のために行使することを説くガンディーの受託者制度理論の基底を流れている考え方であるといってよい。

実際、「受託者」という言葉が『ガンディー全集』にはじめて登場するのは、ガンディーが南アフリカにおいてサッティヤーグラハ運動を展開していたさなかの一九〇八年である。もっとも、この頃のガンディーが用いた「受託者」(trustee)という言葉は、統治する側のイギリス帝国、あるいはイギリス人をさすものであり、後に恒常的になされるように、資本家や地主を意味するものではない。

受託者〔イギリス帝国、イギリス人〕が、その被後見人〔インド、インド人〕にしてきたすべてのことに被後見人を適合させるべきでないとしたら受託者の義務は何か。イギリス政府は、被後見人である私たちに完全な市民権を与えようとしているだろうか。〔*CWMG*, v. 8: 475-76〕

この時期にガンディーが直面していたのは、もっぱら南アフリカ在住インド人の市民権剥奪の問題であり、受託者制度理論が本格的に展開されるのは、彼が一九一五年にインドに帰国した後のことである。南アフリカ時代に説かれた受託者（イギリス）と被後見人（インド）との関係は、後に資本家と労働者、あるいは地主と小作人のあいだの関係に置き換えられてゆく。その関係は、「所有」にかんする法的、宗教的、そして経済的考察に支えられて、しだいにこの理論の基礎的枠組みを形成してゆくのである。

さて、ガンディーはインドに帰国すると、アーシュラムの設立やアフマダーバードにおける労働争議などを通じて幾人かの企業家とめぐり会うことになる。これらの企業家こそは、資本家としての「受託者」の原型をなした人々にほかならない。ここでは、当時のインド民族資本家を代表するアンバーラール・サーラーバーイー、ガンシャームダース・ビルラー、ジャムナーラール・バジャージの三人をとりあげ、彼らのガンディーとの関わりをみることにしよう。

まずはじめに、アンバーラール・サーラーバーイーは、アフマダーバードの紡績工場の経営者であった。ガンディー『自叙伝』によれば、一九一五年末か一九一六年初めにアーシュラムが財政難に陥った際に、「あるシェート〔金持ち〕」が一万三〇〇〇ルピーの紙幣を彼に手渡して去っていったエピソードが記されている［Gandhi 1997: 332］。この「あるシェート」が、このとき二五歳であったアンバーラールであり、ここにふたりの交流がはじまったことはよく知られている(3)。

一九一八年にアンバーラールは、ボーナス・カットにともなう基本給の引き上げ率をめぐって労働者側を代表する姉のアナスーヤー・サーラーバーイーと対立した。このときガンディーは、労働者の側にストライキを行なうように勧めたが、その条件としてつぎの四点を提示した。

一、暴力を用いないこと、
二、スト破りを責めないこと、
三、施し物に頼らないこと、そして
四、ストライキがどれほど長引いても、断固たる態度をとり、そのあいだは別の正直な仕事で食事代を稼ぐこと、である。［Gandhi 1997: 356］

しかし、労働者たちのあいだには、最初の二週間を過ぎると、工場に働きにゆく者とこれを疎ましく思う者が出はじめた。ガンディーは、こうした彼らの士気の低下をみて断食を行なう。この断食は、けっして「工場主たちの過失のためではなかった」が、労働者のみならず工場主たちの心をも動かす結果となった［Gandhi: 1997: 359-61］。紛争は二一日目に終結し、その際ガンディーは、アンバーラールについてつぎのように述べた。

工場主側を代表したアンバーラール・サーラーバーイー氏は、あらゆる意味において紳士である。彼は、偉大な教養と同様に、偉大な能力をもつ人物である。こうした資質にくわえて、彼は強固な意志を有している。［*CWMG*, v. 14: 286］

ところで、チャマンラール・レヴリーによれば、この労働争議を契機としてガンディーが設立したアフマダーバード繊維労働者協会（Ahmedabad Textile Labour Association: ATLA）は、文字どおり労働者・資本家の対立を解消するための「仲裁機関」としての役割を担う特殊な労働組合であった［Revri 1972: 76］。このATLAは、M・V・カマートとV・B・ケールの示すとおり、アンバーラールの示唆にはじまるものであるが［Kamath and Kher 1993: 196］、まさに以下にみる受託者制度理論を現実に機能させるための重要な場所となるものであった。

つぎに、ガンディーの事業にたいしてもっとも多額の資金を提供したガンシャームダース・ビルラー（通称GD）についてである。マダン・モーハン・ジュネージャーによれば、ビルラーがガンディーと出会ったのは一九一五年のことであるが、ふたりは一九二四年以降、しだいに交流を深めていったという［Juneja 1993: 115］。ビルラーの『マハートマの影に――私的な回顧録』によると、彼はこの年から一九二六年までのあいだに、少なくとも一〇回以上にわたり合計四〇万ルピーを超える金額の寄付をガンディーにたいして行なっている。これらは、『ヤング・インディア』や『ナヴァジーヴァン』といったガンディー関連の機関誌、アリーガル・ムスリム大学、デーシュバンドゥ記念基金、カーディー事業などにたいする財政支援を目的としたものであった［Birla 1968: 3-18］。

ルイス・フィッシャーは、「国民会議派の予算のどれほどの割合が、豊かなインド人によって負担されていますか」と質問したところ、ガンディーが「実際に

ガンシャームダース・ビルラー（1946年）
［Life Archive］

はその全部です」と答えたことを記し［Fischer 1995: 479］、そのうえでつぎのように述べている。「ガンディーのアーシュラム、あるいはハリジャンおよび農民の向上のための諸機関の維持や国語教育に必要な金のほとんどは、大金持ちの織物工場主であるG・D・ビルラーの懐から出ていた」［ibid.: 480］。

ビルラーが、ガンディーの諸事業にたいする支援を惜しまなかった理由のひとつは、彼がガンディーの個人的資質にひきつけられていたことにある。ジュネージャーによれば、ビルラーは、ガンディーの「内なる声」に耳を傾けようとした姿勢に、みずからのまちがいを受け入れようとする姿勢に、そして明朗な公的会計と倹約重視の姿勢に魅かれていたという［Juneja 1993: 70-71］。

ところがビルラーは、ガンディーの経済思想にかならずしも共感していたわけではなかった。彼は、そのことを『マハートマの影に』の序文ではっきりと述べている。

> 彼〔ガンディー〕の経済学についての見解は異なっていた。彼は、チャルカーやガニ(4)その他の小規模工業を信じていた。私は、これとはちがってかなり快適な生活を送り、大規模工業による国家の産業化を信じていた。［Birla 1968: xv］

実際ビルラーは、一九二七年一〇月に「私がカーディーを身につけるのは、あなたを喜ばせるためなのです」などとガンディーに書き送っており、その経済政策には深い懐疑をいだいていたのである［Birla 1980: 3］。

にもかかわらず、ビルラーがガンディーの諸活動を支援した背景には、ガンディーの個人的資質に魅かれたことにくわえて、やはり実業家としての経済的動機がぬきがたく働いていたのである。ジュネージャーの示すとおり、ビルラーは、第一に、自国の経済的利害を実現しようとするイギリス政府に対抗するものとして、インド国民会議派の保護主義的姿勢に強い期待を寄せていた。また第二に、インドにおいても勢いを増しつつあった共産主義にたいする適切な対抗措置としてガンディー主義を強化することを考えていたのである［Juneja 1993: 74-75］。

だからこそビルラーは、カーディーやチャルカー、家内工業、受託者制度などといったガンディーの教えにいつまでも従うわけにはいかなかった。ガンディーの死後まもなく、これらの教えを時代遅れのものとし、友人たちに新しい環境のもとで生活様式を変えるように勧めはじめたのである。ビルラーは、ラージャゴーパーラーチャーリーに一九四八年四月一六日につぎのような手紙を書いている。

バープー［ガンディー］の一部の側近たちが送ってきた生活は、バープー亡き後彼らにとって重荷となるでしょう。ですから私は、ミーラーベーン、スシーラー、ピヤレラールなどに新しい空気のなかで変わってゆくように勧めたのです。［Juneja 1993: 247］

こうしたビルラーの姿勢は、おそらく生前のガンディーによって見透かされていたであろう。一九四二年に「パースィー、バローネート、ターター、ワーディヤー、ビルラー、バジャージ」のなかで「受託者」の理想に一番近い人物としてガンディーが挙げたのは、ビルラーではなく、つぎに検討するジャムナーラール・バジャージであった［*CWMG*, v. 76: 9-10］。

ジャムナーラール・バジャージ

さて、そのバジャージは、「ガンディアン・キャピタリスト」と称されるほどにガンディー自身の企業家観に決定的な影響を与えた人物である。バル・ラーム・ナンダによれば、バジャージは一九一五年に、サーバルマティー・アーシュラムの建設費用として三万一〇〇〇ルピーを寄付し、会議派ボンベイ大会に出席するガンディーのために車を用意した[Nanda 1990: 34]。一九二一年には、仕事を辞めて非協力運動に参加した弁護士を支援するための資金として一〇万ルピーを、ガンディーの要請に応えて会議派運営委員会に寄付している[ibid.: 65]。一九二〇年の会議派ナーガプル大会で接待委員長を務めたのをきっかけとして政治の世界に直接関与するようになり、その後長らく会議派財務部長やAISA財務部長などを務めた[ibid.: 51, 56, 120]。

バジャージは、社会改革にも熱心で、「実業家の社会的責任」を果たすべく幼児婚、カースト間結婚、そして不可触民制度などの問題に取り組んだ[Nanda 1990: 146]。とりわけ不可触民制度については、一九三三年のハリジャン奉仕者協会（Harijan Sevak Sangh）の創設に関与している[ibid.: 203-04]。一九四〇年には、牝牛保護の課題に取り組むようにガンディーに奨められ、翌年に組織された牝牛保護協会（Go Seva Sangh）の運営に携わる[ibid.: 353-54]。

バジャージは、一九三四年に紡績工場の買収を考えたが、ガンディーからつぎの手紙を受け取って断念した［Nanda 1990: 314］。

ヴァラッブバーイーから、あなたが紡績工場の買収を考えていると聞きました。……私は、いうまでもなくこれを聞いて衝撃を受けました。あなたのようにカーディーにこれほど深く関心をもつ人が紡績工場をもつのはまちがいだと思いましたが、あなたに手紙を書くべきかどうか迷っていました。そうしているうちに、ジャーナキーマイヤー〔バジャージの妻〕が昨日ここに来ました。……彼女は、この話を聞いて悲しみました。……使用人たちは、あなたが紡績工場をもてば、カーディーを着るように奨めたりはしなくなるだろうと言っています。誰もあなたの考えを好きではありません。……あなたが公の善のためにもっとお金を稼ぎたいと思うのなら、私たちは、そのような寄付はいりません。……よろしければ、計画を破棄したことを知らせるよいニュースを打電してください。［*CWMG*, v. 59: 85］

実際、バジャージは、私的事業と公の奉仕とのあいだで揺れ、両者をなんとか両立させるべくもがいていたようである。そうした心の葛藤は、一九三八年一二月にガンディーがバジャージに宛てた手紙にいみじくも投影されているといえるだろう。

あなたは、ゆきすぎた貪欲を克服しなければなりません。私的事業は、たとえそれが公の奉仕を意図したものであっても諦めるべきです。それができないというのであれば、厳格な制限を設けなければなりません。そして、政治の世界から撤退するべきです。……しかし、あなたの本来の分野は、利他的な事業です。ですから、もう一度手紡ぎ協会のためにそのすべての能力を行使すべきなのです。〔そうすれば〕協会の活動は、あなたの知性、道徳的資質、そして事業家としての洞察力を十全に活用することができるのです。［*CWMG*, v. 68: 249］

ジュネージャーの示すように、ガンディーのバジャージにたいするこうした姿勢は、「国家はお金を必要としています。お金を稼いで、それを民族の善のために使ってください」とビルラーに協力を求めたときのそれとは大きく異なっている［Juneja 1993: 79］。バジャージは、こうしたガンディーの強力な指導のもとにあって、終生「ガンディーの跡」を歩くことを止めなかった。バジャージは、一九四二年に亡くなるまで、ガンディーの諸活動を支えるもっとも重要な資本家でありつづけた。つぎの一節は、バジャージの死に際して、ガンディーの寄せた追悼文からの引用である。

ジャムナーラール・バジャージ氏という偉大な人物が亡くなった。私は、公の福祉のためにみずからの富の受託者たろうとする金持ちの人々について書くとき、いつも主としてこの王子のような商人を心に思い浮かべた。……サッティヤーグラヒー〔サッティヤーグラハ運動家〕としての彼の貢献は、最高位のものである。……彼は建設的活動に従事し、そこに残りの生涯とすべての能力を注ぎ込んだ。……彼は、私の知るかぎり比類なきひたむきさと情熱をもって事業に身を捧げた。彼の寛大さは、人種や信条、肌の色のちがいなどには関係がなかった。［*CWMG*, v. 75: 306］(5)

このようにガンディーは、サーラーバーイー、ビルラー、バジャージなどといった異なるタイプの資本家たちとの友好関係を大切にした。ときに資本家のしたたかな思惑をおそらくは見抜きながらも、ガンディーもまたしたたかに彼らの資金援助を受けていたとみられるのである。そうした資金は、主としてアーシュラムの運営費用のほか、コミュナル統一、不可触民制度廃止、カーディーその他からなる建設的プログラム推進などのために使われた。このプログラムは、一九四五年版のパンフレットが「まったくの底辺から国家を建設するためにデザインされたものである」と述べるように[Gandhi 1945: 5]、最貧層の人々の雇用と生活水準の向上を目的としてかなり大規模に行なわれたものであった。

こうしたガンディーと富者との友好関係は、彼を「体制擁護」論者とみなすマルクス主義的見解の根拠とされてきた点である。また彼が、資本家の富の蓄積を容認したことは、他方で少数者(資本家)の貪欲を非難したこととの整合性が問われてよいところでもある。ただし私たちは、逆に富裕階級の側にこの建設的プログラムに資金を提供するという少なからぬ代償がともなったことを考慮しなければならない。そこには、貧者の経済的自立のために、富裕階級の資金を平和的に彼らにふり向けるという、ガンディー思想の特徴のひとつが明確に表われているのである。

ともかく、こうしたガンディーの事業に協力を惜しまなかった大資本家たちの存在は、彼が一九二〇年代後半に受託者制度理論を展開するうえで決定的な役割を果たしたと思われる。実際、大衆の福祉を司る者をさして「受託者」という言葉がはじめてガンディーの文献のなかに登場するのは、これら一連の大資本家たちと出会った後の一九二七年である。この年ガンディーは、ラージャパラヤームでの演説のなかで、カーディー活動のための募金を呼びかける一方、活動に携わる者一般にたいしてつぎのように呼びかけた。

> こうした募金を募る私や、カーディーを取引する商人、村落へ出かけていって組織する人々など、私たちはみな、みずからを手紡ぎ工の福祉のための受託者であるとみなさなければならないのです。私たちは、彼らのために、彼らのためだけに存在するのです。[*CWMG*, v. 35: 80]

また一九二八年にガンディーは、アフマダーバードにおけるある託児所の開設式で、工場主による工場労働者の境遇改善に不満を述べた。そして、工場主に「富のすべてを信託として所有し、あなた方のために汗を流して働いてくれる人々の利益のためだけにそれを使用すること」[*CWMG*, v. 36: 289]を要請した。さらに一九三一年には、連合州のザミーンダールについても同様に「受託者」となって「小作人の福祉に強い関心をもち」、「学校を子どもたちに、夜間学校を大人たちに、病院や薬局を病人に提供し、村落の衛生を見守らなければならない」とした[ibid., v. 46: 234-35]。

ここに、富者は神から信託されたその財産を貧者の福祉のために管理し、みずからは財産管理の手数料だけを受け取るものとする受託者制度理論の基本的枠組みが、成立したとみることができる。南アフリカでえられた「信託」にかんする法的・宗教的観念は、これ以後経済的意味をともなって展開してゆく。すなわちそれは、ガンディーの一九三四年の言葉を借りれば「『持てる者』と『持たざる者』とのあいだにあるあの大きな隔たり」[*CWMG*, v. 58: 219]を解消するための手段、また一九四〇年の言葉を借りれば「平等の分配」[ibid., v. 72: 399]をもたらすための手段としてより具体的に力説されてゆくのである。

三　マルクス主義の浸透

一九二〇年代から一九三〇年代にかけては、マルクス主義の風潮がインドにも浸透した時期である。一九二〇年一〇月には、ベンガル出身のローイなどを中心として、旧ソヴィエトのタシケントでインド共産党の創設大会が開かれている[6]。一九二四年のカーンプル共謀訴訟[7]や一九二九年のメーラト共謀訴訟[8]などは、インドにおける共産主義の浸透を象徴している。一九二九年から一九三三年にかけて自由主義世界が被った大恐慌や、同時期の旧ソ連による第一次五カ年計画の成功は、マルクス主義が多くの急進的インド青年を引きつける客観的背景となったことだろう。ネルーを指導者に仰ぐ社会主義者のグループは、一九三四年に会議派内に社会党を結成する。

ガンディーがマルクス主義の路線にそう階級闘争論に受託者制度理論を対置してゆくのは、まさにこのような時代的文脈においてである。ここではマルクス主義の影響を強く受けた人々とガンディーとのあいだで行なわれた議論を、一九三四年における不服従運動停止以降の社会主義者の動きにあわせて検討してゆくことにする。

ガンディーは、アーシュラムの住人のなかにサッティヤーグラハ運動の眼目である刑務所行きを嫌がって書斎の生活をしたいと言い出した人がいることを理由に、一九三四年四月、不服従運動を突然停止した。運動停止を宣言するガンディーの声明文は、つぎのようにいう。

この声明は、サッティヤーグラハ・アーシュラムの同居人や関係者との個人的な会話にたいする直感にもとづくものです。……その友人は刑務所の労役に服するのを嫌がり、与えられた仕事よりも彼の私的な研究の方を好んだということでした。これは疑いなくサッティヤーグラハの規則に反するものでした。このことは、私の最愛の友人の不完全さ以上に、私の不完全さを私に痛感させました。……私は盲目でした。指導者の盲目は許されないことです。私はただちに、ここしばらくは、私が行為における市民的抵抗運動をただひとり代表するものとしてとどまっていなければならないと気づきました。［*CWMG*, v. 57: 348-49］

不服従運動停止の知らせを獄中で聞いたネルーは、「大きな隔たりが、私と彼〔ガンディー〕のあいだにできたような気がした」のであり、「突き刺された痛みとともに、長年のあいだ、私を彼に結びつけていた忠誠の弦糸が、ぽつんと切れてしまったように感じた」のである［Nehru 1996: 506］。テーンドゥルカルによれば、「これは多くの会議派党員の反応であった」［Tendulkar 1988-90, v. 3: 261］。彼らは、まさに運動停止直後の五月一七日、会議派社会党の創立大会をパトナーで開催する。(9)

その二日前にガンディーは、社会主義者M・R・マーサーニーおよびN・R・マールカーニーと議論するなかで、社会主義のもつ「強制力」や産業の国営化について意見を対立させている。ガンディーは真っ先に「非暴力」の観点から、マーサーニーおよびマールカーニーの説く社会主義の暴力性を批判する。「あなた方の説く社会主義の制度は、強制にもとづいたものです。……暴力すなわち性急であり、非暴力すなわち忍耐であります」[*CWMG*, v. 58: 27]。さらにマーサーニーとマールカーニーが、産業の国営化を主張するのにたいして、ガンディーは、受託者制度理論の立場から企業家の活動の場所を保証しようとする。

交通、保険、為替などは国営にしなければなりません。しかし、私はすべての大工業を国家が接収することを主張するつもりはありません。たとえば、賢くて熟練した個人が、みずから進んである産業を経営し、指導したいというならば、私はそうした個人に、その産業を組織させることができるようにシステムの柔軟性を十分に保っておきたいと思います。[ibid.: 28]

この頃ネルーは相変わらず獄中にあったが、六月に『自叙伝』の執筆を開始、そのなかで受託者制度理論を含めたガンディーの考え方を批判する（本章第一節）。『自叙伝』は六月から翌年二月にかけて書かれており、運動停止にかんしてネルーがつぎのように記述した時期が実際いつ頃であるかは定かではない。だがそれは、この数カ月間ネルーがガンディーにたいして抱いていた根深い不信感を示唆するものとして十分である。

「友人」の不完全さがこの種のものならば、まったく些細なことである。……直接的には何十万、間接的には何百万の人間を包含するほどの大民族運動を、たったひとりの人間があやまちを犯したからといって、停止してもよいものだろうか。このことは、私にとって不条理な主張、非道徳な主張に思えた。……彼が与えた理由づけは、知識にたいする侮辱であり、民族運動の指導者としては驚くばかりの芸当であったように、私には思えた。［Nehru 1996: 505-06］

ガンディーは、ネルーが獄中で執筆していた『自叙伝』の原稿を知るべくもなかっただろう。彼は、ネルーの心情を意に介することもなく、七月に社会主義の影響を強く受けた学生たちと、階級闘争の是非をめぐって真っ向から対立している。すなわち学生たちが、階級闘争は不可避であると考えるのにたいして、ガンディーは、受託者制度理論によって資本家と大衆との融和の可能性をひたすら追求するのである。

私たちは、資本家たちが、大衆へのサービスのために自分たちの利益を引き渡す資質があるという点で、彼らを信頼しなければならないのです。……私たちが非暴力のメッセージを理解すれば、インドにおいて階級闘争は不可避なものではなく回避できるのです。階級闘争を不可避なものとして語る者は、非暴力の意味を理解していないか、あるいは、ただ表面的にだけ理解しているにすぎないのです。［*CWMG*, v. 58: 218-19］

実際ガンディーは、地主や資本家などの富裕階級に「受託者」としての役割を担わせることで、階級闘争を回避しようとしていた。社会主義の追求する「平等」の理念には共感しつつも、それをもたらす手段については、あくまでも富者の性善を信じてそれに依拠していたのである。この点において彼は、階級闘争を必然的なものとみる当時の社会主義の思潮とは明確に異なる姿勢を示していた。「西欧の社会主義や共産主義が、大衆の貧困の問題にたいする最終的な答えであると考えるのは明らかにまちがいです」[*CWMG*, v. 58: 219]。

だからこそガンディーは、学生たちとの議論の四日後にザミーンダールにたいして「受託者」としてのふる舞いを要求する一方で、彼らを階級闘争の危険から積極的に守ることを約束するのである。「私は、私のもつすべての影響力を投じて階級闘争を阻止しなければなりません。……あなた方の財産を没収しようとする不正な試みがなされるならば、私はあなた方の側にたって戦うつもりです」[*CWMG*, v. 58: 248]。

このようにガンディーの受託者制度理論は、この頃台頭してきた革命思想および階級闘争の脅威にたいして富裕階級を防衛するように働いたのである。ちなみに、本章第一節に紹介したこの理論にたいする諸論者の見方がおおむね、ガンディーと富者との友好関係とならんで、階級闘争を阻止しようとする理論のこうした側面に注目したものであることはいうまでもない。

四　社会主義の影響

しかしながらガンディーは、これら社会主義・共産主義の思想からまったく影響されずにはいられなかった。八月一三日付のネルーの手紙は、運動停止がネルーに与えた衝撃をガンディーにまざまざと伝え、逆にガンディーに大きな衝撃を与えたものと思われる。

私は、あなたが不服従運動を停止されたと聞いて悲しい思いになりました。……私は、ずっと後になってあなたの声明を読みましたが、それは、私にとって今日まで経験した最大の衝撃のひとつでした。……私は、あなたが停止のために挙げられた理由と将来の仕事にかんする提案にびっくりしました。私は、私のなかの何かが壊れ、私がこれまで非常に大切にしてきたひとつの絆がぷっつり切れたように突然、そして強く感じたのです。［Nehru 1988: 115］

この手紙の意味は大きい。八月一七日付のガンディーによるネルーへの返信のなかには、独立運動・社会改革運動を進めるうえで、ネルーを手放したくない彼の切なる思いが読みとれる。

あなたの情熱的でしかも感動的な手紙は、私の力が許すよりはるかに長い返事をしたためるのに値するものです。……しかし私がまったく確信していることは、……あなたの悲しみや失望のすべては、十分に理由のあるものではないということです。同志としての私は、あなたから離れていないことを誓って申します。……私がもっているとあなたが考えていたあの共通の目的への情熱は、今も変わらずもっています。……どうして社会主義者は急がねばならないのでしょうか。私が早く行進できなければ、彼らに止まってもらって、私もいっしょに引っぱっていってくれるよう頼まなけ

全インド会議派委員会会議でのジャワーハルラール・ネルー，ガンディー，サルダール・ヴァッラブバーイー・パテール（ボンベイ，1946年）

ればなりません。［Nehru 1988: 120-21］

ガンディーは、ネルーの指導力と社会主義勢力の影響力を無視できなかったにちがいない。九月にサルダール・パテールに宛てた手紙では、つぎのように述べている。「それからまたしだいに大きくなりつつある社会主義者のグループがあります。ジャワーハルラール・ネルーはあらそうものなき彼らの指導者です。……そのグループはかならずやその影響力と重要性を増してゆくでしょう」［*CWMG*, v. 58: 405］。実際、つぎにみるように、受託者制度理論にかんするガンディーの発言には、一九三四年一〇月以降それまでにはなかった社会主義者への一定の譲歩がみられるようになってゆくのである。

まず、一九三四年一〇月にガンディーは、

国家による所有より受託者制度を優先しながらも、この制度が不可能な場合には、社会主義の路線にそって国家が個人の財産を没収することもやむなしとの見解を示している。

該当する人々が、受託者としてふる舞えるなら、私は嬉しく思います。しかし彼らが受託者としてふる舞えないならば、私たちは国家による最小限の暴力を行使して、彼らからその所有物を取り上げる必要があるものと信じます。……私が個人的に望むのは、国家の手に権力を集中することではなくて受託者制度の感覚を拡大することなのです。……しかし、もし避けられない場合には、私は最小限の国家所有を支持します。[*CWMG*, v. 59: 318-19]

ガンディーの考え方は、受託者の受け取る「手数料」、あるいは受託者が社会に引き渡す富の分量にかんしても、同じく一九三四年の前後で大きく変化している。たとえば彼は、一九三一年のチャールズ・ペトラッシュその他との会談でつぎのように述べていた。「この手数料については一定の数字を設けていませんが、彼らにはみずからが受け取る資格があると考えられる分だけを要求してもらいたいと思うのです」[*CWMG*, v. 48: 243]。

これにたいして、一九三五年にプレーマーベーン・カンタクに宛てた手紙のなかでは、受託者にたいする一歩踏み込んだ要求を示している。「所有者が『受託者』になるということは、彼らが貧者へ、すなわち国家や他の福祉関係の機関へ、一定のパーセントを超えた所得をすべて引き渡すことを意味しています」[ibid., v. 61: 183]。

また一九三九年には、ザミーンダールや百万長者、さらには藩王らの生活費を「一日八アンナ」と規定しつつ「所有物の残りを国家の信託とみなすこと」を要求した［CWMG, v. 69: 219］。一九四二年にも「非暴力の基礎のうえに建てられた国家においては、受託者のコミッションは統制されなければならない」と述べている［ibid., v. 76: 9］。

社会主義者への配慮は、インドが独立した一九四七年のガンディーの発言にもみられる。「全能の神は、物を貯える必要はありません。……したがって、人間もまた理論上は、毎日を生き、物を貯えるべきではありません。この真理が人々に理解されるなら、それは法制化され、受託者制度は法的な存在となるでしょう」［CWMG, v. 86: 419-20］。受託者制度が「法的な存在となる」というときに、そこには暗黙のうちに国家による一定の「強制力」が想定されているものと考えてよい。

このように、一九三四年以降の受託者制度理論には、受託者の財産所有およびその賃金、あるいは制度そのものにかんして一定の「強制力」が想定されている。これらは、明らかに社会主義思想から受けた影響の跡であり、同時にガンディーが、ネルーを指導者とする社会主義勢力の重要性を深く認識していたことを示すものである。

ところで、ガンディーが受託者制度理論に「強制力」を想定したことは、どのような意味をもつのだろうか。それは、一九三四年以前の発言ではあまり明らかではなかったが、この理論が、少なくとも建前上、所得の公正な分配を実現しようと意図されたものであったということである。この年以降ガンディーは、やむをえぬ場合には「強制力」の行使を認めることで自分と社会主義者たちとの距離を相対的に縮め、みずからの理論も、実は彼らのそれと同様に改革のポテンシャルをもち合わせていることを示したのである。

この点は、先に紹介したような、ガンディーが体制変革にたいして保守的であったというマルクス主義的見解では、かならずしも捉えきれない受託者制度理論の側面である。それはまた、資本主義を支える倫理としてこの理論を理解するポスト冷戦期の一部の見解とも異なる側面であるといえるだろう。

そもそもガンディーは、ロシア型の共産主義が、私有財産の没収と国家による集団的所有の維持のために自由に「暴力」を使用するとみて、「非暴力」の観点から「人々のうえに強制された共産主義」をインドは採用すべきではないと考えていた（第四章）。このことを念頭におくとき、受託者制度理論にかりにも一定の「強制力」が想定されたことは、「非暴力」の大原則からの大きな逸脱であり、その意味では社会主義思想にたいするガンディーの譲歩はけっして小さなものとはいえない。

しかし、こうした大幅な歩み寄りにもかかわらず、受託者制度理論は、なおも社会主義思想との最後の距離を埋めようとはしないのである。私たちは、「強制力」が想定されたことで受託者制度理論が根本的に変更されたと考えてはならない。すなわちガンディーは、国家が最小限の暴力によって財産を没収することの可能性を示唆しながらも、それは、あくまでもこの理論が実現不可能な場合の最後の手段として考えられたものである。また彼は、ザミーンダールの受け取る手数料を規定しつつも、つねに「非暴力」の観点から強制的手段は回避されることを望んだ。最後にあげた受託者制度の「法的な存在」にしても、この制度が人々のあいだに普遍的に受け入れられた究極の状態としてイメージされていた可能性が強い。

実際、社会主義思想からの批判的インパクトを受け止めつつも、受託者制度理論の基本的枠組みは維持されたままであった。たしかにガンディーは、善良な富者との良好な関係を相変わらず望んではいたが、たとえば一九三九年に資本主義を廃止したいと考えてつぎのように語っている。

> 多くの資本家が私にたいして好意的であり、私を恐れてはいないことを告白するのに、私はなんら恥じらいはありません。私がもっとも進歩的な社会主義者や共産主義者と同程度に、資本主義を完全に、あるいはほとんど廃止したいと思っていることを、彼らは知っています。……私は、この理論〔受託者制度理論〕が他のいかなる理論よりも生きながらえることを確信しています。〔*CWMG*, v. 71: 28〕

この発言は、ガンディーの立場を資本主義と関連づけて受託者制度理論を否定ないしは肯定するいかなる見解も十分ではないことを示している。

さらにガンディーは、暗殺される半年前に独自の「社会主義」論を展開している。彼は、一九四七年七月に行なわれたデリー州政治会議の演説のなかでつぎのように述べた。

> 最近は、社会主義者であると自称することが流行するようになりました。何らかの「主義」(ism)を身にまとうことだけで奉仕ができるというのは誤った考えです。……社会主義というものが、敵を友人に変えてゆくことを意味するならば、私は純粋な社会主義者です。……私は社会党の説く類の社会主義を信じておりません。……私が死んだとき、あなた方はみな、ガンディーは本当の社会

主義者だったと認めるでしょう。［CWMG, v. 88: 261-62］

このように、一九三四年一〇月以降のガンディーの受託者制度理論は、社会主義思想からの一定の批判的インパクトを吸収しつつも、その核心部分においてはこれらの思想とは距離を保っていた。また他方で、原理的には資本主義を支持する思想とも一線を画して、一九二〇年代後半から一九三〇年代前半にかけて形づくられた基本的枠組みのうえに独自の展開をみせたのである。

ガンディーは、実にその死の前年まで、ことあるごとに受託者制度理論を説きつづけることで、階級間の融和と富の「平等の分配」をもたらそうとひたすら苦心していたのだった。一九四四年には、地主が小作人を搾取する可能性を考慮して「小作人間の緊密な協力が絶対に必要である。この目的のために特別の組織体か委員会が設立されなければならない」と述べた［CWMG, v. 78: 220］。その組織体とは、パンチャーヤトのことである。ガンディーは受託者制度理論の実施をより現実的なものとするために、このパンチャーヤトを中心とする小作農間の結束と「非暴力的非協力」の形態をとるストライキを認めていたのである［Pyarelal 1956-58, v. 2: 627］。

またガンディーは、一九四七年四月にも小作人や労働者のリーダーたちにたいして、「ザミーンダールを困らせたり、殺したりする」といった行為を慎むよう戒めている。それとともに、ザミーンダールにたいして「受託者として振る舞うことによってのみ、あなた方は生き残れるのです」と警告を発している［CWMG, v. 87: 304-06］。

ガンディーは、支配階級にたいして繰り返し受託者としてふる舞うことを要請し、それによって階級間の融和をもたらそうと苦心した。それは、ガンディーの人生における最後の二〇年間のもっとも大きな課題のひとつであった。結局のところ受託者制度理論は、もとよりマルクス主義の思想とは異なっていたが、他方で、現実の資本主義システムの存続を目的としたものでもなく、まさにガンディー独自の社会改革理論として展開したのである。

もはや、受託者制度理論が「体制擁護」を目的としていたというこれまでのマルクス主義的見解は、にわかには認められない。たしかにこの理論には、「受託者」としてふる舞う資本家や地主の社会的立場を保証しようとする側面がある。しかしそれは、同時に彼の「建設的プログラム」を資金的に援助するという負担が富裕階級の側にともなうものだった。また社会主義者にたいする歩み寄りは、この理論もまた、実は彼らの思想と同様に経済改革のベクトルを備えていることを示そうとしたものであった。

このことは、ガンディー思想を資本主義と親和的なものとみて肯定するもう一方の理解もまた、一面的であることを意味している。ガンディーは、少なくとも建前上、資本主義を社会主義とともに廃止したいと考えていたのである。

資本家や地主の諸グループと、これらに対抗する社会主義勢力のあいだにあって、ガンディーはどちらの側にも完全に与することはなかった。結局のところ、受託者制度理論は、社会主義勢力との距離を縮めながら階級闘争をできるだけ回避しつつ、富裕階級の富を非暴力的に貧者にふり向けることで、すべての階級を動員してコンヴィヴィアルな社会を構築しようとする試みだったといえるだろう。

ガンディーが、一方では少数者（資本家）の動機を「意地汚さ」や「貪欲」とみなして非難しておきながら、他方では彼らによる富の蓄積と企業家としての資質を容認したことは、当然その整合性が問われてよいところである。しかし彼は、こうした思想的矛盾をうちに抱えることによってはじめて、現実世界から逃避することなく、直面していた社会的矛盾に挑戦することができたともいえるのである。

受託者制度理論が、階級闘争の回避をめざしたことで、結果として資本家や地主に有利に働いた可能性はなお残るだろう。それは、ガンディーがみずからの原理原則に拘泥せず、近代社会のなかに柔軟に留まりながらこれを乗り越えようとしたことの必然的結果である。そうすることによって彼が、独立運動の途上でインド社会の内在的矛盾を隠蔽するのではなく、むしろ平和のうちに是正しようとした点は、なお前向きに評価されてよいはずである。

私たちはこれまで、ガンディー経済思想の全体像、ならびにその二大柱をなすチャルカー運動および受託者制度理論をみてきた。そこでつぎに、ヴィノーバー・バーヴェーとジャヤープラカーシュ・ナーラーヤンによるサルヴォーダヤ運動を検討することによって、独立インドにおける社会運動のなかにガンディー思想の影響の跡をたどることにしよう。

第七章　ガンディー死後の「ガンディー主義」——サルヴォーダヤ運動

ガンディーは、みずからの思想がひとつの思考様式として「ガンディー主義」なるものに結実し、教条化してゆくことを恐れていた[1]。だがそのような思考様式が、本人の意図を離れて独立インドにおいても継承されていたのはたしかである。「ガンディー主義」は、ジャワーハルラール・ネルー政権期の経済政策に一部取り入れられたが、どちらかといえば草の根のレベルにおいて、ヴィノーバー・バーヴェーやジャヤプラカーシュ・ナーラーヤン（JP）などによるサルヴォーダヤ運動により色濃く引き継がれている。ガンディー死後のガンディー主義者としては、バーヴェーやJPなどいわば第一世代による運動の方法や理念が、その後スンダルラール・バフグナーやS・ジャガンナータン、ナーラーヤン・デーサーイー、バーバー・アムテーらの第二世代、さらにパーンドゥラング・ヘーグデーやヴァンダナ・シヴァなどの第三世代による環境保護運動へと受け継がれて今日にいたっている[2]。こうした思想と運動の系譜は、ガンディー直系の子孫による非暴力的諸活動の枠を越えて、ガンディー死後の「ガンディー

主義」の広がりを示すものである。(3)

もっともサルヴォーダヤ運動は、いやおうなしに国家権力と無関係には存在しえなかった。このことは、しばしばマルクス主義者たちが、「ガンディー主義」を「ブルジョア政治の理論と実践」として批判する際の根拠としてきた点である。とはいえ、「ガンディー主義」を権力の側の思想としてのみ捉える見方では、たとえばＪＰの運動が、独裁的傾向を強めてゆく国民会議派政権を一九七〇年代に大衆の広い支持を受けて崩壊に導く経緯を十分に説明することができない。彼の運動は、先行するバーヴェーのそれとともに、「社会主義」を掲げた独立インドに旧ソヴィエトや中国とは明確に異なる「民主主義」国家の色彩を与えている。彼らによる運動はまた、環境保護運動のかたちで第二、第三世代のガンディー主義者に継承されており、そのことの重要性はなお論じる余地があると思われる。

そこで本章では、ガンディー死後の「ガンディー主義」が独立インドに展開した経緯を検討する。その際、「ガンディー主義」が今日まで連綿と受け継がれていることをふまえながらも、ここでは主として第一世代を構成するバーヴェーとＪＰによるサルヴォーダヤ運動に焦点を当ててこれを行なう。まず第一節では、ガンディー死後の「ガンディー主義」にたいするマルクス主義による批判的見解を紹介する。この見解の背景にある事情を吟味するために、第二節では、ネルー政権下の国家政策のなかに「ガンディー主義」が位置づけられる様子をみる。また第三節では、「ガンディー主義」が、民衆の支持を受けながらバーヴェーの指導によるブーダーン運動およびグラームダーン運動から、ＪＰらによる「全面革命」運動へと展開する経緯をたどる。さらに第四節では、「全面革命」運動が強権的インディラー・ガンディー政権を崩壊に導いた事実を確認したうえで、ＪＰ以降のサルヴォーダヤ運動がガンディー主義者による環境保護運動へと継承されてゆく様子をみる。最後に、ガンディー死後の「ガンディー主義」が、独立インドの不可欠の構成要素であったことを、マルクス主義者の見解に反してむしろ肯定的に評価しうることを論じて結びとする。

一　マルクス主義による批判

第六章で検討したように、E・M・S・ナンブーディリッパードゥは、マルクス主義の立場から、ガンディーの受託者制度理論を、大衆の革命的行動を阻止することによって「ブルジョアジーを大いに助ける」理論であるとみなしていた。彼は、ガンディー死後の「ガンディー主義」についてもまた、これをブルジョア思想と位置づけて批判している。このとき彼が第一に挙げるのは、バーヴェーによるブーダーン運動およびグラームダーン運動である。これらの運動が具体的に展開する過程は第三節に譲るが、それらは端的にいえば、みずからの土地を自発的に貧者に提供するように地主に求める運動であり、まさにガンディーの受託者制度理論のテーマを実践的に引き継ぐものであった。

ナンブーディリッパードゥは、バーヴェーが「各人はその能力に応じて出し、各人はその必要に応じて受け取る」という基本原則を運動の目標として示したことを、「どの社会主義者あるいは共産主義者の目標にも劣らず革命的なもの」と評価している。しかしその目標が、「労働者階級の指導下での勤労人民による長期の政治的闘争の過程」、「支配された多数派である非抑圧・非搾取階級の支配階級への転換」、「勤労人民の国家権力の樹立と、それを通じての階級的差別の撤廃」、「現実に『各人はその必要に応じて』という目標を実現しうるような社会の生産力の発展」などといった一連の方法によって実現されるものではないことが、マルクス主義とは異なるグラームダーン運動の特徴であると考える。しかし、ナンブーディリッパードゥの視点においては、「事実上、大地主は私的土地所有の廃止を求めるバーヴェーの呼びかけには応えない」のであり、「説得と、心を入れ変えることによって」社会経済改革を行なおうとするブーダーン運動およびグラームダーン運動は、インドの土地問題を根本的に解決するものではないと認識されるのである［Namboodiripad 1981: 126-27］。

バーヴェーの運動にたいするナンブーディリッパードゥの批判は、基本的に受託者制度理論にたいする批判と同質のものである。その趣旨は、「非暴力」の社会改革を掲げることによって、本来階級闘争によって解決されるべき社会の根本的矛盾を隠蔽し、結果として支配階級である資本家および地主を擁護しているという点にある。後にJPが、インディラー・ガンディー政権の「ラージ・シャクティ」（国家の権力）にたいして反旗を翻しバーヴェー派と袂を分かったとき、バーヴェーが「強権主義的インディラー会議派の長老司祭としてふる舞った」とみなされるのも、そのような文脈においてであろう［Namboodiripad 1981: 131］。

またナンブーディリッパードゥは、同時にJPについても「クリパラーニーとJPとは野党ジャナター党のゴッドファーザーとして行動した」と述べている。このときJPは、権力の側の人物として捉えられているのであり、この発言は、基本的にはバーヴェーにたいする批判と異なるところはない。

本来、ジャン・シャクティ〔人民の力〕と呼ばれていたものが、二つの形態のラージ・シャクティを援助支持するものへと変態したということは、ガンディー主義がブルジョア政治の理論と実践であるという、ここで示してきた見解をさらに確証するものである。［Namboodiripad 1981: 131］

内藤雅雄は、ナンブーディリッパードゥがこうした見解を示した『マハートマとガンディー主義』を、「一九二〇年代の民族運動の高まりのなかでガンディーの旗の下に参集しつつ、後にこれを離れてマルクス＝レーニン主義をその指針としていく活動家のガンディー論」として高く評価している。「書物にまとまったかたちでのガンディー論・ガンディー批判としてはこのEMSを越えるものは未だ見出せないようである」［内藤 一九六九b：三五］。

ところでナンブーディリッパードゥは、一九六九年の「ガンディー生誕百周年記念事業」にサルヴォーダヤ運動の関係者が多く関わった事実を、「ガンディー主義」が国家体制に組み込まれたとみる根拠のひとつにしている［Namboodiripad 1981: 129］。内藤もまた、一九六五年に開かれた同事業の第一回実行委員会に、多数の「ガンディー主義者」が参加していたことを示している。(4) この委員会の趣意書は、ガンディー博覧会やガンディー思想研究のためのゼミナールの組織などとともに、グラームダーン運動やカーディー（手織綿布）および村落諸産業を推進する諸プログラムの組織、ハリジャン（不可触民）その他社会的弱者への差別・偏見を廃止・克服するべきプログラムなどを掲げるものであった［内藤 一九六九a：六］。

この記念事業について内藤は、ナンブーディリッパードゥと同様「現在のインドが抱えている社会的・経済的諸問題が、ガンディー自身の方法にもとづくこれらの諸プログラムによって解決されるものなのかどうか」が問題だという。そのうえで、「ハリジャンの問題、その抗争・対立は……明瞭に階級対立という性格を帯びている」状況のなかで「ガンディー自身にみられたような無限定な社会『協調』論にもとづくプログラムを掲げることは、誤りというよりもひとつの大きな欺瞞と言わねばならないであろう」と主張する。そして、「ガンディー生誕百周年記念事業」のなかに「ガンディーの『幻想』を巧みに、意図的に描き出し、インド人民の真の要求をそらせてしまうという、体制側のイデオロギーの色濃い反映」をみいだしているのである［内藤　一九六九ａ：六―七］。

マルクス主義とは別の観点からＪＰの「全面革命」運動を詳細に検討した林明の研究も、「ガンディー主義」が国家体制に組み込まれたことを否定的に捉える以上のような視点をかならずしも批判するものではない。林は、「実際に運動に加わる中で自らに目覚め、自己を変革していった人々が多数生まれた」事実を評価している［林　一九九〇：五一二］。しかし同時に、「人間が変わらなければ根本的な問題は解決されないという発想が原理的には正しいとしても、その方法でインドの社会構造を短期間で目に見える形で変えることはできなかった」点では「ＪＰの運動は失敗である」と評価している［同前書］。

林はまた、ＪＰが「草の根の民主主義を実践していく中で『権力政治』を空洞化していく」ことも、また「自身が権力に関わり、人民に好意的な政府を作っていく」こともしなかった点に「ＪＰの持つひとつの限界」をみいだしている［林　一九九〇：五一二］(5)。このとき林は、いわば「近代」の権力政治におけるＪＰの役割を批評しているのであり、そこにはなお、マルクス主義者による「ガンディー主義」批判を乗り越える余地が残されているといえるだろう。

たしかにつぎにみるように、政治的闘争のかたちをとったＪＰの「全面革命」運動はもとより、非政治的な活動をめざしていたバーヴェーのブーダーン運動およびグラームダーン運動でさえもまた、政治権力と無関係には存在しえなかったといえるかもしれない。しかし、マルクス主義の見解においては、「ガンディー主義」に支えられたこれらの運動が、人々の支持を背景に国家権力にたいして少なからぬ影響力を保持しつつ、「近代」の権力政治への異議申し立ての役割を果たしたことがみすごされている。このことをみるために、次節では国家政策と「ガンディー主義」の関係を検討し、第三節以降でサルヴォーダヤ運動がたどった道のりをおうことにしよう。

二　国家政策における位置づけ

これまでみてきたように、マルクス主義者は、「ガンディー主義」を国家権力を支えるイデオロギーとみなしていた。そうした見方の背景にある事情を探るために、ここではインド独立後ネルー政権の国家政策に「ガンディー主義」がいかなるかたちで投影されていたかをみることにしよう。中村平治は、ネルー政権下の「社会主義型社会」の構想が、「本来的な意味での社会主義国家とは決定的に違っていた」という［中村 一九六六：一四五］。だが実は、ネルー政権の社会主義が本来の社会主義と異なっていた点にこそ、ガンディー思想の影響の跡を認める余地があるのである。ここではさしあたり、憲法、第一次五カ年計画、および国民会議派の一九五五年アーヴァディー大会決議を概観することによって、この点を確認したい。
第一に、一九五〇年に制定された憲法は、第四部「国家政策にかんする指導原則」のもと、第四〇条で「国家は、村落パンチャーヤトを組織して、それらに自治の単位として機能するための権力と権威を与えるための手段を講ずるべき」ことを、[6]第四三条で「国家は、農村部において個人または協同組合を基礎とする村落工業を推進するよう努力すべき」ことを定めている。村落パンチャーヤトは、ほかならぬガンディーが、民主主義を確立するために政治の基本単位として重視したものであったし、村落工業は、当然のことながらチャルカー（手紡ぎ車）やカーディーを含めた概念である。
また憲法第四六条は、「国家」が、「指定カースト」を含めた「弱小部門の人々の教育および経済上の利益にたいして特別の考慮を行ない、社会的不正やあらゆる搾取から彼らを保護するべき」ことを規定している。ビムラーオ・アンベードカルとの路線のちがいこそあれ、「不可触民」階層の利益を擁護しようとしたガンディーの精神はしっかりと憲法のなかに組み込まれているといってよい。[7]さらに、第五一条は、「国家は、国際的平和と安全を推進し、……国際紛争は調停による解決を促進するよう努めるべき」ことを定めており、ガンディーの平和主義に裏づけられたものとみることができる。[8]
第二に、一九五一年からはじまる第一次五カ年計画は、（一）最大限の生産、（二）完全雇用、（三）社会的・経済的公正という基本目標を掲げている。これらの目標のもとに、国家が、鉄鋼・機械・電力・運輸・通信などの基幹産業をできるだけ速やかに建設するとともに、繊維・砂糖・製紙・製油・精米などの消費財産業を協同組合の形式で分散化すべきことが求められている［Narayan 1960: 129-30］。また特定の種類の布地は、手紡ぎおよびカーディー部門に排他的に確保されること、食用油は、村落のガニ(9)に限定されるべきことなどが謳われている［ibid.］。さらに、高度に中央集権的な西欧の社会主義とは異なり、インドは、工業の分散化によってその社会的、経済的諸目標を平和的、民主的に実現しようとすること［ibid.: 131］、外国の市場や資金援助に過度に依存することは好ましくなく、「スワデーシー」の精神を工業政策にも浸透させるべきことなどが記されている［ibid.: 132］。

　この五カ年計画の特徴は、チャルカーおよびカーディーを中心とする村落家内工業を主張したガンディーの要素と、基本的には社会主義的大規模工業化を重視したネルーの要素とが混在している点にある。かつてネルーが、村落を遅れたものとみなし、村落家内工業の復活を軽視していたことを思うとき、この計画は、ガンディーおよび「ガンディー主義」にたいする大きな歩み寄りであるといえるだろう(10)。

　実際、ガンディーの時代にチャルカーおよび村落工業の推進に中心的役割を果たした諸機関は、ネルー政権下で整理統合され、それらの業務は、以後国家政策として引き継がれてゆく。すなわち、全インド紡ぎ工協会（All India Spinners' Association: AISA）と全インド村落工業協会（All India Village Industries Association: AIVIA）は、一九五三年に政府機関の一部としてカーディー・村落工業局（Khadi and Village Industries Board: KVIB）に再編成された。それはさらに、一九五七年にカーディー・村落工業委員会（Khadi and Village Industries Commission: KVIC）に発展的に解消されるのである［Bharde 1972: 7-8］。

　さて第三に、一九五五年の国民会議派アーヴァディー大会では、「社会主義型社会」にかんするつぎの決議が採択された。

計画は、会議派憲章第一条に記された会議派の目的を実現するために、また、憲法の「序文」や「国家政策にかんする指導原則」に謳われている諸目標をさらに前進させるために、主要な生産手段が社会的所有と管理のもとにおかれ、生産がしだいに加速され、国富が公平に分配されるような社会主義型社会を樹立するという観点からなされるべきである。［Narayan 1960: 125］

シュリーマン・ナーラーヤンの要約によると、この「社会主義型社会」は、「機会の平等と社会的、経済的、政治的公正にもとづいた社会経済秩序の樹立」を目的とし、「国家が、国民の最大の利益に照らして、主要な生産手段と社会の物質的資源を所有するか、もしくは有効に管理する」というものであった［ibid.: 127-28］。

しかし同時に、「社会的、経済的秩序の変革は、平和的、民主的方法によってもたらされなければならない」とされ、ここでは階級闘争による社会変革の方法は明確に否定されている［Narayan 1960: 128］。またそのような「社会主義型社会は、非常に大きな規模において村落パンチャーヤトの形態と小規模村落工業の組織に、経済的、政治的権力を大胆に分散化することを必要とする」［ibid.］とされ、ガンディー思想を大きく取り込んだ構想となっている。

このようにインドのめざす「社会主義型社会」とは、当初から旧ソヴィエトや中国のような「高度に中央集権化され、統制された社会」ではない。それは、「大規模生産にもとづく中央集権化された経済秩序は、必然的に暴力的諸勢力と階級闘争を引き起こす」［Narayan 1960: 129］という認識にもとづくものであった。だからこそ会議派は、少なくとも建前として「平和、民主主義、非暴力の方法に固執し」[ibid.]、つぎに示されるバーヴェーのブーダーン運動を「自発的に、かつ平和的手段で社会経済的革命をもたらすための道徳的運動」として歓迎するのである［ibid.: 134］。シュリーマン・ナーラーヤンは、「社会主義型社会を基礎づける七つの基本原則」のひとつとして「社会的、経済的公正」を挙げ、この運動を「インドだけでなく世界においていっそうの経済的平等をもたらすのに必要な雰囲気を作ることに目覚しい成功をおさめてきた」として高く評価している［ibid.: 136-37］。

このように「ガンディー主義」は、ネルー政権下の国家政策において確実に一定の位置を占めている。このことは、一九六九年にインド政府および国民会議派がガンディー生誕百周年記念事業を大々的に展開したこととも相まって、「ガンディーの『幻想』を巧みに、意図的に描き出し、インド人民の真の要求をそらせてしまうという、体制側のイデオロギーの色濃い反映」とみる見方の根拠とされうる点でもあるだろう。しかしここで私たちは、なぜ体制側が、かようなまでに「ガンディー主義」を取り込みつつ国家建設を行なわねばならなかったのかを考えなければならない。

国家の側には、いうまでもなくガンディー自身のカリスマ性に寄りかかり、政治的権力を掌握するために「ガンディー主義」を利用したいわば擬似的「ガンディー主義者」も多数含まれていたことだろう。しかし同時に、バーヴェーやJPのように、ガンディーの思想に忠実にしたがい、無私の精神で社会改革を志した真正の「ガンディー主義者」の存在が重要な意味をもつ。彼らのサルヴォーダヤ運動は、階級闘争にかかわる社会改革の方法として人々から強く支持され、国家権力の側もその勢いと妥当性を無視しえなかったのである。私たちは、サルヴォーダヤ運動が、後にバーヴェー派とJP派に分裂しながらも、これを利用しようとしていたほかならぬ会議派政権を崩壊に導く経緯をみることになる。このときそれが、けっして「ブルジョア政治の理論と実践」というマルクス主義の見方では十分に説明できないことが理解されるのである。

三　サルヴォーダヤ運動の展開

サルヴォーダヤ運動は、ガンディー死後の「ガンディー主義」を象徴するものとして独立インドに展開した。ここでは、主としてバーヴェーによるブーダーン運動・グラームダーン運動とJPによる「全面革命」運動に分けて、この運動の展開をたどることにしよう。

バーヴェーによるブーダーン運動およびグラームダーン運動

バーヴェーは、サンニャースィー（修行者）になるべくバナーラスでサンスクリットを学ぶ学生であったが、一九一六年にガンディーと出会い、その活動に参加することになる。バーヴェーは、ガンディーがみずからの生活において「革命」と「精神性」を統合しようとしていることに感銘を受けている。「私を、カルマヨーガ〔見返りを求めない行為〕の思想に最初に導いてくれたのは、バープー〔ガンディー〕です」[Mehta 1995: 3](11)。

ガンディー暗殺後の一九四八年三月、「ガンディー主義」の路線にあった政治指導者や建設的プログラムの活動家は、ワルダー近郊のセーヴァーグラーム・アーシュラムで会議を開いた。このときバーヴエーは、スワラージ（独立・自治）を獲得したいま、「ガンディー主義者」の新しい目標は「サルヴォーダヤ（すべての人の幸福）に捧げられる社会」にあるべきだと述べたといわれる［Shepard 1987: 13］。まもなく、ガンディーが設立した建設的プログラム関係のいくつかの機関が、すべての人への奉仕協会（Sarva Seva Sangh）に統合され、それがサルヴォーダヤ運動の推進母体となってゆく［ibid.: 14］。それはまさに、ガンディーが暗殺の前日に思い描いた国民奉仕者協会（Lok Sevak Sangh）の構想を国民会議派にかわって実行するための機関であったと考えてよい。

このころ旧ハイデラーバード藩王国のテーランガーナー地区では、共産党の指導下に地主による土地の独占を打破することを目的として農民の反乱が起こっていた。地主の土地を暴力的に奪取する共産党方式にたいする代替策として生まれたのが、ブーダーン運動である。バーヴェーは、この地区の二〇〇の村落を行脚しながら地主にたいして自発的に土地を提供するように呼びかけた。バーヴェーの呼びかけに人々が最初に応え、運動が名実ともに開始されたのは、一九五一年四月一八日のことである［Bhave 1953: v］。

ヴィノーバー・バーヴェー（1978年）
［Photo by Mark Shepard］

バーヴェーは、当初インドの土地なし農に土地を与えるには全国の農地の五分の一が必要になると試算し、地主にたいして「私をもうひとりの〔五番目の〕跡継ぎとみなし、貧者の利益に供される私の取り分を与えるように」求めた［Bhave 1953: 7-8］。この割合は後に六分の一に改められるが［ibid.: 15］、いずれにせよバーヴェーの考えは、ガンディーの受託者制度理論をそのまま引き継ぐものであったといってよい。「バープーは、富者たちに人々のための受託者となるように求めた。いまこそ彼らが、彼の助言にしたがって行動すべきときである」［ibid.: 80］。

ヴィシュワナート・タンダンによれば、バーヴェーらは、まずテーランガーナーで五〇日間に一万二〇〇〇エーカーの土地を確保し、後にワルダーからデリーまでの地域で一日平均三〇〇エーカーのペースで集めたという。この当初の勢いは、バーヴェー以下「ガンディー主義」の活動家に大きな自信を与えた。バーヴェーは、一九五一年のガンディーの誕生日に、一九五七年までに土地なし農のために五〇〇〇万エーカーを集めることを目標として掲げた。活動家たちは、これにしたがってウッタル・プラデーシュその他の州で土地の寄進を求めることになった［Tandon 1984: 59］。

マーク・シェパードの説明によると、地主がみずからの土地を提供したのは、つぎの三つの理由によ る。すなわち第一に、共産主義を恐れていたからであり、第二に、土地の寄進によって「精神的メリット」を得ようとしていたか、あるいは少なくとも自身の威信を高めようとしていたからであり、また第三に、少数ながらバーヴェーのメッセージに真に共感したからであった［Shepard 1987: 16］。

テーランガーナーで一定の成功を収めたバーヴェーは、このブーダーン運動の正当性をつぎのように主張した。つまりこの運動は、「インドの文化的伝統にあったものであ」り、「経済的、社会的革命の種を内に秘めたものであ」り、そして最後に「世界に平和を確立する助けとなりうる」というのである［Bhave 1953: viii］。それは、暴力的革命を阻止することをめざしていたが、同時に非暴力的革命を引き起こすことによって、既存の社会的、経済的秩序を変革しようとするものであった。

不平等や紛争、対立などにもとづく現在の社会秩序が、平等や相互協力にもとづくそれにとって代わらなければ、人類に救済はありえない。［ibid.: 19］

私は、暴力革命を阻止し、非暴力的革命を起こそうと思う。［ibid.: 20］

バーヴェーの社会改革の方法は、もとよりマルクス主義的近代主義の路線に反するものであったが、他方でポスト近代主義などとも関連する資本主義の方法とも異なるものであった。「人々は、ロシア革命について語る。アメリカはまた別のタイプの革命の例を示している。私は、どちらのタイプの革命もインドの精神には合わないものと考えている」［Bhave 1953: 16］。その証拠にバーヴェーは、左右両側から攻撃されるのである。すなわち、一方では「非暴力」を説くことで「富者、すなわち地主の使いである」という批判を受けながら、他方では人々の土地所有権を放棄するよう説きつつも、土地の再分配ができなかった場合「共産主義者たちのために地ならしをすることになるだろう」と非難されるのである［ibid.: 28-29］。

バーヴェーは、権力を「むき出しの暴力的権力」、「国家の権力」、「民衆の権力」の三つに分け、「むき出しの暴力的権力」と「民衆の権力」を両極端においている［Bhave 1953: 86］。「国家の権力」は、民衆から委任を受けている点で「むき出しの暴力的権力」より相対的に望ましいが、その「国家の権力」さえ行使する必要のないような条件を作り出すことがバーヴェーの目標であった［ibid.］。したがって、ガンディーの思い描いた受託者制度の「法制化[12]」は、ここでもまたあくまでも最終手段として想定されるものである。「私たちは、法制化に頼ることなく人々のあいだに心の変化をもたらし、彼らが法制化を待たずとも自発的に土地を分配できるようにすることが必要である」[ibid.: 89]。

タンダンは、一九七五年の統計にもとづき、ブーダーン運動の成果として、集められた土地が四一九万四二七〇エーカーであったことを示している。この数値は、一九五七年までの目標とされた五〇〇〇万エーカーの一〇分の一に満たない。この四〇〇万余エーカーのうち、一二八万五七三八エーカーが実際に再配分されたが、一八五万七三九八エーカーは分配には不適切な土地〔=不可耕地〕であって、残りの一〇五万一一三四エーカーについては取り消しの対象となったと推察されている[Tandon 1984: 62]。ブーダーン運動は、このように寄進された土地の多くが耕作には不適切な場所であったことや、豊かな土地所有者がしばしば契約を取り消したことなどによって、一九五七年の後に退潮してゆく[ibid.: 59]。

ところで、ブーダーン運動のさなかの一九五二年、ウッタル・プラデーシュ州のマングロート村ではほとんど村全体が寄進され、ここにグラームダーン運動が始まることになる[Shepard 1987: 20]。バーヴェーは、ブーダーン運動における所有地の六分の一の供出ではしだいに満足できなくなり、村落全体を提供することを求めるようになったのである。

グラームダーン運動の重要項目は、第一に、すべての土地を村落共同体の共有財産とすること、第二に、協同耕作を行ない、生産物を公平に分配すること、第三に、村落の人々の共通の利益になるように家内工業その他の生計手段を組織することなどであった。これら三点は、この運動が、少なくとも当初はブーダーン運動よりも地主にたいしていっそう踏み込んだ要求を掲げたことを示している。ナンブーディリッパードゥが、非暴力的手段によって社会改革を行なおうとするこれらの運動をマルクス主義の立場から批判しながらも、「バーヴェーが人民の前に示した目標は、どの社会主義者あるいは共産主義者の目標にも劣らず革命的なもの」と評価する理由もまさにこの点にある［Namboodiripad 1981: 126］。

グラームダーン運動のもとで提供された村落の数は、一九七五年の統計では一六万八〇五八村落にのぼり［Tandon 1984: 63］、これはインド五〇万村落の三分の一に相当する。しかし、その多くはもとより実体をともなうものではなかった。たとえばモデル・ケースとされたビハール州では、州全体が「寄進」されたことになっているが、林はこれについて地主＝小作人関係はほとんど不変で「茶番でしかなかった」と述べている［林 一九九〇：四〇‐四一］。

結局グラームダーン運動もまた、七一年には事実上失速するが、ブーダーン運動以来のサルヴォーダヤ運動が限定的ながら一定の成果を挙げていたことは認められてよいだろう。シェパードは、第一に、ブーダーン運動によって実質的に分配された約一三〇万エーカーは、インド政府が達成した土地改革の規模よりもはるかに大きかったこと、第二に、グラームダーン運動においても、少なくとも五〇の地区においては、サルヴォーダヤの活動家が長期に住み込み、ガンディー主義的社会建設を実際に試みたことなどを挙げている［Shepard 1987: 23］。また、とりわけ運動の初期の勢いはすさまじく、会議派政権もこの運動との連携を国家政策の一環として位置づけざるをえなかったことは、先にみたとおりである。もっとも、ブーダーン運動およびグラームダーン運動が、志半ばにしてかつての勢いを失ったことは事実であり、ここにサルヴォーダヤ運動の新しい形態としてＪＰによる「全面革命」運動が開始される契機が存在するのである。

ＪＰによる「全面革命」運動

セバスティー・ラージによれば、学生は学校を放棄するようにというガンディーの呼びかけに応じて、ＪＰは一九二二年にパトナー大学を退学する。しかしその後、合衆国ウィスコンシン大学で勉学を再開するとマルクス主義に傾倒し、ローイの著作などから影響を受けて、それまでのガンディー主義的方法にたいする好意的態度を一変させた。一九三四年に結成された会議派社会党においては、理論的スポークスマンとしてマルクス主義的社会主義を展開した［Raj 1986: 3-5］。

ところがＪＰは、一九四〇年代にはいると、旧ソヴィエトがインド共産党を通じてインドの諸事情に介入しようとしたことを嫌悪するなどして、マルクス主義への信頼を失ってゆく。コミュナリズムが激化するなかで一九四八年にガンディーの暗殺を目の当たりにすると、社会改革の方法論に暴力性のともなうマルクス主義に疑問をいだいて「ガンディー主義」に回帰してゆく。彼は、バーヴェーが一九五一年に始めたブーダーン運動にも共鳴し、まもなくこれに参加してゆくのである［Raj 1986: 6］。

ＪＰは、一九四八年三月に会議派から独立して組織された社会党をしばらく指導し、インド政界において大きな影響力を保持していた。しかし、しだいに政党政治にたいする興味を失い、一九五四年にはついに政治をやめてブーダーン運動に全面的に身を投ずることを宣言する［Raj 1986: 10］。もっとも、ブーダーン運動が下火になり、まもなくグラームダーン運動も形骸化してゆくと、サルヴォーダヤ運動第二の地位にあったＪＰは、土地なし農がみずからを組織し非暴力的に地主の土地を占拠することを支持するようになる［Shepard 1987: 27］。こうしたやり方は、地主にたいして相対的に穏健なバーヴェーのそれとは明確に異なるものであったが、ＪＰは社会経済改革の新たな方法を模索することによってサルヴォーダヤ運動を建て直そうとしていたのであった。

ところで、一九六六年にインディラー・ガンディーが政権に就くと、まもなくその独裁的傾向が顕著になってゆく。ここに、ひとたびは社会経済建設に専念することを宣言したJPは、国民会議派にたいするもっとも手厳しい批判者のひとりとしてふたたび政治の世界に影響力をもちはじめる。インディラー・ガンディーは、一九七一年の国内治安維持法、一九七二年の不正選挙疑惑にくわえて、一九七三年に最高裁長官として反政府的立場の有資格者を差しおいて親政府的判事を任命するなど一連の失政を重ねた。石油ショックによる国民の経済生活への打撃なども相まって、ここに同政権に反対する大衆運動を発生せしめる背景が整った［中村 一九七七：二六七－七〇］。

こうした状況のなかでJPは、一九七三年一二月に学生たちにつぎのように呼びかけて、「平和的で非党派的な」行動を起こすように喚起する。「若者たちは、このように民主主義がその誕生のときから絞殺されるのをただ傍観しつづけるのだろうか。……いまこそここに行動すべきである」［Narayan 1978, v. 4: 44-45］。学生運動は、グジャラートでは同月すでに開始されていたが、それがビハールに飛び火したのは、一九七四年三月であった［Raj 1986: 34-40］。

ビハール学生闘争委員会（Bihar Chatra Sangharsh Samiti: BCSS）が州政府にたいして掲げた要求項目は、物価の引き下げ、必需品の供給確保、安価な教科書や問題集の供給、学費の引き下げ、宿泊施設の改善、食事の改善、大学行政への学生の参加、民族教育、汚職の根絶、高学歴失業者への仕事の供給、不当利得者・闇取引業者への対応などであった［Raj 1986: 40］。JPは、学生の蜂起が「たしかに憲法には反するが、民主主義に反するものではない」としつつ、つぎのように述べてこれを後押しした。

パトナー・ガンディー広場で「全面革命」を訴える JP

「憲法に則った方法や既存の民主主義制度が、人々の意思に応えることができず、人々がうめき苦しんできた諸問題を解決することができないときに、人々は何をすべきだというのか」[Narayan 1978, v. 4: 67]。

四月一二日にガヤーでは、警察がサッティヤーグラハ運動家たちに発砲し、数名の死者を出す事件が起きる。このときまでにJPは、ビハール州政府の総辞職と州議会の解散を必要と考えるようになっていたといわれる。六月四日にインディラー・ガンディーは、ヤシュパール・カープルをみずからの特使として遣わし、JPとの調停の可能性を探ったが、交渉は不調に終わる。翌五日にはいよいよ、大規模の集会が、予定通りパトナーで行なわれる。JPは、一〇〇〇万人の署名を携えて州議会の解散をビハール州知事に迫るとともに、演説のなかで「全面革命」(Total Revolution)の開始を人々に呼びかけることになるのである[Raj 1986: 42-43]。

「全面革命」運動は、それまでのサルヴォーダヤ運動の精神を引き継いで、人間変革を通じて社会全体を変革しようとするものであった。ところが、バーヴェーの運動が地主や国家との対立を避けていたのとは対照的に、政府にたいするJPの抵抗の姿勢は鮮明であった。JPは、「ビハール議会の解散や内閣の辞職それ自体は、汚職やインフレ、失業といった問題を解決しないだろう」というバーヴェーの批判的見解に首肯しつつも、「もしもヴィノーバー氏が、諸状況を分かっていれば、……彼はこれらの要求の正当性を理解されたことだろう」と述べている[Narayan 1978, v. 4: 71]。

「全面革命」運動における反政府運動の方法は、たとえば、デモ隊が地面に横になり、議員がピケの線を越えるのを阻止するというようなものであった。いくつかの例外はあったが、それは、基本的に「非暴力」を厳格に堅持しようと意図したものであった。(13) ビハール州のほぼ全域にわたって、学生たちは教室をボイコットし、大学が閉鎖されるという事態が生じた[Raj 1986: 43]。ゴーシュによると、六月七日から七月一二日までに三四〇〇人ほどのサッティヤーグラハ運動家が逮捕されたという[Ghose 1978: 73]。

一〇月六日にJPは、インディラー・ガンディーがビハール州議会の解散と州政府の総辞職を指示しないならば、「彼女は、インドのような偉大な国家において民主的行政の最高位に居座りつづける資格はない」と述べた[Raj 1986: 45-46]。一一月のパトナーでのデモには、当局の厳しい規制にもかかわらず、市外からも多くの人々が運動にくわわった。このとき集まった群衆の数は、二万とも四万ともいわれる。JP率いるデモ隊は、警察の催涙ガスによる攻撃に怯むことなく行進をつづけたが、インディラー・ガンディーに背後で指揮されているビハール州政府が、JPらの要求を呑むはずはもとよりなかった［Shepard 1987: 31-33］。

ところでJPは、一二月に「全面革命」をつぎのように定義している。すなわち、ビハールの闘争は「社会、経済、政治、文化、教育の面で根本的変化をもたらすためのもの」であり、「革命的変化の継続的プロセス」であることから、JPはこれを「全面革命のための闘争」と呼ぶ［Narayan 1978, v. 4: 110-11］。そしてこの闘争の「社会経済的目的」(14)を、「ガンディー主義の枠組み」においている。それは、農業の発展、公平な土地所有、農業への適正技術の応用、小規模家内工業の発展、政治および行政の分散化、エリート主義的特徴をもつ教育の抜本的改革、ヒンドゥー社会の階級的カースト構造の除去、経済的階級構造の除去などを主眼とするものである［ibid.: 113］。

JPは、一九七五年一月二六日の共和国記念日を前にして、「現政府がもはや国民の意思を代表していないということが明確に示されてきた」と公言した［Narayan 1978, v. 4: 118］。JP率いる運動は、野党連合や「ガンディー主義」の活動家たちに支えられて、全国規模に広げられていった。彼は、三月にニュー・デリーにて議会への大行進を挙行し、上下両院議長に諸要求を記した宣言を提出した。その宣言は、つぎのようにいう。

> われわれは、……全国の人々の切なる思いを表わしたビハールの人々の闘争にたいして連帯を表明する。……われわれは、ガンディー主義の枠組みにおいて、新しい秩序の社会的・経済的平等、真の民主主義、道徳的諸価値を実現するための社会的『全面革命』の遂行を誓う。［Raj 1986: 47］

このときＪＰは、まぎれもなく無私の汚れなき民族主義的指導者として、またマハートマ・ガンディーの後継者として「ロークナーヤク」（人民の指導者）の称号で呼ばれ、インディラー・ガンディーと対峙したのである［Shepard 1987: 33］。

一九七五年六月には、グジャラート州選挙でジャナター・モールチャー、すなわち人民戦線側が、インディラー・ガンディーの国民会議派に勝利した。他方アラーハーバード高等裁判所が、インディラーに不正選挙の罪で有罪判決を下している。ＪＰは、六月二五日にニュー・デリーで行なわれた集会で、ガンディー政権打倒のための国民決起を呼びかけた。これにたいしてインディラーは、翌日非常事態宣言を発令すると同時に、ＪＰ以下運動指導者を逮捕、ここに「全面革命」運動が終結することとなる［中村　一九七七：二七八－七九］(15)。

四　サルヴォーダヤ運動の分裂と継承

ＪＰの動きは、バーヴェーらの望まざるところであった。バーヴェーは、すでに一九五二年の段階で、複数政党が民主主義の発展に必要であるという考えを認めつつも、基本的には「これらの〔新たな〕政党もまた選挙戦に突入するならば、同じように汚職を行なう」とみていたのである［Bhave 1953: 37］。

これにたいしてＪＰは、一九七四年一二月に、「全面革命」運動の目的は「内的および外的な変化、すなわち……個人と制度から社会全体の枠組みを変えようとすること」にあるのであって、バーヴェーもかつて「全面革命」という言葉を用いて「同じことを意味していた」と述べている［Narayan 1978, v. 4: 115］。このとき彼は、「全面革命」運動の源をバーヴェーに求めることによってサルヴォーダヤ運動の分裂を阻止したかったにちがいない。

しかし、バーヴェーとその側近にとって、「非暴力」とはいえ権力にたいして敵対的精神を露にしたJPの運動は、政党政治の渦中にすべての人への奉仕協会を引き入れることを意味した。それは、協会の「非党派的」基盤を脅かすものであり、受け入れることはできなかった。一九七五年三月には、バーヴェー以下メンバーの七分の一がついに協会を離脱することになった［Shepard 1987: 35］。

JPは、全政党および学生組織にたいして、「運動への参加は、非党派的精神においてなされるべきであり、何人も政党政治の目的のために運動を『掌握』ないしは利用しようとしてはならない」と明言していた［Narayan 1978, v. 4: 59］。運動を支持した諸政党は、こうしたJPの訴えを表向きは尊重したが、しかし実際には、巧妙に政党政治の目的のために動いていた。とりわけヒンドゥー原理主義を掲げ、「全面革命」運動に便乗しながら政治的権力を着実に手にしていったインド大衆連盟（Bharatya Janata Sangh: BJS）の動きは顕著であった。セバスティー・ラージによると、JPがそうした政党の動きを承知しつつも、なお政党の支持を拒否しなかった理由のひとつは、政党自身もまた運動への参加を通じて根本的変化を遂げるであろうと期待していたことにあった［Raj 1986: 53］。

また、パティールとローカープルのように、JPの運動の「失敗」の原因を、彼が「公権力の座につくことを目的としなかった」点にみいだす論者もある［Patil and Lokapur 1989: 89］。だが、そもそも政治的権力を奪取することが「全面革命」の目的ではなかった。「全面革命」運動が、制度とともに同時に個人からの社会変革というベクトルをもつことを考えると、その究極的目標は、「国家の権力」さえ行使する必要のない条件を作り出そうとしたバーヴェーのそれにかぎりなく近づく。政党と連携したJPの手法は、あくまでも目的のための手段であったことが理解されうるのである。

バーヴェー派がJP派と袂を分かったことは、ヨハン・ガルトゥングが説明するような、「ガンディー主義」の相互に関連しあうふたつの構成要素を念頭におくと理解しやすい。つまりガルトゥングは、ガンディーの思想と実践のうち、「サルヴォーダヤ」（よい社会）を〔インド社会が〕到達すべき目標、「サッティヤーグラハ」（非暴力的闘争形態）をそれにいたるプロセスと位置づけて、バーヴェーは前者に、JPは後者に力点を置いていたと分析している［Galtung 1992: viii-ix］。ナンブーディリッパードゥの目に、「バーヴェーが強権主義的インディラー会議派の長老司祭としてふる舞った」と映ったことは、政治的活動から距離をおくことをただちに「体制擁護」とみなす視点においては自然なことかもしれない。しかし、ガルトゥングの視点にたつとき、JPの手法に反対したバーヴェーの真意は、あくまでも社会経済改革に専念することであって、かならずしも独裁政権を擁護することではなかったことが理解されるだろう。

ところでインディラー・ガンディーは、みずからの強権政治にたいする国際世論の手厳しい批判を受けて、一九七七年一月に政治囚を釈放し、言論統制を一部解除、二カ月後に選挙を行なうことを発表した。野党会議派、ジャン・サング、インド人民党（インド大衆連盟の発展型）、社会党の四党は、JPの働きかけも受けて統一し、ジャナター党を結成した。JPは、精力的に全国を遊説し、この選挙が「民主主義か独裁か」を選ぶ選挙であることを訴えた。その結果三月の投票で会議派は、独立以来はじめて全面的に敗北、民主会議派の合流も受けて過半数を占めたジャナター党に政権を譲ることとなった［中村　一九七七：二八九－九三］。インディラー・ガンディーの独裁政治はついに幕を閉じ、ここにインドはかろうじて民主主義を堅持したのである。

ところが、誕生したジャナター党政権も、ヒンドゥー原理主義を信奉するインド人民党と、これを警戒する他政党とのあいだで不協和音を奏で、ほどなくして崩壊してゆく。この政権は、「ガンディー主義」を約束しながら権力闘争や内輪もめに明け暮れることによって会議派の轍を踏んだ。それは、「全面革命」を実態あるものにしようとしたJPの当初の期待を裏切る顛末をたどるのである。(16)

インディラー・ガンディー率いる国民会議派は、一九八〇年に政権に返り咲くと、原子力発電の開発を中心とする近代化路線を強力に推し進める。その後、母インディラーの政権を引き継いだラジーヴ・ガンディーは、八〇年代後半に自由化路線に大きく舵を切って、それまでの大規模開発・経済成長の目標をいっそう明確に追求してゆくことになる。ジャナター党内部で勢力を増してきたインド人民党は、一九九六年に政権を奪取すると、その翌年に地下核実験を強行するなど、国政レベルにおいては「ガンディー主義」の非暴力思想とはおよそかけ離れた政策を実施してゆく。

しかし市民運動のレベルにおいては、バーヴェーやJPなどガンディー主義者第一世代の活動と理念が、主として環境保護運動のかたちで第二世代、第三世代へと受け継がれてゆく。石坂晋哉によれば、第二世代を代表するスンダルラール・バフグナーとシャンカルリンガム・ジャガンナータンは、いずれもバーヴェーのブーダーン運動に参加した活動家である。その後バフグナーは、北インドにおいてチプコー運動やテーリー・ダム反対運動を、またジャガンナータンは、南インドにおいてエビ養殖反対運動などを指導した［石坂 二〇一一：四九－五二］。

チプコー運動は、一九七三年にウッタラーカンド地方において、村人たちが樹に抱きついて森林伐採に反対するというものである。また、一九七八年に開始されたテーリー・ダム反対運動は、一九九〇年代に入ってアグロフォーレストリーを内実とする「ヒマーラヤを救え運動」へと発展した。他方、南インドのエビ養殖は、マングローブ林の消失などの環境破壊や住民の健康被害を引き起こすもので、ジャガンナータンらは、訴訟のほかデモ集会や断食などを手段としてこれにたいする反対運動を展開した［石坂 二〇一一：四九－五一］。

また、ナーラーヤン・デーサーイーは一九八〇年代以降の原発反対運動や有機農業運動に、バーバー・アムテーは一九九〇年代以降のナルマダー・ダム反対運動に深く関わることにより、いずれもガンディー主義者第二世代を構成している［石坂 二〇一一：五一－五二］。さらに、バフグナーの弟子であるパーンドゥラング・ヘーグデーは、第三世代として南インドで環境問題に取り組む活動家として知られている［同前書：一三七－三九］。

ガンディー主義者第三世代には、もうひとりの重要人物としてヴァンダナ・シヴァがいる。彼女は、ガンディー思想に深く共鳴しながらチプコー運動やテーリー・ダム反対運動にも関与しており、現代インドのエコロジー運動を代表する活動家である(17)。また第二章で紹介したとおり、生物多様性の喪失を危惧し、簡素な技術によって人間社会を持続可能なものにしようと考える生態学者でもある。

ガンディー主義者第一世代は前述したように分裂したが、石坂によれば、第二世代はそれぞれの活動を比較的ローカルな規模に縮小させつつも、ガンディー主義者どうしの横のつながりを強固にし、さらにそのつながりのネットワークをグローバル社会に向けて積極的に開いているという［石坂 二〇〇八：八三］。ガンディー死後の「ガンディー主義」は、第一世代から第三主義にいたる過程で運動の分裂や多様化をともないながらも、環境破壊的傾向をもつ大規模開発に抵抗し、生態系のなかで人間の生存を確保してゆく方向に傾倒していったといってよい。それらの運動は、マルクス主義に代表される近代主義とも、資本主義と親和的なポスト近代主義とも異なって、コンヴィヴィアルな身の丈の経済を標榜してきたと理解されるのである。

バーヴェーのブーダーン運動およびグラームダーン運動、ならびにJPの「全面革命」運動に代表されるガンディー主義者第一世代の諸活動は、マルクス主義者によって「ブルジョア政治の理論と実践」とみなされてきた。しかし、こうした見方では、それらが国家権力にたいして少なからぬ影響力を保持してきたこと、とりわけJPの運動が、国民会議派の強権政治にたいする民主主義勢力からの一定の歯止めの役割を果たしたことが理解されない。

また、ジャナター党内部の権力闘争と政権崩壊については、ほかならぬガンディー自身が生前に危惧していたように、一定の政治力をともなった理想主義がえてしてたどる道を暗示しているともいえるだろう。しかし私たちは、後に排他的な民族主義を掲げるインド人民党までもが「ガンディー主義」を掲げるのをみるとき(18)、真正の「ガンディー主義」と擬似的なそれをいっそう注意深く峻別する必要がある。そうすることによってはじめて、バーヴェーやJPらによって代表される前者が、現実の政治、経済の両面で多大な制約を受けながらも、独立インドに一定の足跡を残したことが理解できるのである。

バーヴェーとJPは、互いに袂を分かったが、それぞれの手法において国家権力と一定の距離を保ちながらつねに民衆の利害を代弁していた。このため彼らの運動は、「社会主義」を掲げた独立インドに旧ソヴィエトや中国とは異なる「民主主義」国家の色彩を与えている。彼らの活動や理念を引き継いだ第二、第三世代のガンディー主義者たちは、いずれも環境と調和した人間社会を構築しようとつとめている。その意味で、ガンディー死後の「ガンディー主義」は、独立インドの不可欠の構成要素としてその独自性を表現してきたとみることができる。このとき私たちは、それが、近代主義やポスト近代主義の名のもとに展開してきた資本主義や社会主義とは一線を画して、身の丈の経済において人間と人間の、あるいは人間と自然のあいだのコンヴィヴィアルな関係性を構築しようとしてきたことを、なお前向きに評価する余地を残しているはずである。

第八章　ガンディー思想と経済学

エルンスト・F・シューマッハーは、二〇世紀後半にガンディー思想を経済学の議論に導入し、「スモール・イズ・ビューティフル」の思想を打ち立てた。インドにおいては、すでにJ・C・クマラッパなどが、全インド村落工業協会（AIVIA）を通じてガンディー主義的経済学を実践していたが、シューマッハーは、その影響のおよぶ範囲を世界に広げてゆく役割を果たした(1)。彼の思想は、その後「もうひとつの経済サミット」（The Other Economic Summit: TOES）や脱開発論者、あるいはスリランカのサルヴォーダヤ運動やタイの仏教開発思想に重要な影響を与えている。ガンディーに源をもつこれらの思想の流れは、近代化論を基底におく主流派の開発思想とは一線を画し、経済のグローバル化とともに生態系の存続がいっそう脅かされる二一世紀においてもなおその輝きを失っていない。

こうしたガンディー主義的経済学は、近代主義の観点から経済発展の文脈においてグローバルな貧困の解消を図ろうとするアマルティア・K・センの姿勢とは基本的に異なる方向を向いている。ただし、センの提示した「ケイパビリティ」や「共感」、「コミットメント」といった概念は、コンヴィヴィアルな社会をめざすガンディー思想を説明できる側面を部分的にはもっている。このため、ガンディーとセンの思想的相違を念頭に置きつつも、ガンディー主義的経済学がもつ現代的意義をセンの諸概念との関連で検討する余地は残されている。

そこでまず第一節では、シューマッハーがみずからの研究歴においてガンディー思想に関心を寄せてゆく経緯を略述し、第二節では、彼の「スモール・イズ・ビューティフル」の思想をガンディー思想の影響の跡をたどりながら概観する。第三節では、ガンディー主義的開発の実践的事例として、シューマッハーの考案した中間技術（後の適正技術）のグローバルな普及活動を検討する。第四節では、ガンディー主義的経済学の系譜をたどり、その意義をセンの「ケイパビリティ」や「共感」、あるいは「コミットメント」などの概念を用いて考えたい。最後に、ガンディー思想がコンヴィヴィアルな身の丈の経済をめざすことによって、二一世紀における経済学の方向づけに関与しうる可能性を論じて結びとする。

一　シューマッハーとガンディー思想

はじめに、シューマッハーがガンディー思想に傾倒してゆく経緯を、娘のバーバラ・ウッドが綴った彼の伝記［Wood 1985］にもとづいてたどることとする。シューマッハーは、ドイツの高名な経済学者の息子として一九一一年にボンで生まれた［Wood 1985: 1］。みずからもまたジョン・メイナード・ケインズの「国際生産同盟」の構想に一定の影響を与えるなどして、その高い評価を受けた経済学者であった［ibid.: 132-35］。

しかし、一九五五年にビルマ政府の招請により経済顧問としてビルマに赴任するのをきっかけに、すでに関心を寄せていたガンディー思想や仏教思想を本格的に自身の経済思想に取り込むようになる。すでにこの頃シューマッハーは、「仏教の経済学」なる考えを提唱し、石油・石炭・金属などの「再生不能」資源に依拠した文明には限界があること、それよりも林業や農業の生産物のような「再生可能」資源に頼る文明の方がすぐれていることを示している［Wood 1985: 243-48］。

実際シューマッハーは、ガンディー思想の意味をいち早く理解した経済学者であった。だがその考えは、同じ頃W・W・ロストウによる「離陸」理論やダニエル・ベルによる「ポスト産業社会」論などが開花した状況にあっては、とりたてて顧みられるはずもなかった。ちなみにローマ・クラブの『成長の限界』が、天然資源の急速な枯渇によって経済成長がまもなく限界を迎えることを示したのは、この「仏教の経済学」よりもはるか後の一九七二年のことである。

エルンスト・F. シューマッハー

他方シューマッハーは、一九五八年にインドのジャヤプラカーシュ・ナーラーヤン（JP）に出会っている。また一九五九年には、ブーダーン運動支援のために設立された団体「イギリス・ブーダーン」などを通じて、ガンディー思想に則った実践活動にも深い興味をいだいていた。この年にJPは、シューマッハーの「仏教国の経済学」を「解脱の法を求めて」と題してインドで刊行した。さらに一九六二年には、シューマッハー自身が、インドの経済計画担当者たちに後述するような中間技術論などを説いた。こうしてシューマッハーは、「インド人に向かってガンディーを解説できる人物」とみなされるようになったという［Wood 1985: 314-22］。JPとシューマッハーは、そうした技術を推進するための機関として一九七六年にインドのラクナウに適正技術開発協会（The Appropriate Technology Development Association: ATDA）を設立している［里深　一九八一：六二］。

ピーター・ギリンガムは、シューマッハーが「歴史がガンディーを評価するのは、宗教や政治の指導者としてだけではなく、同時に開発エコノミストとしてでもあろう」としばしば述べていたことを記している［Gillingham 1980: 203］。またウッドによれば、シューマッハーは、ガンディーを「精神性と矛盾しない経済学の体系は存在していないのに、精神性に立脚した経済学を実践している経済学者」とみていた。さらに「ガンディーはヒンドゥー教、そして私見では仏教とも両立できる経済学の体系の土台を築いた」と考えていたという［Wood 1985: 247］。「彼〔シューマッハー〕の知る最高の教師はガンディーだった」［ibid.: 292］。したがって、シューマッハーがみずからに課した課題は、「精神性と矛盾しない経済学の体系」をガンディーの築いた「土台」の上に探求することだったと考えてよいだろう。

この課題に取り組むためにシューマッハーは、石油危機まっただなかの一九七三年に、『スモール・イズ・ビューティフル』を世に問うのである。同書は、日本語版訳者の斎藤志郎の言葉を借りれば「西欧近代思想の根幹である『巨大主義』と『物質主義』への全面的挑戦」の書である。「脱近代」への視座を説く著者の基本的立場は、「金で買えない非物質的価値を尊重する美と健康と永続性の新しい人間生活を復興させ」ようとする点にある［Schumacher 1973, 邦訳：二三二］。同書においてシューマッハーは、二〇世紀の後半にいっそう深刻化していった資源枯渇と環境破壊に対処しうる経済学のあり方を模索していたのであった。ではその「精神性と矛盾しない経済学」とはどのようなものであろうか。その内容をつぎにみることにしよう。

二 「スモール・イズ・ビューティフル」

シューマッハーの「スモール・イズ・ビューティフル」の思想は、なによりもまず近代の経済学にたいする批判にはじまる。批判の主旨は、つぎの三点である。すなわち第一に、経済学が財やサービスの交換の場所としての「市場」を主たる分析の対象とする際、人間社会を自然界から独立したものとして認識するパラダイムに立脚している点についてである。

それ〔経済学の判定〕は、私的に接収された部分を除いて、すべての「自由財」、すなわち神から与えられた環境を除外したコストの定義に依拠しているのである。これは、ある種の活動が環境を大きく破壊するものであっても経済的でありうるし、それとは別の活動が環境を保護し保存するのにコストがかかれば経済的でないことを示している。

さらに経済学は、各種の財を真の価値によってではなく、市場価格にしたがって処理する。……すべての財は、視点が基本的に私的利潤の実現におかれているために同様に扱われ、これは自然界にたいする人間依存の無視が経済学の方法論に内在していることを意味する。[Schumacher 1973: 39, 強調は原著者]

第二に、経済学の理論化が、各種の財やサービスを市場価格によって画一的に処理し、それらの質的相違を無視することによってなされてきた点についてである。

経済学は、事実上無限の種類の人間によって生産され、消費される無限の種類の財およびサービスを取り扱う。一連の質的区別を無視することなしには、いかなる経済理論の開発も不可能なことは明らかである。しかし、質的区別の全面的禁止は、理論化を容易にすることはあっても、同時に経済学をまったく不毛のものとすることもまた明白なはずである。[Schumacher 1973: 43]

これは、現実的インプリケーションを考慮することよりも、理論的精緻さや一貫性に重点を置く一部の経済学的手法にたいする根本的批判であるといえよう。シューマッハーは、少なくとも「再生可能な」財と「再生不能な」財との質的区別が必要であると考えている。

したがって批判の第三点は、質的相違の理解を犠牲にした量的分析においては、経済成長はつねに善であり、その質的側面が問われない点についてである。「病的な成長、不健康な成長、分裂的、破壊的な成長もありうるという考え方は、彼〔計量経済学者〕にとって表に出してはならない誤った思想なのである」［Schumacher 1973: 44］。

経済学にたいするこれらの批判は、シューマッハーが近代の経済学者のなかにみいだしたひとつの人間像と深い関係がある。つぎの言葉は、ベルトラン・ド・ジュヴネルが「西洋人」を描写したものであったが、シューマッハーはそれが「近代の経済学者についての公正な描写である」という。

彼〔西洋人〕は、人間の努力以外のなにものをも支出として計算しようとはしない。……彼は、人間の生活が多くの異なった生命形態からなる生態系に依存するものであることを少しも認識しようとはしない。……その結果われわれが究極的に依存する水や樹木にたいする粗野で浅はかな所業を招くことになる。［Schumacher 1973: 54］

したがってシューマッハーにおいては、近代の経済学者たちは、みずからが生態系に所属しているという認識を欠いているために、生態系を捨象した議論を展開してきたということになる。

もっとも、人間社会が環境に依存しているという認識が近代の経済学者には欠如しているとのシューマッハーの指摘にたいしては、たとえば新古典派経済学の側から強力な反批判が提起されるだろう。というのは、新古典派の世界においては、（私的）限界費用曲線のうえに環境保護・修復のためのコストをくわえた社会的限界費用曲線を描くことによって外部経済を内部化し、環境問題を市場メカニズムのなかで解決するための方策が示されるからである(2)。

しかし、そうした新古典派経済学にしてもなお、基本的には環境を人間社会の外部に位置づけるものであり、その人間社会が生態系の循環の一部をなしているという認識が一般に希薄であるという印象は否めない。また、原始共同体社会から共産主義社会への発展段階を示したマルクス主義史観や、伝統社会から高度大衆消費社会にいたる経済成長の諸段階を示したロストウ理論、さらにはコンピュータと情報が氾濫する社会を描いたポスト近代主義などにおいても、そのような認識は同様に困難であったといえるだろう(3)。

一方シューマッハーがめざすのは、「仏教の経済学」である。第三章に示したとおり、原始仏教は、在家信者の営利追求を認めている。ダースグプタは、仏教のアッパマーダに注目して、ガンディーの受託者制度理論に資本主義との親和性をみいだした。しかし、シューマッハーの注目する仏教の側面は、こうした見方とは大きく異なっている。その側面とは、すべての生命を尊重する「アヒンサー」の思想であり、彼の経済学は、これにもとづいて自然界にたいする人間依存の事実を認識することからはじまるのである。

ブッダの教えは、すべて生あるもの、なかんずく樹木にたいする敬虔で非暴力の態度を要求する。ブッダのすべての信徒は、二、三年ごとに一本の樹を植え、それが十分に根づくまで面倒をみなければならない。仏教経済学者は、この規則を普遍的に守れば、いかなる外国援助にも依存しない真の経済開発を高い水準で達成できることを、なんの苦もなく論証することができる。[Schumacher 1973: 54]

ここでいう「すべて生あるものにたいする敬虔で非暴力の態度」は、同じく「非暴力」の精神にもとづいて、自然と調和した村落レベルでの簡素な生活を理想としたガンディーの思想に通じるものである。

したがって、こうしたシューマッハーの考えは、「近代」の一連の思考――自由主義経済学やマルクス主義など――とは、経済開発にたいする姿勢において当然異なるものとなる。第二次世界大戦後、先進国と第三世界は、近代主義にもとづいて驚異的な勢いで工業化を進めてきた。それは、とりわけ第三世界の経済発展による両者の格差の是正が、東西両陣営のデタントとともに人類の平和への道であるとの考えのもとに行なわれたものである。開発経済学においては、第三世界が先進国の直接投資を受け入れて近代化を進め、比較優位にもとづく国際分業体制のなかで物質的発展を遂げることはほとんどつねに善であった。

これにたいしてシューマッハーは、「仏教の経済学」の立場から「平和への道は豊かさへの道にしたがうものでなければならない」という「支配的な近代の確信」を、つぎの三つの命題に分けて論駁する。

第一に、全世界的繁栄は可能である、
第二に、「自己を富ませる」という物質主義哲学を基礎に、その実現は可能である、
第三に、これは平和への道である。[Schumacher 1973: 20]

これらのうち、まず第一、第二の命題について検討しよう。今日「豊かな国」と「貧しい国」の経済格差は著しいが、シューマッハーは、後者が前者と同様の産業体制を備えることによって、高度の物質的

繁栄を享受できるとするのは非現実的であると考える。というのは、地球の有限の自然資本——シューマッハーはこれを「代替不能の資本」と呼ぶ——がやがて枯渇するのは明らかで、これに依拠した「豊かな国」の技術体系それ自体にまずは困難が生じるだろう。したがって、「貧しい国」が「豊かな国」と同じ道を歩むのはなおさら不可能であるというのである。

ただ一途に富——要するに、物質主義——の追求に満足を求めるような生活態度は、それが位置づけられている環境が厳密に制限されているのに、無限の原則をそれ自身のなかに含んでいるので、この世界には適合しない。[Schumacher 1973: 25]

つぎに、第三の命題についてである。シューマッハーは、ケインズに倣って「経済的進歩は、宗教や伝統的な英知とは普遍的に背反する利己心という強い力を駆り立てるときにのみ得られる」と考えている [Schumacher 1973: 26]。しかし、利己心にもとづく物質主義が平和を導くというのは、シューマッハーにとってはひとつの形容矛盾である。

私は、……平和の基礎を普遍的な繁栄によって築くことは不可能であると言いたい。なぜなら、そのような繁栄は、たとえ達成できるとしても、人間の知性、幸福、安寧、そして平和な性格を破壊する貪欲や妬みの心情を駆り立てることによってのみ、実現されうるものだからである。[ibid.: 28]

「仏教の経済学」においては、「支配的な近代の確信」とはまさに正反対に「必要物の開発と拡大は、……自由と平和のアンチテーゼ」としてみられ、むしろ「必要物の削減によってのみ究極的には紛争と戦争の原因になる緊張をほんとうになくすことができる」と考えられるのである［Schumacher 1973: 29］。第四章で示したとおり、ガンディーもまた、「真の意味での文明」が「必要物の自発的な削減」にあると論じた。ここにシューマッハーは、インドの諸宗教に根ざしたガンディーの「不所有」の思想を継承しているとみることができる。

シューマッハーは、みずからの経済学を「永続性の経済学」とも称している。それは、生態系のなかで人類が生き残る道を模索するものにほかならない。ガンディーは、機械を激しく批判したが、シューマッハーの「永続性の経済学」もまたこの点において同様である。「ますます大きな機械は、経済力をますます集中し、環境にたいしてますます大きな暴力を行使するが、それはけっして進歩を意味するものではない」［Schumacher 1973: 29］。その反対に、必要とされるのは小さな生産手段である。「われわれが必要とする手段と設備は、事実上すべての人々の手が届くほど十分に安く、小規模の使用に適し、人間の創意を満たすのに適合するものでなければならない」［ibid.］。この「小規模の手段と設備」こそが、シューマッハーのいう「中間技術」である。その発想はふたたび「世界の貧困は大量生産にではなく、大衆による生産によってのみ救われる」というガンディーの思想に立脚しているのである［ibid.: 143］。

シューマッハーは、「大衆による生産の技術は、……分権化をうながし、生態系の法則に適合し、希少資源の使用には十分気を使い、人間を機械の奴隷にする代わりに、人間に奉仕するように設計される」ものと考える［Schumacher 1973: 143, 強調は原著者］。「中間技術」は、ガンディーのいう「大量生産に代わる大衆による生産」に寄与するものであるから、シューマッハーにおいてはすべての人々の手が届くように「人間の等身大の規模」に戻る方向になければならない。「人間は小さく、したがって小さいものは美しい」というテーゼは、ここから出てくるのである［ibid.: 148］。

シューマッハーは、「中間技術」にもとづく開発の「真の課題」としてつぎの四点を挙げている。

第一に、働く場所は人々が移住しそうな大都市地域にではなく、人々がいま住んでいる地域に作られなければならない。第二に、これらの働く場所は、あちらこちらに作られて、手の届かないような資本形成や輸入を必要としなくなるように、平均して廉価でなければならない。第三に、採用される生産方式は、生産工程、組織、原材料の供給、金融、販売などにおいて高水準の技術への需要が最小限となるように、比較的単純でなければならない。第四に、生産は、主として現地の原材料によるもので、主として現地での使用に供されるべきである。［ibid.: 163］

ガンディーは、インドの村落に古くから伝わるチャルカー（手紡ぎ車）やカーディー（手織綿布）を復活させて、都市の大工業ではなく村落の家内工業を中心とする経済の自立をめざした。シューマッハーの掲げたこれら四点は、ほぼそうした思考の延長線上にあるものとみてよい。シューマッハーは、ガンディーと同様に「魂の入った労働」に生き生きとした人間の姿をみいだし、機械をそうした労働に奉仕すべきものとして位置づけたのである［Schumacher 1980: 4］。

シャルマー・チャラン・ドゥベーが、「彼〔ガンディー〕がオルターナティヴな思考様式に与えた影響を推し量るのに、われわれはシューマッハーやイリイチその他を読む必要はない」と述べるとおり[Dube 1988: 41]、シューマッハーがガンディーから深く影響を受けていたことはまちがいない。ガンディーからシューマッハーへと継承される非物質主義的哲学は、自由主義経済学やマルクス主義に起源をもつ近代化の理論とも、あるいはまた欲望の開花する社会を想定するポスト近代主義の言説とも異なり、まさに「近代」のつぎの時代をみすえてコンヴィヴィアルな社会のあり方を示そうとするものである。

三　中間（適正）技術

シューマッハーは、「スモール・イズ・ビューティフル」の構想にしたがって第三世界の開発を実施する機関として、中間技術開発グループ（Intermediate Technology Development Group: ITDG）を一九六五年にロンドンに創設する。同グループの歴史は、ウッドによると「すぐれた構想が圧倒的な反響を巻き起こし、その着想の種子が豊かな大地に落ちて成長し、百倍の実をつけた歴史」であるという[Wood 1985: 326]。その後、「中間技術」（後の適正技術）の開発ないしは資金の工面を担う先進国側の機関として、合衆国に適正技術インターナショナル（Appropriate Technology International）が、フランスに技術研究交流グループ（Groupe de Recherche et d'Échanges Technologiques）が、ドイツにドイツ適正技術交流（German Appropriate Technology Exchange）がそれぞれ設立された［Stewart, Thomas and de Wilde 1990: vii］。

また、第三世界の側にそうした技術を普及させるための機関として、インド・ラクナウの適正技術開発協会のほかに、つぎの諸機関がそれぞれ設立された。すなわち、パキスタンの適正技術センター（Appropriate Technology Centre）、エチオピアの農民のための適正技術プログラム（Appropriate Technology for Farmers Programme）、スリランカの適正技術グループ（Appropriate Technology Group）、タンザニアのアルシャ適正技術パイロット・プロジェクト（Arusha Appropriate Technology Pilot Project）、インドネシアの開発技術センター（Development Technology Centre）、ケニアの開発研究所（Institute for Development Studies）などである［Dunn 1978: 200］。それぞれの機関の設立の経緯は詳らかではないが、それらは直接的ないしは間接的にシューマッハーの中間技術論を継承しているものとみてよいであろう。

中間技術ないし適正技術の考え方は、農工業の小規模技術にはじまり、保健・衛生、教育、エネルギーなど人間生活の多くの領域に応用された。たとえば、ラクナウの適正技術開発協会を訪れた里深文彦によると、そこで取り上げられていたプログラムとしてつぎのものがある。

（1）陶磁器、植物油の抽出、鍛冶、木工品、機織り、毛紡績、なめし皮などの基礎的な村落技術の質を高めること、
（2）砂糖、セメント、紙、綿紡績のような大規模生産の工程を小規模化すること、
（3）建材、より効率的なストーブ、太陽熱料理器、農村の衛生、水の供給等、農村における生活

の質を高め快適な環境をつくること、

（4）農機具を改良したり、太陽エネルギー、水力エネルギー、牛糞のエネルギー等を取り出したりして、新しい作業工程を開発すること。［里深　一九八一：六一－六二］

もっとも、ラクナウのケースがそのまま世界の他の地域に適用されうるものではない。こうした技術は、地域の社会構造や環境の諸条件に合わせて適宜変更をくわえられるものであろう。

とはいえ、インドのアムーリヤ・K・レディーが展開する適正技術論は、「環境的に健全で適正な技術」（Environmentally Sound and Appropriate Technology: ESAT）として国連環境計画でも公認されている［吾郷　一九八八：六八］。ESATは、吾郷健二も「AT〔適正技術〕論の分野で、これまでの所最も高い完成度に達している」と評価するように［同前書：六三］、適正技術が第三世界で応用される際に広く参照しうる基本的指標となっている。それは、つぎのような経済的、社会的、そして環境的選好指標を示すものである。

（A）経済的選好表（不平等を拡大させない必要志向の技術）

（1）基本的要素賦存に合致した技術（エネルギー節約的、資本節約的、雇用創出的な技術）

（2）大衆消費に適した技術

（3）海外から輸入されたり、国内の遠隔地から輸送されたりする材料ではなく、地域の材料にもとづいた技術

（4）弱者にたいして雇用を創出するような技術
（5）遠隔市場ではなく、地域の消費のための技術
（6）共生的で相互補強的な相互依存を途上国の都市と農村、あるいは先進国と途上国とのあいだで促進するような技術
（B）社会的選好表（社会参加と統制を増すことによる内発的自立）
（1）生活の質の向上をもたらすような技術
（2）創造的仕事を充足させるような生産技術（人間を仕事から遠ざけるのではなく、人間と仕事を結びつけるような技術）
（3）機械が人間の生活を支配するのではなく、それに従属するような技術
（4）人間の居住環境を生産単位の統合にではなく、人間の集団的・個人的生活に合わせるような技術
（5）操作の複雑化ではなく容易さを推進するような技術
（6）伝統的技術や社会生活を解体するのではなく、それらと融合するような技術
（7）外部から移転されたものではなく地域において内発的に開発される技術
（8）権力をエリートの手に集中させるのではなく、民衆に移行させるような技術
（C）環境的選好表（資源を与え、生活を支える生命・地球物理学的環境の合理的持続的利用）
（1）再生可能なエネルギー源にもとづくエネルギー生産技術
（2）資源・エネルギー節約的な技術

（3）リサイクルおよび再利用が可能で、耐久性のある財を生産するような技術
（4）再生可能な天然資源にもとづく技術
（5）有害な廃棄物を内在的に最小にするような生産・消費の技術
（6）廃棄物の最小化と再利用の過程を内包した生産・消費の技術
（7）自然生態系に及ぼす錯乱を最小にして、それと融合するような技術［Reddy 1979: 25-27］

こうしたレディーの適正技術論には、ガンディーやシューマッハーと共通する思考が随所にみられる。たとえば、（A）—（3）、（5）などは、地域の経済的自立を国際社会および国内社会における分業よりも優先することを示しており、（B）—（2）、（3）、（4）、（5）、は、ガンディーのチャルカーやシューマッハーの中間技術論を踏襲したものである。さらに、（B）—（8）は、ガンディーがパンチャーヤトを政治の基本単位として位置づけたときに追求した目標のひとつであった。

だが、適正技術論には、当然のことながらさまざまな批判が提起されている。たとえばマリリン・カーは、ハンス・シンガー、フランシス・スチュワート、ルイ・ド・セバスチャンの三人に依拠しつつ、適正技術にたいしてなされうる批判としてつぎの三点を紹介している。すなわち第一に、適正技術は時代遅れの技術を第三世界に適用することによって、技術上の従属性と格差を生み出す、第二に、技術それ自体が「低開発」のものである、第三に、かりに技術が新しいものであっても、途上国の社会構造が根本から変わらなければ、部分的戦略——基本的必要、大衆教育、産児制限、緑の革命——は限定的な成功しかおさめない、である［Carr 1985: 22-29］。

インドの経験に照らしてみると、これらの批判が当てはまる部分がある。一九七七年に国民会議派から政権を奪ったジャナター党政権、および一九七九年に誕生したローク・ダル暫定政権は、農村を基盤とする小規模で労働集約型の産業を積極的に推進しようとした。ところが、これらの政策にもかかわらず、雇用創出の公約とは裏腹に、失業者数が七八年の二一〇〇万人から七九年の四〇〇〇万人に増加したといわれている［里深 一九八一：五九－六〇］。こうした事態は、いうまでもなくオイル・ショックの影響を加味して理解されなければならない。とはいえ、これらの経済政策が、インドのマクロ的経済状況をすみやかに改善できなかったことは、適正技術論が信頼を失う大きな背景となっていたはずである。

一方インディラー・ガンディーが、一九八〇年の総選挙で「適正技術がインドや第三世界の諸国を永久に遅れた状態に引きとどめようとする西側先進諸国の陰謀である」と宣伝したことは、一定の説得力をともなって受け止められたであろう。また、国民会議派が政権を奪還した後、原発開発をはじめとする中央集権的な近代化政策を急ピッチで推進することができたのも、ひとつには前政権が経済政策の効果を目にみえるかたちで示すことができなかったことにあるとみられている［里深 一九八一：六二］。

里深が説明するように、インドにおいて「中間技術」が「適正技術」と名称変更された背景に、「中間」という用語には差別的響きがともなうという認識があったとすれば［里深 一九八一：五七］、そこには、右のような政治的扇動やそれによる誤解を少しでも避けようとする意図が込められていたにちがいない。それはまた、中間技術ないしは適正技術の有効性が、これら技術を取りまく現実の政治的、経済的諸条件に大きく左右されることを端的に物語るものでもある。

だが、ガンディーやシューマッハーによる「必要物の削減」のメッセージは、主として国内社会および国際社会における相対的に豊かな階層に属する人々に向けられたものである。したがって、適正技術論を「第三世界諸国を永久に遅れた状態に引きとどめようとする陰謀」と解釈するのはあきらかに誤りであるといえるだろう。一方、正統派の経済学に裏づけられた開発の諸政策は、かならずしも貧困の解決に有効な回答を提示できているとはいえない。そうした状況にあって、世界中に拡散していった中間技術や適正技術は、まさに「生き生きとした人間の回復」、すなわち貧者を貧困から脱却させることを目指して、国際開発の重要な一翼を担ってきたのである。

四　系譜と意義——センの諸概念に照らして

シューマッハーの志は、その後「もうひとつの経済サミット」(TOES)と呼ばれる研究者や市民運動家のグループに受け継がれてゆく。それは、世界の経済学者、政治学者、社会学者、心理学者、環境、保健・医療、教育、コミュニティ開発の専門家などで構成され、「人間の開発と社会正義、全般的な人間の必要の充足、資源の持続的活用と環境の保全にもとづいた新しい経済学を開発し、促進しようとする独立の国際的イニシアティヴ」である［Ekins 1986: xv］。TOESは一九八四年以来、先進国首脳会議の開催される場所で毎年国際会議を開き、現存のグローバル経済にたいする警鐘とオルターナティヴを示している。

一九八四年と一九八五年に開催されたTOES国際会議への寄稿者は、あわせて四八名にのぼる。このうち、たとえばハーマン・デイリーは、エントロピーの概念などを用いて「定常経済学」を提唱し、人間の経済が生態系の再生と同化の範囲内に限定されるべきであると主張した。また「構造的暴力」論で有名なヨハン・ガルトゥング[4]は、ここでは「経済自立の理論」を展開し、分業への依存を減ずることによってプラスとマイナスの外部経済を手元に留保すべきことを訴えた。他方スーザン・ジョージは、国際債務問題における先進国主導のIMF政策を批判し[5]、ワンガリ・マータイは、ケニアのグリーンベルト運動を紹介している[6]。さらにヴォルフガング・ザックスもまた、第三世界による文化・経済自立のための世界市場との絶縁を主張した。TOESは、これらの論文をもとにして、一九八六年にポール・エキンズの編集による『生命系の経済学』を出版した［Ekins 1986］。

このうちW・ザックスは、一九九二年に「脱開発」のテーマに賛同する諸論者の論考を集めて『開発辞典』を編纂する。ここではC・ダグラス・ラミスが、「世界の貧者の問題」は「世界の富者の問題」であるとし、この問題を解決するには、過剰の文化を根本から作り変えて「反発展の道」に位置づけなければならないと主張している。またイヴァン・イリイチ[7]は、いかに開発の四〇年のあいだに「ニーズ」（Needs）なる概念が作り出され、人々がそれに駆り立てられながら生きるようになったかを示した。ヴァンダナ・シヴァは、近代科学の発達とともに、人間と自然の相互依存の考え方が失われ、資本が自然を収奪の対象として位置づけてゆく過程を示した。他方セルジュ・ラトゥーシュは、先進国で大衆消費が伸び、第三世界で開発神話が普遍化するとともに、「生活水準」の概念が人間の「生活」本来の多様性に反して数量化されてきたこと、またその普遍性が幻想であることを論じている。さらにアシス・

ナンディーは、近代の国民国家が、本来は多様であるはずの文化や思想を画一化しながら、安全保障と発展を追求する様子を批判的に描いている［Sachs 1992］。

二〇〇〇年代に入ると、ガンディーやシューマッハーの流れを汲むこれらの論者たちは、グローバル経済にたいするいっそうの危機感を露にして、そのオルターナティヴを提示する。ラミスは、『ガンジーの危険な平和憲法案』を著わし、インドの各村落を共和国とするガンディーの構想が、独立後の国家建設においていかに排除されていったかを説明した［ラミス 二〇〇九］[8]。ナンディーとシヴァについては、ガンディーの身の丈の経済論を肯定的に評価する論者として第二章で紹介したとおりである。とりわけシヴァは、生物の多様性を保持する観点からガンディーのチャルカーの構想を高く評価し、第七章で紹介したスンダルラール・バフグナーらとともにチプコー運動などにも積極的に関与してきた［Shiva 1988: 67-77］。

シヴァは現在、インドでもっとも強力なグローバリゼーション批判を展開している論者のひとりである。ラトゥーシュもまた、フランスを代表する「脱開発」の急先鋒であり、ガンディーやトルストイらの「シンプル・リヴィング」にもとづく「コンヴィヴィアルな社会関係」を提唱している［ラトゥーシュ 二〇一〇：一〇五］。これらにくわえて、サティーシュ・クマールは、イギリスにおいて「シューマッハー・カレッジ」を一九九一年に創設し、ガンディーおよびシューマッハーの思考に沿った実践的教育を行なっている［Schumacher College Website］[9]。

インド以外のアジア地域に目を向けると、ガンディーやシューマッハーの思想は、たとえば現代のスリランカやタイにおいて仏教にもとづく社会開発の思想と実践に生きている。スリランカでは、サルヴォーダヤ運動の指導者A・K・アリヤラトネが、ガンディー思想の流れを汲んで、シューマッハー以来の適正技術を重視している［アリヤラトネ 一九九〇：一四三－五五］[10]。タイでもまた、仏教の観点から理想の社会像を追求するスラック・シワラックが、マルクス主義および自由主義の路線にそう物質的発展のオルターナティヴとしてこれらふたりの開発思想を位置づけている［Sulak 1987: 39-57; 2009: 35-37］。いずれも、いまやグローバルな規模に拡大した経済発展の路線とは異なり、人間生活の精神的な側面に「幸福」の意味をみいだそうとする知的・実践的活動であるといえる。

こうしてみるとガンディー思想は、シューマッハーを経由してTOESや脱開発論者たちへと受け継がれていったことが分かる。それはまた、インドの地理的境界を超えてスリランカやタイにおける開発の思想や実践にも息づくことによって、現代のグローバリゼーションにたいする力強い批判勢力を構成している。こうした思想的潮流は、まさにシューマッハーの撒いた種子が「豊かな大地に落ちて成長し、百倍の実をつけた歴史」であったといってよいだろう。

ところで、ガンディー思想の流れをも汲むこうした開発の実践が、国連環境計画など一部の国際機関を除くと、主として中間技術開発グループや適正技術開発協会など非政府系の組織によって行なわれてきたことは重要な意味をもつ。それは、一般に草の根の市民運動のかたちをとってなされ、その担い手は多くの場合、国家権力の中枢からは距離をおいた市民やNGO活動家であった。しかしこれらの人々は、冷戦時代には、どちらかといえば市場経済を支えてきた企業や、計画経済を管理してきた政府の陰に隠れていた感が強い。ましてや経済学において、彼らが企業や政府とならぶ主要な経済主体として位置づけられるということは、皆無であったといってよい[11]。

こうした状況のなかで、これまでの「経済人」とは異なる人間の行動様式を想定し、そこから経済学の新たな境地を開拓しようとしているのがアマルティア・K・センである。センは、人間の「ケイパビリティ」の拡大を重視する立場から「必要物の削減」を推奨するものではなく、チャルカー運動をタゴールとともに厳しく批判した点でガンディーとは大きく異なっている。にもかかわらずセンは、インドの伝統にある多様性と寛容の精神を尊重する人物としてガンディーに敬意を払い［Sen 2005: 49］、経済活動の倫理的側面を重視する点ではガンディーと共通する思考をもっている(12)。したがってここでは、センの構築した諸概念を提示し、そのうえでコンヴィヴィアルな倫理を内包するガンディー主義的開発の意義を考えることとしたい。

まずセンは、ジャン・ドゥレーズとともに、「機能の束」を「ある人が、その経済的、社会的、個人的特徴のもとに達成しうるさまざまな選択可能な『状態と行為』」と定義し、そうした機能の束の組み合わせをその人の「ケイパビリティ」と呼ぶ。「機能」ないし「ケイパビリティ」は、「エンタイトルメント」、すなわち「ある人が自由にすることのできる選択可能な財の束の組み合わせ」によって規定される［Drèze and Sen 1989: 9-12］。そして、その「エンタイトルメント」が深刻に制限されているのが「権利剝奪」の状態である［ibid.: 20-34］。したがって「公的行動」の目的は、「エンタイトルメント」の状況を改善することも含めて、「人々が、価値ある貴重な『状態と行為』を実行するためのケイパビリティを高めること」にある［ibid.: 12］。ガンディー主義的開発は、まさに社会経済的ヒエラルキーのなかで「権利を剝奪された」人々の「ケイパビリティ」を回復させるために、彼らを積極的に社会経済建設のプロセスに参加させようとするアプローチであったと説明することができる。

他方でセンは、「自己利益を追求する利己主義者」の概念によって人間行動のすべてを説明するのではなく、これと同時に存在する人間本来の感情として「共感」と「コミットメント」の概念を提示する。「共感」も「コミットメント」も、ともに他者にたいする顧慮を意味する点で共通している。ただし「共感」は、「他者への関心が直接己の厚生に影響を及ぼす場合」に対応し、自己の効用を増大させて利己的な感情になりうるものである。他方「コミットメント」は、他者への関心が、直接にみずからの厚生に影響を及ぼさずとも、「他者が苦しむのを不正なことと考え、それをやめさせるために何かをする用意がある」という場合の非利己的な感情である。つまり後者は、「その人の手の届く他の選択肢よりも低いレベルの個人的厚生をもたらすということを、本人自身が分かっているような行為を選択する」場合の心理を意味する［Sen 1982: 91-92］。

「共感」や「コミットメント」は、世界の開発に身を投じてゆく多くの活動家たちのメンタリティを「利己心」以上によりよく表現する概念である。「共感」は、他者との関係において生ずる快楽と苦痛の感情であるのにたいして、「コミットメント」は、同様に他者との関係におけるものであるが、そうした感情とは次元を異にするいわば公正や正義にかんする判断であるといってもよいであろう。

適正技術の開発および資金調達を担う機関がイギリス、合衆国、フランス、ドイツなどに設立されたことは、国際社会において相対的に裕福な人々による「共感」や「コミットメント」にもとづく行動が、こうした開発には不可欠の要件となることを意味している。さらに敷衍すれば、人類が直面している南北問題解決のシナリオの一部には、「南」の人々が、適正技術の開発などを通じてみずからの「ケイパビリティ」を回復・開花させるべく努力を重ねる一方、「北」の人々が、こうした感情や判断にもとづく富の移転や実践活動によって、それを支えてゆくという構図がかならずや含まれるだろう。

ところで、ガンディーのコンヴィヴィアルな倫理は、イリイチのいう「よろこびにあふれた節制と人々を解放する禁欲の価値」を含むものであるから、どちらかといえばセンの「共感」に近い概念であるといえる。それは、一次的な欲望を括弧に入れて、資源を他者と分かち合うことに喜びを覚える感情である。もしもこうした感情を、時間や空間を越えて拡げてゆくことができるならば、富の分配は、けっして強制されるものではなく、自発的になされるものとなるであろう。しかし同時に人は、みずからの富を他者から移転されたものと理解するとき、それを他者に再配分（返還）することをひとつの義務と考えるだろう。このときその人は、「コミットメント」の感情にもとづいて、やはりコンヴィヴィアルな社会に寄与することになるのである。

いずれにしても、これらの概念によって説明されるコンヴィヴィアルな倫理がめざすのは、人間どうし、あるいは人間と自然とのあいだのより豊かな関係性を内包する社会である。それは、スミスの「利己心」やヴェーバーの「現世内的禁欲」によって築かれる物質的に豊かな社会とは大きく異なっている。シューマッハーが、ガンディーを「精神性に立脚した経済学を実践している経済学者」とみなしていたように、彼がガンディーから継承したのは、人間が生態系の一部として永続的に生きるための経済の倫理であった。

人間が、地球というかぎられた空間のなかで他者とコンヴィヴィアルな関係を築くということは、一人ひとりが簡素に生きてゆくことを意味する。そうした人間の行動様式を生態系の枠組みにおいて措定する経済学は、近代主義の思考様式とは根本的に異なるものとなるだろう。環境破壊がますます深刻化する二一世紀において、そうした経済学の開拓がいっそう切実に求められてゆくはずである。

ところが当のセンは、倫理を重視する点でガンディー思想と共通する部分をもちながら、かならずしも環境と調和した人間の簡素な生き方を想定するものではない(13)。むしろ彼は、グローバルな経済発展によって世界の貧困を解決しようと考える立場から、身の丈の経済を志向するガンディーにたいしては批判的である。したがって私たちは、グローバル化時代におけるガンディー思想の意義を考えるつぎの終章で、センの思考が持続可能なものではないことを確認し、これを乗り越えてゆかねばならないのである。

シューマッハーがみずからに課した課題は、「精神性と矛盾しない経済学」をガンディーの築いた「土台」の上に探求することであった。その思考の延長線上にはＴＯＥＳ、脱開発論者、スリランカのサルヴォーダヤ運動ならびにタイの仏教開発などが、それぞれに思想と実践を展開し現代にいたっている。これら一連の思想や運動のなかで描かれる身の丈の経済のヴィジョンは、環境破壊がますます深刻化する二一世紀にいっそう重要な意味をもつだろう。シューマッハーがガンディーと共有するコンヴィヴィアルな社会の倫理は、「近代」のつぎの時代を支える人間のエートスのひとつの表現となりうるものである。

センは、そのチャルカー運動批判において明らかなように、基本的にガンディーとは異なる思想的系譜に属する経済学者である。にもかかわらずその思考は、倫理を重視する点でガンディー思想と共通する側面をもつため、ガンディーやシューマッハーらのコンヴィヴィアルな社会をめざす開発を説明できる性質のものである。とりわけ彼の「共感」の概念は、他者と何かを分かち合うことに喜びをみいだす感情であり、公正や正義にかんする価値判断としての「コミットメント」とともにそうした開発を支える倫理として重要である。

ガンディーやシューマッハーの思考にそってコンヴィヴィアルな社会を描く経済学は、これまで「経済人」や「利己心」によって説明されてきた競争社会の分析を超えたものとなるはずである。それは、人間と人間、あるいは人間と自然とのあいだに築かれるべきより豊かな関係性を視野に入れるものとなってゆくであろう。このとき経済学は、これまでたどってきた物質的発展の方向性を大きく修正することによって、はじめて「近代」のつぎの時代の社会を本格的に描写することができるのではないだろうか。

終章　ガンディー思想とグローバリゼーション

本書では、ガンディーの身の丈の経済論とそれを支えるコンヴィヴィアルな倫理を概観してきた。すでにこれまで、各章の末尾においてそれぞれの議論を要約してきたので、ここではできるだけ簡潔に本書の全体をふり返っておきたい。そのうえで、グローバル化時代におけるガンディー思想の意義を、ふたたびセンの見解を念頭において考えることにしよう。というのはセンは、グローバル化にかんしてガンディー主義とは大きく異なる見解を示しているので、この点を最後に検討しておく必要があるのである。

本書のまとめ

ガンディーは生涯を通じて「真理」を追求し、人生の第二期を過ごした南アフリカにおいて「非暴力」の思想と実践を練りあげた。その際、インド内外の宗教にたいする洞察を深めながら、サッティヤーグラハ運動を指導し、近代文明批判をひとつの柱とする主著『ヒンドゥ・スワラージ』を著わした。また、インド帰国後の第三期においては、独立運動とともにチャルカー運動やコミュナル統一、不可触民制度の撤廃などを柱とする建設的プログラムを積極的に推進した。それらはいずれも、人間が、国家や階級あるいは宗教を超えてコンヴィヴィアルな関係性を築くための試みであったといってよい（第一章）。

これまでのガンディー評価をふり返ると、マルクス主義者などの近代主義者たちは、ガンディーの宗教倫理や村落経済論を時代錯誤的なものとして批判した。一方、ガンディー思想は、ポスト近代主義やポスト植民地主義など近代主義を批判するかたちで登場した諸言説において、その倫理面を中心として再評価された。もっともこれらの言説は、情報とコンピュータを中心とする資本主義社会やグローバル経済を倫理によって支えてゆくことを是認する傾向が顕著である。このため、それらによるガンディー再評価の多くは、彼の近代文明批判や身の丈の経済論を十分に受けとめるものではなかった。二一世紀のグローバル化時代において、こうした彼の思想をよりよく理解するためには、従来のポスト近代主義などとは区別して、たとえば「もうひとつのポスト近代主義」という枠組みを設定する必要があったのである（第二章）。

ガンディーは「真理」を「神」と同一視し、それに到達する道を「非暴力」ないしは「愛」と規定した。彼の「真理」にもとづく倫理観は、ヒンドゥー教、ジャイナ教、仏教、そしてキリスト教異端思想などの影響のもとに形成され、ひとつには「禁欲」の倫理を含むものである。もっともそれは、マックス・ヴェーバーのいう「禁欲」とは大きく異なるものであった。ヴェーバーが資本主義の発生を導く倫理として「現世内的禁欲」をプロテスタンティズムのなかにみいだしたとすれば、人類が資本主義を含む近代社会の矛盾から脱却するために必要なのは、それとは異なるガンディーの「禁欲」の倫理の方である。そうした「禁欲」を含むガンディーの「真理」は、人間が身の丈の経済においてコンヴィヴィアルな関係性を築くための倫理にほかならない（第三章）。

ガンディーは、近代文明の主たる象徴としての「機械」によって経済発展が推進された帰結として、ヨーロッパの内外で失業者が大量に発生し、市場と資源をめぐる競争と植民地の分割が導かれる経緯をみていた。このため彼は、インドがヨーロッパや合衆国のように産業化することに反対であった。ガンディーの構想した近代文明へのオルターナティヴは、インド古来のチャルカー（手紡ぎ車）とカーディー（手織綿布）を復活させて貧者を救済することであった。身の丈の経済を志向するその思想は、利己心の追求を経済発展の原動力とみなすスミス以来の自由主義経済学や、社会主義の路線にそった大規模工業化を主張するマルクス主義とは一線を画すものである。さらにそれは、欲望の開花を前提とするポスト近代主義とも大きく異なり、生態系を視野に入れて人間社会の持続可能性を考える文脈においてはじめて理解されるものである（第四章）。

ガンディー経済思想の中核であったチャルカー運動は、文化人類学者によってその文化的インパクトの大きさが認識されながら、経済史研究者のあいだでは厳しく評価されてきた。しかし、「ヨーロッパ的価値システム」を拒否し、ゆえに激しい弾圧の対象となったチャルカー運動の経済的インパクトは、経済学者が顧慮しなかった「市場」外の手紡ぎ糸およびカーディーをも念頭におくことによって、より正確に理解されうるものである。たしかにチャルカー運動は、市場競争と植民地当局による弾圧に直面して困難な道のりをたどった。それでもガンディーは、チャルカーの労働集約的性質に着目して、生存のための手段をより多くの貧者に提供しようとつとめた。「近代」の次の時代に、人々が身の丈の経済においてコンヴィヴィアルに生きる方向性を模索するならば、ガンディーのチャルカー運動のなかにその原型のひとつをみいだすことができるのである（第五章）。

ガンディー経済思想のもう一方の柱である受託者制度理論は、社会主義思想からの一定のインパクトを受けながら独自の階級・分配理論として展開した。この理論は、マルクス主義（近代主義）の側から「体制擁護」論として批判され、逆に、資本主義を是認する論者にはそれと親和的なものとして肯定された。しかしガンディーの意図は、これらの見解のいずれにも反して、資本主義システムを維持することではなかった。資本家の企業家としての資質を容認する彼の姿勢は、たしかに少数者（資本家）の貪欲を批判する彼のもう一方の姿勢との整合性が問われる部分ではある。とはいえ受託者制度理論は、「近代」以降のコンヴィヴィアルな社会を標榜して、「近代」の現実のなかに留まりつつ近代社会の矛盾を是正しようとした非暴力の改革理論として積極的に評価されうるものである（第六章）。

ガンディー死後の「ガンディー主義」は、独立インドにおいてはバーヴェーやJPなどによるサルヴォーダヤ運動のかたちで展開した。彼らの運動は、ガンディーの受託者制度理論にたいする批判と同様に、マルクス主義者によって権力側の論理にもとづくものとして批判された。バーヴェー派とJP派は、それぞれガンディー思想の異なる部分に力点を置きながらやがて分裂したが、民衆を中心とする社会を築こうとしていた点では共通していた。このためサルヴォーダヤ運動は、「社会主義」を掲げた独立インドに旧ソヴィエトや中国とは明確に異なる「民主主義国家」の色彩を与えている。それらは、第二、第三世代のガンディー主義者の活動にも継承されて、近代の資本主義や社会主義とは異なるコンヴィヴィアルな社会のあり方を模索してきたといえる（第七章）。

ガンディー思想は、後にシューマッハーによって経済学の領域に導入される。地球の資源や環境の制約を前提としたとき、シューマッハーの「スモール・イズ・ビューティフル」の思想は、二一世紀のグローバル化時代にいっそう重要な意味をもつ。シューマッハーの考案した中間技術（後の適正技術）の概念は、第三世界の開発において大きな影響力をもち、その後TOES、脱開発論者、スリランカのサルヴォーダヤ運動ならびにタイの仏教開発などによって受け継がれてゆく。そうした思想にもとづく開発に身を投じる人々のメンタリティは、アマルティア・K・センの提示した「共感」や「コミットメント」の倫理によって説明できる。さらに人類の直面する南北問題の解決には、「南」の人々が、適正技術の開発などを通じてみずからの「ケイパビリティ」を高める一方、「北」の人々がこうした倫理によってそれを支えてゆくというシナリオを想定することができる。その意味でガンディー主義は、二一世紀における新しい経済学の方向性を示しうるひとつの思考様式なのである（第八章）。

グローバル化時代におけるガンディー思想の意義——センによる批判を超えて

これまで論じてきたように、ガンディーの経済思想は、一九世紀後半から二〇世紀前半にかけて、イギリス、南アフリカおよび植民地インドという時間的、空間的に固有の環境で形成されたものであった。しかしそれは、独立インドにおいては一連のサルヴォーダヤ運動に、また経済学においてはシューマッハー思想に継承されたように、時間と空間の壁を大きく超えて、一定の普遍性を備えた思考様式として展開したといえるだろう。

　ガンディーの経済思想は、今日のグローバル社会において開発や平和にかかわる言説として重要な意味をもつ。それは、経済学と倫理学を統合しようとつとめるセンの諸概念を用いて説明できるものであった。センが開発の目的を経済から人間へと大きくシフトさせて、開発論のひとつのフロンティアを開拓してきたことは、ひろく認められてきた事実である。しかし、彼の人間開発論は、かならずしも生態系の枠組みを念頭において展開されているわけではない。

　実際センは、ガンディー＝タゴール論争を「タゴールの側」にたって評価したように、グローバル化の理解においても同様に、身の丈の経済を志向するガンディー主義とは異なる姿勢を示している。そこでこの終章では、この点にかんするセンの思考とガンディー思想の対照性を浮きぼりにすることによって、センによる批判を超えてグローバル化時代におけるガンディー思想の意義を考えることとしたい。

　センは、グローバリゼーションの時間軸を「今」よりもはるかに長く、また空間軸を「西洋」よりもはるかに広く設定し、基本的にはこれを肯定的に受け止めている。「グローバリゼーションは、数千年にわたって旅行、貿易、移民、文化的影響の伝播、知識や理解の拡散（科学や技術のそれを含む）を通じて、世界の進歩に貢献してきた」[Sen 2002: 2]。

　センは、ヨーロッパの今日の繁栄は、中国やインドなど西洋以外のところで何世紀も前に生じたグローバリゼーションの成果を受け入れることなしにはありえなかったとしたうえで、「同じ原理が今日（西から東へという）逆の向きにおいても当てはまる」と主張する［Sen 2002: 3］。彼が、「グローバリゼーションの反対側に位置するのは、偏狭な分離主義や頑迷な経済自立主義です」［Sen 2000: 8］と述べるとき、その立場は、ガンディーの運動を「地方気質の最悪の形式」と批判したタゴールのそれにかぎりなく近い。

センは、現代技術や国際貿易が、貧困の解決に不可欠のものと考えている。「世界の貧者から現代技術のもつ大きな優位性や、国際貿易において定着した効率性、そして開放社会のなかで生きることの社会的・経済的利益を取り上げることによって、彼らの経済的な苦境を改善することはできない」[Sen 2002: 4]。このように考えるセンの目に、古い技術の復活によって経済的自立をめざしたガンディーの思想が、「世界の進歩」に逆行するものと映ったとしても不思議ではない。

このようにセンは、科学技術や国際貿易を「数千年」という単位でみるとき、「近代」の諸価値をかならずしも「近代」という時代に限定して評価しているわけではない。とはいえ、彼がつぎのように述べるとき、市場を通じてもたらされる経済的繁栄とともに、市場を支える利己心、資本蓄積、分業などの諸価値を暗黙のうちに歓迎しているはずである。「市場関係がもたらす交換と特化の諸機会を広範囲に活用することなく、経済的繁栄を達成することは難しい」[Sen 2002: 5]。これらにセンが重視する「発展」の中身としての「自由」の概念[Sen 1999]をくわえるまでもなく、彼の思考は、基本的に「近代」の思考の枠内にあるといえる。

一方、ガンディー主義的経済学者シューマッハーは、第八章で論じたとおり、物質的に豊かになることが平和への道であるという「支配的な近代の確信」にたいして、むしろ「必要物の削減」によってのみ紛争の原因となる緊張を緩和できると考えた。資源と環境の制約が人類にいっそう切実に迫ってくる時代において、こうしたガンディー主義の側からみると、経済的繁栄をグローバルな規模で達成しながら貧困を解決しようとするセンの見解は、つぎの諸点において留保が必要であると思われる。

第一に、センは、資本蓄積を肯定的に捉え、アンバル・チャルカーを批判するとき、低エントロピー性技術の妥当性を見逃している。エントロピーは、ニコラス・ジョージェスク－レーゲンの定義によれば、「ある熱力学的システムにおいてエネルギーが変化するある瞬間における、利用不可能なエネルギーの量を示す指数」である［Georgescu-Roegen 1976: 7］。一般に、技術を高度化して低エントロピー性の化石資源を大量かつ高速に消費することは、社会の持続性にマイナスに働く。第二章第三節で示したとおり、グレッグは、早くからカーディー運動を熱力学第二法則（エントロピーの法則）の観点から高く評価したが、センはこうしたグレッグの視点については検討をくわえていない。

第二に、センは、「絶対的剥奪」としての貧困に焦点を当てるとき、これを「相対的剥奪」の文脈から独立したものとして理解している。

> しかしながら、相対的剥奪――そのすべての変種を含む――が、貧困概念の唯一の根拠ではないことは注目に値する。たとえば飢饉は、社会における相対的パターンがいかなるものであるかにかかわらず、深刻な貧困の一ケースとして容易に認められるだろう。実際、われわれの貧困の考えには、絶対的剥奪という最小限の核心があって、それは、第一に相対的構図を突き止める必要もなしに、飢餓、栄養不良、その他の目にみえる困難の報告を貧困の診断へと変換するものである。［Sen 1981: 17, 強調は原著者］

こうした見方は、「相対的剥奪」のメカニズムを証明することなく貧困の実態に焦点を当て、人々の「ケイパビリティ」の開発（＝人間開発）を理論化する強みをもつ。だがそれは同時に、貧困と富裕の因果関係を探求する回路をともすれば断ってしまうことにもつながりうる。ロメーシュ・ディーワンは、ガンディーとセンの貧困にたいするアプローチのちがいを比較した論考において、後者のこうした姿勢を批判してつぎのようにいう。「貧者と非貧者の関係が重要なのは、それがとりわけ搾取的関係にあるときである」[Diwan 1999: 429]。搾取の不在を積極的に証明することがセンの意図ではないにせよ、「絶対的剥奪」に焦点を当てるあまり、「相対的剥奪」のメカニズムのなかで貧困が生み出されてゆく可能性から目を離してはならないだろう。

　第三に、センは、貧しい人々が「より特権的な人々が享受している社会的・経済的機会から排除されている」と認識している[Sen 2000: 9]。だが彼は、そもそも「特権的な人々が享受している社会的・経済的機会」の正当性を疑うことはしていない。つまり、高度な経済発展とそれに必要な資源に裏づけられた「特権的な人々」の「自由」の幅が、貧しい人々の「自由」の幅を制限することによって確保されている可能性を、センが想定しているようにはみえないのである。

　センは、「ヨーロッパ、アメリカ、日本、東アジアで起こったことは、他のすべての地域に重要なメッセージをもつ」という[Sen 2002: 4]。ところが、「ヨーロッパ、アメリカ、日本、東アジア」の人々が享受している「自由」の幅を維持しながら、「他のすべての地域」の人々が前者と同じ「自由」の幅を享受することは、資源の制約を前提とすれば事実上不可能だと考えるのが自然である。たとえばポール・エーリックとアン・エーリックは、一九七九年の『世界開発報告』にもとづき、米国の一人あたりエネルギー消費量を半分にすると、これはバングラデシュの一七五人、エジプトの一二人のエネルギーを二倍にできる量であることを指摘している［Ehrlich and Ehrlich 1981: 247］。しかし、センがこうした事実に目を向けているようにはみえない[1]。

第四に、センは、現代世界における資本主義が、「不平等（とくに未曾有の繁栄を達成した社会におけるおびただしい貧困）と『公共財』（すなわち、環境のような人々が共有する財）の問題」に直面していると認識している。だが同時に彼は、「資本主義的市場経済それ自体の範囲が、これらの事柄にかかわる倫理の適切な発展によってさまざまなかたちで拡大されうる」と信じている［Sen 1999: 267］。ここには、環境を「財」の一形態とみなし、資本主義的市場システムのさらなる拡大を歓迎する姿勢がみられる。鳴原敦子がいみじくも指摘するように、こうした姿勢からは、市場経済があらゆるものを商品化し、市場にいまだ包摂されていない人々の生存基盤まで脅かしている状況への認識をうかがうことはできない［鳴原 二〇〇五：五五］。

こうしてエントロピーの概念は、化石資源に依拠した産業社会がやがて行き詰まるという近代文明の根本的欠陥を私たちに気づかせてくれるが、センの議論においてそうした認識はまずみられない。彼は、「絶対的剥奪」に焦点を当てることによって、一方の貧困を他方の富裕から切り離す傾向をもち、他方で、高度に発展した社会を世界の他の地域がめざすべき目標として設定している。そして、「特権的な人々」の富裕の妥当性を疑うことなしに、市場メカニズムのさらなる拡大がグローバルな規模での不平等を解消するのに必要であると考えている。しかしこれでは、シューマッハーが「生態系に依存しているという感情」の欠如を指摘した「近代の経済学者」の典型的な思考様式から、センが脱しているとはいえない。

センにたいする右の四つの論点は、裏返していえば、つぎのような性格をもつガンディー主義の理念にもとづいている。すなわちそれは、第一に、低エントロピー性の労働集約的技術と自然のなかでの簡素な社会の優位性を主張し、第二に、貧困を絶対的文脈だけではなく相対的文脈においても認識する視角をもち、そして第三に、一部の人々による富や資源の独占を非暴力的に是正して貧者の救済をめざすものである。

結局のところ、人間の社会を持続可能なものにしてゆくためには、はじめに「特権的な人々」が、「必要物」を自発的に削減してゆかなければならない。貧しい人々の「自由」の拡大は、それと同時に図られるべきであろう。そのために技術は、シューマッハーの主張するように、すべての人の手が届くように「人間の等身大の規模に戻る」方向になければならない。このとき私たちは、人類その他生物種の生き残りをかけて持続可能でコンヴィヴィアルな経済を志向するならば、身の丈の経済を標榜するガンディー主義の枠組みに、センの人間開発論を位置づけなおしてゆく必要があるだろう。

シューマッハーが引用したガンディーのつぎの言葉は、人類や生態系の存続を考えるとき、二一世紀のグローバル社会においていっそう深い意味をもつ。「地球はすべての人の必要を満たすのに十分なものを提供するが、すべての人の貪欲を満たすほどのものは提供しない」[Schumacher 1973: 29]。

人類の現代世代は、互いに枯渇性資源を奪い合っているだけではなく、実は、将来世代からもそれを奪って生きている。二一世紀は、人類がひとつの大きな岐路に立たされる時代である。それは、ますます多くの人々が、グローバリゼーションの名のもとに物質的豊かさを求めて枯渇してゆく資源をいっそ

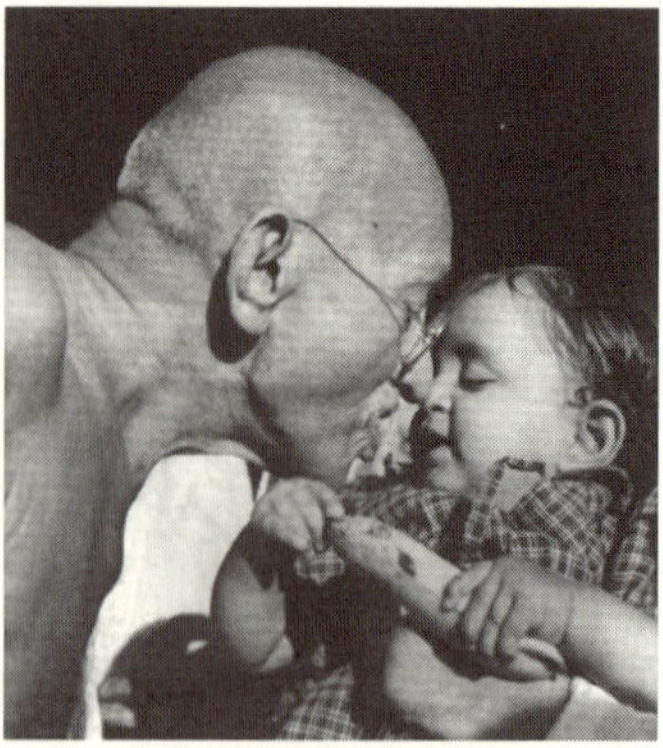

世代を超えたコンヴィヴィアリティ

う激しく奪い合うか、それとも将来世代のことをも考えながら、そうした資源を他者と分かち合ってより簡素な生活に満足をみいだすかの岐路である。

　このとき人類を含めた生態系の破壊を回避する開発は、グローバル社会において相対的に裕福な人々が、貧者の「ケイパビリティ」の伸長を側面から支えてゆくという性格をもつだろう。その際人々に求められる倫理は、センのいう「共感」や「コミットメント」であり、またイリイチのいう「コンヴィヴィアリティ」であろう。ただし、いずれにしてもこの場合、ガンディー思想が示唆するように、前者の人々の「必要物の削減」を大幅に行ない、身の丈の経済へと大きく旋回する以外に「近代」の矛盾を打開する道はないはずである。

　このことは、経済学においてはつぎのことを意味する。すなわち、スミスからセンにいたる経済学は、おおむね成長経済（右肩上がりの経済）において人々を養う方策を考えてきた。これにたいして、ガンディー思想にひとつの基礎をおく新しい経済学は、少なくとも物質的な意味では、縮小経済（右肩下がりの経済）においてこの課題に取り組むことになる。しかしその課題は、成長経済を支えてきた利己心、資本蓄積、市場メカニズム、自由貿易、資本輸出、国家主導の開発など一連の「近代」の諸価値の対極に向かいながら、同時に「近代」という時代に未曾有の規模に増大した地球人口を養うという、きわめて困難な作業を要求するのである。

註　記

序章　身の丈の経済論

（1）このうち、チャタジーとグハは、実はつぎに述べるポスト植民地主義の一翼を担うサバルタン研究の代表的論者たちであるが、ガンディー批判にかぎっていえば、近代主義を代表するマルクス主義の伝統的見解を継承している。詳しくは、第二章を参照されたい。

（2）筆者はかつて、これらの論者とほぼ同様の視点にたって、ガンディーの近代文明批判にもとづく村落経済論を「脱近代」の社会経済建設、あるいは“postmodern” socioeconomic constructionと説明したことがあるが、それは通常使われている意味での「ポスト近代主義」とは明確に異なるものである［石井 一九九五、Ishii 2001］。ガンディー的な意味での「近代の後」の思考様式を表現する言葉が一般には存在しないことから、本書ではこれをいわゆる「ポスト近代主義」とは区別して「もうひとつのポスト近代主義」と呼ぶこととする。

（3）立本成文は、既成の学問分野に帰属して地域研究の存在意義を認めないタイプの研究者から、逆に地域研究を契機として既成の学問分野の体系、知の枠組みを再構築しようとするタイプの研究者まで五段階に分類している［立本 二〇〇一：一四－一五］。

（4）もっとも、立本が示唆するように、地域研究の追求する地域固有の理論が、ともすればディシプリンとして普遍性を主張して、他地域の固有性を覇権的に抑えようとすることは慎まなければならない［立本 二〇〇一：三三六］。

第一章 ガンディーの生涯――「真理」の実験の記録

（1）南アフリカにおいて在留インド人の権利回復のために展開された運動である。本章第二節を参照されたい。

（2）たとえば、深沢宏［一九六六］や森本達雄［一九九五］なども同様の区分を行なっている。

（3）コミュナル統一（宗派間の融和）、不可触民制度の廃止、カーディー（手織綿布）、教育、衛生、言語、経済的平等など一八項目からなる包括的な社会経済的政策綱領であり、市民的不服従運動を補完する役割を果たしていた。

（4）社会の富者が、その財産を神から信託された受託者として行動し、これを社会の貧者のために行使するという考え方である。

（5）いわゆる「シパーヒー（セポイ）の反乱」のことであるが、反乱の当事者は、たんにシパーヒーにかぎらずムガール皇帝から農民まで巻き込んで、実に民族的規模に及んでいた。このため長崎暢子は、これを「インド大反乱」と呼び、近年ではこの名称が定着している［長崎 一九八一］。

（6）ルイス・フィッシャーによれば、バニアーとは「抜け目のない、狡猾な商人」と同義語であった［Fischer 1995: 13］。

（7）こうした「真理」にかんする観念を形成するうえで、ガンディーの依拠した諸宗教については、第三章を参照されたい。

（8）ガンディーの近代文明批判については、第四章で詳述する。

（9）共通の言語や宗教で結ばれた社会集団が、他と区別して自らの優位性を強調する思考様式で、インド史においては、主としてヒンドゥーとムスリムの対立関係について用いられる［辛島ほか 一九九二：二六三―六四］。

（10）宗教的修行のための道場、あるいは共同生活の場を意味する。ガンディーにおいては、「真理」の実験の拠点となった場所である。

（11）サーバルマティーは、以後一九三三年までサッティヤーグラハ運動の本拠地となる。

(12) チャンパーラン農民闘争については、Singh［1994］、Tendulkar［1994］を、また、アフマダーバード労働争議については、Desai［1968］、Kamath and Kher［1993］を参照されたい。また、ガンディーの『自叙伝』［Gandhi 1997］も、これらの闘争や争議に言及している。

(13) もっとも、アーイシャ・ジャラールによれば、ガンディーがこのときヒラーファト運動支持のアリー兄弟らと手を組んだことは、ムハンマド・アリー・ジンナーの好まざるところであったという［Jalal 1985: 7-8］。長崎は、このことが「のちの印パ分離を生み出す背景となっていく」とみている［狭間・長崎 二〇〇九：三六六］。

(14) 手紡ぎと手織りは、これ以後ガンディー経済思想の中核に位置づけられてゆく。

(15) 一九二一年一二月から一九二二年一月末までに、ジャワーハルラール・ネルーやアブドゥル・カラーム・アーザードをはじめ、およそ三万人が政治犯として逮捕された［中村 一九七七：六八―六九］。

(16) 外国製織物の焼き払い運動については、第五章第二節にて詳述する。また、この運動にたいするラビンドラナート・タゴールの激しい批判については、第四章第三節を参照されたい。

(17) インド共産党の創設時期については、第六章で触れるように、これをローイらがタシケントで創設大会を開催した一九二〇年とする説がある。ただし本書では、中村［一九七七：九一―九二］にしたがって、一九二五年を創設時期とみなす。第六章、註（6）を参照されたい。

(18) このメーラト共謀訴訟にかんして一九三一年に行なわれた裁判は、一八名の被告が共産主義思想を宣伝するまたとない機会となった。すなわち彼らは、ガンディーらの非暴力的抵抗運動を民族改良主義運動と規定しつつ、インドにおける民族民主主義革命は、労働者、農民および小ブルジョアジーの三つの階級からなる統一戦線を通じて遂行されることにくわえて、この統一戦線は革命的反帝国主義戦線であり、帝国主義支配と封建主義支配の打倒をめざすプロレタリアートの指導のもとでのブルジョア民主主義革命が当面の課題であるが、それが社会主義革命へと転化するという二段階革命論を提起していた［中村 一九七七：一二三、中村 一九八一：四三］。

(19) 受託者制度理論が具体的に展開される過程については、第六章を参照されたい。

(20) ロンドン円卓会議は、インドの将来の地位、憲法作成、選挙制度などを議論すべく、一九三〇年から一九三二年にかけて三回行なわれた。第二回会議では、地主、ムスリム、不可触民などの代表が、これら利害団体を分離しようとするイギリスの思惑にそって、留保議席と分離選挙を要求したのにたいして、ガンディーはこうした要求に断固として反対した［Fischer 1995: 368-72］。

（21）カースト・ヒンドゥー代表と不可触民代表とのあいだの交渉、ガンディーの「死にいたる断食」、およびガンディーと不可触民代表とのあいだにプーナ協定が結ばれる経緯については、Fischer［1995: 381-412］を参照されたい。

（22）このあたりの経緯については、第六章第四節にて詳述する。

（23）国家が、信教の自由を認め、特定宗教の優遇を禁止する考え方で、世俗主義、非宗教主義、政教分離主義などと訳される［辛島ほか 一九九二：四〇〇－〇二］。

（24）ムスリム連盟のラホール決議はつぎのようにいう。「インドの北西部および東部などムスリムが数字の上で多数となる地域は、集められて『独立国』を構成し、そこでは憲法制定の権能のある諸単位が、自律的で主権を有するものとなる」［Allana 1997: 172］。ただしジャラールによれば、この決議は「分離」や「パキスタン」には言及しておらず、「交渉のカード」にすぎないものであったという［Jalal 1985: 57-58］。すなわちジンナーには、インドの統一性を破壊しようという意図はなく、実は、多数派支配に代わる方途を探していただけだったという理解である［ibid: 70-71］。

（25）長崎暢子は、このときガンディーが、イギリス軍をインドから撤退させることで、日本軍にインド侵攻の口実を与えず、インドの戦場化を防ごうとしたとみている［長崎 一九八九ａ：一三四－五二］。

（26）そしてその悲劇は、側近や妻の死によっていっそう深められた。ガンディーが逮捕された六日後に、二四年間彼の秘書を務めたマハーデーヴ・デーサーイーが心臓発作で、また一九四四年二月には六二年間連れ添った妻のカストゥールバーが慢性の気管支炎を悪化させて死亡している。この間ガンディーが、心身ともに力を落としていたことは想像に難くない。ガンディー自身は、妻の死の六週間後に四〇度を超すマラリヤ熱に、五月には十二指腸虫に冒され、その容態は「はなはだ憂慮すべきもの」となって釈放されることとなる［Fischer 1995: 504-08］。

（27）ジャラールによれば、当初内閣使節団は、ゆるやかな連邦体制によって統一インドを保持し、防衛と外交問題にかぎって中央が権限をもつというA案と、北西部と北東部のムスリム多数州のみで構成され、主権が制限的に与えられるパキスタンを認めるB案を想定していた［Jalal 1985: 183-84］。長崎は、この点に関連して、イギリス側が一九四六年四月の段階ですでにインド・パキスタン分割への道を認めはじめていたと考えるなら、分割の原因を八月に起こったムスリム連盟の実力行使以外にも求めうる可能性を指摘している［狭間・長崎 二〇〇九：四五六］。

（28）ただしジャラールによれば、この「直接行動」は、「大衆的不服従運動を実行するという脅迫」に対抗してジンナーが会議派に突きつけた「ピストル」であり、隠喩的な役割を果たしたのであって、現実的な効果が期待されたわけではなかったという［Jalal 1985: 213］。

（29）"Gandhi Murder Trial"（*The Word Quarterly*, 1950）に記録された起訴状は、実行犯ゴードセーと共犯者ナーラーヤン・D・アープテーらによるガンディー暗殺の周到な準備と実行の経緯を克明に記している［pp. 9-18］。特別法廷でのゴードセーの供述によれば、彼は、ヒンドゥー・マハーサバーの指導者サーヴァルカルとともにみずからをセキュラリズム、民主主義の側に置き、ガンディーをムスリムのコミュナリズムを推進する人物とみなしている［pp. 39-66］。同資料に収録されているラームダース（ガンディーの三男）のゴードセー宛書簡によると、ラームダースは、ゴードセーが「誤解」にもとづいて行なったみずからの行為を省察することを期待し、そのために特別法廷の判決にもとづく死刑の執行回避をインド総督に訴えたことをゴードセーに伝えている。これにたいしてゴードセーは、ラームダースを「親愛なる兄弟」と呼び、ただちに「誤解」を認めるものではないが、父親の死によるラームダースの苦しみにたいして「人間としての最大限の遺憾の意」を示して返信している［pp. 99-101］。なお、ガンディー暗殺の政治的背景として、彼が伝統的ヒンドゥー社会にとっていかに脅威であったかについては、Nandy［1980: 70-98］を参照されたい。

第二章　ガンディー研究をめぐる論点

（1）チャルカー運動は、インド古来のチャルカー（手紡ぎ車）を復活、普及させて、産業化の過程で貧窮化した大衆に仕事を与えようとした運動であり、第一章で言及した建設的プログラムの一部をなしている。独立運動における同運動の展開については、第五章を参照されたい。

(2) 第一章註(4)および第六章を参照されたい。

(3) 石田は、ガンディーの非暴力を妥当な紛争解決方法とみるジョーン・ボンデュランに賛意を示しつつ、戦前の日本のガンディー観がいかに「大東亜共栄圏」の構想に引き寄せられながら歪んで形成されてきたかを提示した[石田 一九六九]。他方、内藤は、マルクス主義の観点から、戦前「聖者」として描かれたガンディー像が戦後は色褪せながらも、その過程でなお、「民族資本の代弁者」として階級間の矛盾を「隠蔽」した彼の役割がしばしば見過ごされてきたことなどを論じた[内藤 一九六九b]。

(4) スミスからリカードゥ、ミルにいたる古典派経済学の思想的潮流については、西川[一九七八:第二-五章]を参照されたい。

(5) 詳しくは、本書第四章第四節を参照されたい。

(6) ただしダルトンは、ローイが後に共産主義を捨てて、ガンディーの考えにかぎりなく近づく様子を示している[Dalton 1993: 87]。

(7) ザミーンダールおよびタールクダールは、いずれも北インドにおける世襲的領主層・地主層で、これらを媒介としてイギリス植民地時代に機能した土地所有・徴税制度をザミーンダーリー制度およびタールクダーリー制度と呼ぶ。

(8) このナンブーディリッパードゥの『マハートマとガンディー主義』の初版は、一九五八年に出された。内藤は、一九六九年の時点でこれを「書物にまとまった形でのガンディー論・ガンディー批判としてはこのE・M・Sを越えるものは未だ見出せない」と高く評価している[内藤 一九六九b:三五]。なお、マルクス主義者によって描かれたガンディーの「反動性」については、本書第六章をも参照されたい。

(9) もっともディヤコフは、一九五六年のI・M・レイスネルとの共著論文で、つぎのように自己批判している。すなわち、スターリン主義に規定されて「会議派もガンディーも解放運動をさまたげる勢力であった」とみた当時のソヴィエト学者の見解に触れて、「この論文の著者自身も同じような独断的誤りをおかしていた」と述べた。これは、同年のフルシチョフによるスターリン批判と共鳴する論点である。ただし同論文は、なおガンディーを「民族ブルジョアジーの代表者」とみなし、「かれ〔ガンディー〕は工業化をしなければインドは経済的独立を達成できないし、大衆の状態は改善できないことを理解しなかったのである」と論じている。この点でディヤコフのガンディー批判は、近代主義の要素を大きく残している［ディヤコフ、レイスネル 一九五七：九六－一〇四］。

(10) チャタジーは、ガンディーの市民社会批判をたとえばつぎのように紹介する。「個人財産にもとづいて絶え間なく拡大し繁栄する経済活動。マンデヴィルやスミスが、客観的かつ正確に、道徳的にも太鼓判を押して描き出した、労働の社会的分業や個々の人間に関わりなく展開する市場法則。理論的には人民が自治を行なうはずだが、実際に政治を行なうのは人民の代表にすぎず、しかも彼らは何年ものあいだに一度しか人民の審判を受けることはないという、主権の二重性にもとづく政治制度。革新・冒険・科学的進歩の精神、哲学と倫理の合理化と文芸と教育の世俗化。こうしたブルジョア社会の成り立ち全体を、ガンディーは根本的に批判するのである」［Chatterjee 1984: 162-63］。

(11) ちなみに、C・ライト・ミルズは、ベルの「イデオロギーの終焉」論を「マルクス主義を攻撃するための無批判の武器として用いられる……自由主義的レトリック」とみなしている［Mills 1960: 18］。ベルの「イデオロギーの終焉」論のイデオロギー的含意は、後にフランシス・フクヤマの「歴史の終わり」論へと継承されてゆく。この点については、たとえば Sim［1999: 16-22］を参照されたい。

(12) 構造主義およびポスト構造主義にかんするここでの理解は、シム［二〇〇二：一六九－七〇、二七五－七六］および廣松ほか［一九九八：四九六－九七、一四九〇－九一］にもとづいている。

(13) サバルタン研究が、ケンブリッジ学派などのエリート主義を批判して民衆の側からの歴史記述をめざして登場した経緯や、また、いわゆる「スピヴァクの介入」などを経て「語ることができない」サバルタンを抑圧してきたエリートによる言説の分析へと向かってゆく経緯などについては、粟屋［一九八八、一九九九］および井坂［二〇〇二］を参照されたい。

(14) 「近代」の条件とは、きわめて高い水準の産業化、都市化、一人あたり所得および教育を、また「伝統」の条件とは、貧困、低水準の教育とマス・コミュニケーションおよび広範な農業経済を意味する［Rudolph and Rudolph 1967: 17］。

(15) パンサムは、ガンディーの倫理観にポスト構造主義的表現をみいだしながらも、さらに「近代」の後にくるべきものとして物質的に簡素な経済を想定するものではない。このため本章では、パンサムの議論をつぎに述べる「もうひとつのポスト近代主義」とは区別している。

(16) 本質主義とは、ある物事にはそれが成り立つために必要な特性（本質）があり、その特性に還元して物事を考えようとする思考様式である。一方、構築主義は、こうした本質主義の立場とは異なり、「現実とは社会的に構成（construct）されて」いると考える思考様式である［千田 二〇〇一：一－二］。

(17) こうしたギアの立場は、田辺明生のそれに近い。田辺は、「共同体対個人という矮小化された近代主義的枠組みを超えて、個の自由と倫理を共同性と関係性のなかで獲得する」ことを「ポストモダンの課題」として設定し、この課題を主として南アジア研究の文脈で考察している［田辺 二〇〇二：二七七－三〇五］。

(18) ルドルフは、一九九六年一月にラージェンドラ・プラサード研究所においてガンディーをポスト近代主義者とみなす報告を行なっている。これにたいしてアジット・クマール・ジャーは、絶対的真理にたいするガンディーの信仰が、ポスト近代主義の前提としての倫理的相対主義と相容れないことをもって反論している。またジャーは、ガンディーが貪欲とともに需給の法則（市場法則）を嫌悪していたことから、ルドルフが、市場を内包するはずの市民社会とガンディー思想との親和性をみいだそうとする点に異を唱えている［Jha 1996］。

(19) ルドルフがここで用いる「近代」の定義は、Toulmin［1990］にもとづくものである［Rudolph 2006: 13］。

(20) 現代においては、たとえば Mani Bhavan Gandhi Sangrahalaya: Mahatma Gandhi Information Website; A WorldViewer.com Site: Mahatma.com などが、インドおよび世界のガンディー関連のアーシュラム、教育研究機関および社会運動組織などのリストを示している。

(21) ポスト近代主義が内包するこうした矛盾については、山本［一九九五］をも参照されたい。

(22) ナンディーのガンディー理解については、石坂［二〇〇七］が詳しい。

(23) なおシヴァが、ガンディーの現代的意義を語ったインターネット上の記事として、Barsamian and Shiva［2009］、London［2011］、Shiva［2002］などがある。

(1) ガンディーは、ブラヴァツキー夫人、オルコット大佐、あるいはベサント博士らによる人類への貢献を高く評価していたが、神智学協会のオカルト的傾向には感心しなかった［*CWMG*, v. 31: 377］。

(2) ここでの議論は、『バガヴァッド・ギーター』［一九八〇：三一七－一八、解説］、古瀬［一九七七：六五］および中村［一九七九：一七八］による。

(3) 中村元によれば、梵我一如の理を体得して解脱を得る人は、（一）子孫にたいする欲望を捨てる、（二）財宝にたいする欲望を捨てる、（三）世間にたいする欲望を捨てる、そして遍歴遊行者として暮らした後に亡くなると絶対のブラフマンと合一するというのが、ウパニシャッドの哲人ヤージニャヴァルキヤの理解である［中村　一九七九：七八－八七］。たしかにガンディーは、性的、経済的禁欲を実行した点でヤージニャヴァルキヤの示した解脱の方法と共通する思考をもつが、同時に、現世内に留まって禁欲を実践した点でヒンドゥー修行者とは決定的に異なっている。

(4) ただし佐保田は、「アヒンサー」を「不殺生」ではなく「非暴力」と訳している。

(5) ガンディーが、一九三二年四月よりイェラヴァダー刑務所から書き示したアーシュラムで重視すべき項目は、（一）真理、（二）祈り、（三）アヒンサーないしは愛、（四）ブラフマーチャリヤないしは貞操、（五）不盗および不所有、ないしは貧困、（六）パンの労働、（七）スワデーシー、（八）不可触民制度の廃止、（九）農業、（一〇）酪農、（一一）教育、（一二）サッティヤーグラハである［Gandhi 1955b］。

(6) ルイ・デュモンは、これらふたつの宗教に「アヒンサー」の起源を求めて、「バラモンは精神的な指導者の座を追い払われようとしており、競争心に刺激されて菜食主義を借用した」とみている［デュモン　二〇〇一：二五二］。ヘンク・W・ボーデヴィッツは、こうしたデュモンの見解を支持して、「アヒンサーは、そもそも禁欲主義的反儀式主義に属すると考えられるのであり、とくに異端者（仏教徒やジャイナ教徒）によって表現され、古いヴェーダ的ウパニシャッドにはほとんど軸足を置いていない」と結論する［Bodewits 1999: 41］。これにたいして、ハンス－ペーター・シュミットは、儀式的アヒンサー理論が後の自己放棄的アヒンサー原理のそもそもの源であるとし［Schmidt 1967: 649-50］、ジョハネス・C・ヘーステルマンも、アヒンサーと菜食主義の典型的な融合は、バラモンの儀式的思考から発し、仏教徒やジャイナ教徒はその菜食主義にはなんら関係がないと論じている［Heesterman 1984: 126］。
（7）インドの宗教改革については、玉城［一九六五：第一章］および佐保田［一九七六：第二章］を参照されたい。
（8）マーガレット・チャタジーは、ガンディーがヴィヴェーカーナンダの「ダリドゥラナーラーヤン」（Daridranārāyan）、すなわち「私の神、貧しき者」（My God, the Poor）の考え方に共鳴していたことを示している［Chatterjee 1983: 31］。
（9）ガンディーの「アヒンサー」思想にたいするジャイナ教の影響を認める議論として、たとえば中村［一九七〇：二九］、渡辺［二〇〇六：一八三］、Chatterjee［1983: 32-34］などがある。
（10）これにたいして、非霊魂（アジーヴァ）は、運動の条件（ダンマ）、静止の条件（アダンマ）、空虚（アーカーサ）および物質（ポッカラ）の四つである［渡辺 二〇〇六：一一五］。
（11）「アヒンサー」をめぐるガンディーとジャイナ教徒との論争については、Parekh［1989: 120-21］を参照されたい。
（12）したがってブッダは、出生、命名、入盟式、結婚、死亡などの際の儀式を無視した［中村 一九七〇：一八一］。
（13）ただし、「現代のブッダ」と呼ばれることについては、ガンディーはこれを拒否している［*CWMG*, v. 86: 362］。
（14）もっとも、ラスキンは、激しい人種差別主義者であったことが知られており、こうした点はガンディー思想全般とは根本的に相容れない。たとえば、Dasgupta［1996: ch. 8］を参照されたい。
（15）こうしたシンガーの見方については、つぎの批判がある。すなわち、前川輝光と川上裕司は「諸社会の向かうべきゴールは結局唯一のものと設定され、西洋近代こそはそのゴールであるとされている」と述べている［前川・川上 一九八七：六〇］。またカントフスキーも、こうしたシンガーが代表する「北アメリカ的ヴェーバー理解」が、「第三世界が、第一世界の道にならうことによってのみ、離陸し第一世界に追いつけると示唆する」とみている［Kantowsky 1982: 166］。
（16）ガンディーは、カースト制度（ヴァルナ制度）のもつ職業の世襲制が人々のあいだの競争を抑制する点にヒンドゥー社会の安定性を求めていた。彼が、「街路掃除人として生まれた人は、街路掃除人として生計を立て」る同制度を支持したのは、「街路掃除人は、弁護士や大統領と同様に報酬に値する仕事である」という理由においてである［*CWMG*, v. 64: 401-02］。

第四章　経済思想の基本構造

（1）この発言がなされた時期は明確ではないが、ガンディーがタゴールの弟子に述べた言葉として、ヴィンセント・シーアンが記録している［Sheean 1949: 158］。

（2）ただしこのときガンディーが、経済的自立性をみずから放棄したインド人の側にも弱点があったことを指摘しているのが興味深い。「どうしてマンチェスターが非難されましょうか。私たちはマンチェスターの衣服をまとい、だからこそマンチェスターはそれを織ったのです」［Gandhi 1922: 105］。

（3）これらの言明は、かつて西洋文明をつねに東洋文明よりも劣位に置き、西洋文明を「破壊的」とみなす自己の見解を部分的に修正したとみることもできる。

（4）定常化阻止の方策にかんする古典派経済学者の思想が、リカードゥの自由貿易論からミルやウェークフィールドらの帝国主義思想へと展開してゆく経緯については、西川［一九七八：第二章、第四章］を参照されたい。またウェークフィールドが、資本と労働の非移動性を前提としたリカードゥ正統派の外国貿易把握のしかたを拒否し、むしろそれらの移動性を前提としながらスミスの「余剰はけ口」説を発展的に継承することによって、自由貿易思想と植民地論を結びつけていったという説明については、本山［一九七六：第三章］が詳しい。

（5）その任務は、受託者制度理論に託されている。詳しくは、第六章を参照されたい。

（6）ネルーの社会主義思想については、Nehru［1996］をも参照されたい。

（7）もっとも、独立後ネルー政権は、重工業の確立とともにガンディーの理想とした村落工業やパンチャーヤトなどを重視する。詳しくは、第七章を参照されたい。

（8）ガンディー＝タゴール論争については、このほかにFischer［1995］、森本［一九九五］、古田［二〇〇八］などがある。これらによると、論争における激しい意見の対立にもかかわらず、その対立点が、両者の深い思想的交流のごくわずかな部分を構成しているにすぎないことがわかる。たとえば古田彦太郎は、「苦行者的な社会実践主義者」としてのガンディーと「美と愛と自由に生きる芸術家的な理想主義者」としてのタゴールの対照性を認めながらも、両者は「真理への尽きない探求心」において「一致していた」とみている［古田 二〇〇八：四六］。

(9) 実際、ガンディーに「マハートマ」という尊称を与えたのは、タゴールだったといわれている［Fischer 1995: 159］。一九三〇年の「塩の行進」以来の不服従運動の盛り上がりをみて、タゴールは「東洋から遠く離れたイギリスに住む人たちは、いまやヨーロッパがこれまでアジアで保ってきた道義的な威信を完全に喪失したことを認めるにいたった」と述べて、これを評価した［ibid.: 351］。また、一九三二年にガンディーが、不可触民を含む被抑圧階級のための分離選挙区制に反対して「死にいたる断食」を開始する際に、タゴールはこれをつぎの言葉で祝福した。「インドの団結とその社会の安全のためには尊い生命を犠牲にする価値があります。……われわれの心があなたの崇高な苦行を敬意と愛情をもって理解することを切望します」［ibid.: 398］。もっとも、ガンディーが一九三四年に生じたビハール大地震を「不可触民制にたいする懲罰」と決めつけて非科学的な見解を示したことを、タゴールが「不条理の原理」として批判して論争が再燃することはあった［ibid.: 415］。それでも両者の友好関係は、タゴールの死までつづいた。ガンディーとタゴールの論争および友好関係については、Kripalani［1971］をも参照されたい。

(10) とくに一九二〇年代のチャルカー運動は、生産者にたいして生産性と品質の向上を求め、そうして生産されたカーディーは、市場においても一定の価格競争力を保持していたとみられる。詳しくは、第五章第二節を参照されたい。

(11) 「ラージ」(Rāj) は、英語の"Rule"を表わす。ここからガンディーは「パンチャーヤト・ラージ」を「民主主義」(democracy) の意味で用いている［*CWMG*, v. 90: 420］。

(12) ガンディーの描いた村落を中心とする理想の国家像については、Agarwal［1946］およびラミス［二〇〇九］をも参照されたい。

第五章　チャルカー運動

(1) 本書では、チャルカー（手紡ぎ車）とカーディー（手織綿布）を復活・普及させる運動の総体をチャルカー運動と呼ぶことにする。

(2) たとえば、柳澤［一九七一、一九七二］、Roy［1988］、Guha［1989］、Harnetty［1991］、Yagagisawa［1993］を参照されたい。

(3) 篠田は、「ガンディーが社会改革に見込んだ時期の長さを考慮に入れる必要がある」と最後に留保しつつも、基本的には「チャルカー運動は失敗した」とみている［篠田 一九八一：二八七］。

(4) この点は、チャルカーが「宗教的にニュートラルなもの」であることを指摘した長崎の見解に通ずる。第四章第四節を参照されたい。

(5) なお近年では、さらにつぎのふたつの研究がある。すなわち、いかにカーディーが人々を独立運動に動員して政治的道具としての役割を果たしたかを検討するラーマグンダムによる政治史的研究［Ramagudam 2008］と、糸紡ぎがガンディーによって植民地時代のノスタルジアから政治的シンボルに変換されてゆく系譜を絵画や写真においてたどるブラウンの美術史的研究［Brown 2010］である。だが、いずれもチャルカー運動の経済的側面に焦点を当てるものではない。

(6) ＡＩＳＡの資料は、第一期を一九三三年まで、第二期を一九四三年までとしており、本章はこれを若干修正している［AISA undated: 12］。

(7) 手紡ぎの訓練は、タミル・ナードゥで一九二六年に小学校に［*YI*, November 25, 1926］、アーンドラ・ネルロア地区で一九二七年に小中学校や病院にそれぞれ導入された［*YI*, June 9, 1927］。

(8) これには、会議派の党員に、工場製布地を使うという選択肢を放棄させる意味があった。「国民会議派の一員である者が、工場製布地を使うという選択肢をもつことは、カッダルを潰すことです。カッダルは市場に影響力をもちうるまで、与えられうるすべての保護を必要としているのです」［*YI*, July 17, 1924］。

(9) 『ハリジャン』誌によれば、たとえばバールドーリー・ラーニーパラージ地区のチャルカー運動は、一九三〇年までに四〇〇村落、四〇〇〇家族に関与した。ところがその後、運動の推進母体であったスワラージ・アーシュラムが差し押さえられるなどして後退を余儀なくされた［*HJ*, July 16, 1938］。

(10) グレッグのこの観察は、『ヤング・インディア』誌の記述と符合する。すなわち同誌によれば、一九二〇年代前半の成果として、コミラのアーベイ・アーシュラムでは、八×四四平方インチのドーティーが、一九二一年に七ルピー八アンナしていたが、一九二二年に六ルピー、一九二五年に五ルピー、一九二六年に三ルピー一二アンナとなって、工場製綿布よりも低い価格となったという［*YI*, October 21, 1926］。

（11）グレッグも、機械にみられる「労働節約的」技術が、膨大な数の失業・半失業者を抱えたインドにはまったくふさわしくないことを指摘している［Gregg 1946: 73］。

（12）ガンディーは、一九二四／二五年時点の綿布生産量を四六億一一〇〇万ヤード（重量換算で一一億六五〇〇万ポンドのより糸に相当）と理解する。そのうえで、もしもそのより糸を、工場に頼らず年間二五ポンド生産する四六六〇台のチャルカーで紡ぐならば、同数の紡ぎ工と三一〇万人の織工、その他何千という職人が必要となるので、成人農業人口のおよそ半分を養うことができると計算している［*YI*, October 28, 1926］。

（13）これらの数値は、ＦＦＣのデータとは若干異なっている。

（14）このうち、稼動中のチャルカーを五〇〇万台とするマンモーハン・ガンディーの推定は、プンタンベーカルとヴァラダーチャーリーの研究［Puntambekar and Varadachari 1926］にもとづいている。

（15）括弧内の割合は、カーディー布地の推計生産量とこれを含まない先の全インド綿布生産量（三八億二二〇〇万ヤード）の和に占めるカーディー布地の割合を、『ハリジャン』誌に示された換算率にもとづいて四四インチ幅の場合と一ヤード幅の場合とに分けて求めた数値である。これにたいして、マンモーハン・ガンディー［Gandhi 1931: 74］や実情調査委員会［FFC 1942: 110］は、一ポンドの手紡ぎ糸から三平方ヤードの布地が生まれるとみており、この場合、布地の面積は一八％ほど小さくなる。

（16）一九二七年にガンディーは、カーディーを普及させるための条件としてつぎの五点を挙げている。すなわち、（a）カーディーの生産に携わる者が、少なくとも工場製糸と同程度により強く滑らかなより糸を製造するように注意を払うこと、（b）人々の嗜好を研究し、充分な種類のカーディーを製造すること、（c）生産性を向上させてカーディーの値段を下げること、（d）カーディーの販売に携わる者が、人々の嗜好をより深く理解し、販売の術を学ぶこと、（e）生産者と販売者が、最低の賃金で生産性を最大化すべきこと、である［*YI*, April 21, 1927］。

（17）ＡＩＳＡは、一九三七年に会議派州政府の支援を受けて、カーディー生産拡大のために三〇万ルピーの追加資金の投入を決定した［*HJ*, October 2, 1937］。

(18) 実情調査委員会の報告によれば、自給自足的手織り生産が一般的だった点では、中央州とベラールおよびビハールもアッサムと同様であった［FFC 1942: 70］。

(19) データの得られないベンガル、連合州、マイソールを除いて、独立織工の総数九七万九一九〇人を織工の総数一七〇万四九五〇人で除すると五七・四三％である。

(20) 筆者は、二〇〇七年に現タミル・ナードゥ州政府のチャンドラ・プラカーシュ・シン博士（手織機・手工芸品・織物・カーディー局長）およびN・ナーラーヤン氏（古文書・歴史研究主席コミッショナー）のご厚意に与り、同政府ウェブサイト管理チームとの幾度にもわたる通信を経て本史料を入手することができた。関係諸氏に深く感謝する。なお、本史料の存在は、Yanagisawa［1993: 13-14］により知りえたことを付記しておく。

(21) 綿布市場のこうした趨勢の背景には、カーディーの宣伝とともに、強力な保護貿易政策がある。綿反物に対する従価税は、一八九六年以来三・五％であったが、一九一七年に七・五％、一九二一年に一一％、一九三〇年に一五％へと引き上げられた。さらに一九三四年までに、灰色布地はイギリス製二五％、その他外国製三五‐五〇％へと引き上げられた。なお、インドの工場による綿布生産は、一九二〇／二一年から一九三七／三八年にかけて一三五％増加し、他方、手織機による綿布生産は、三九％増加した［FFC 1942: 12-13］。

(22) ガンディーは、すでに一九四二年に『ハリジャン』誌上で、「単なる印（token）ではなく、本来的価値を有し、しかもそれが市場的価値にもなるような尺度」について議論するなかで、「主として紡ぎ工との、また一般的にはカーディー愛好家との取引において使用される最低単位（lowest measure）として、縦糸幅のより糸一本分（a warp length of a single thread of yarn）」を提案している［*HJ*, January 18, 1942］。

(23) 一九四六年七月一四日の『ハリジャン』誌の記事（六月三日の『カーディー・パトリカ』誌から転載）によると、より糸一束にたいして二ルピー相当のカーディーを手渡すことになっている。もっとも、持参されるより糸は、本来自分で紡いだものであるべきところ、他者から買ったものである場合が多かったようである［*HJ*, July 14, 1946］。

（1）ただしディヤコフは、レイスネルとの共著論文でこうした見方について自己批判している。詳しくは第二章、註（9）を参照されたい。

（2）一方ダースグプタは、アーサー・アンダーヒル卿の「信託」概念を示し、これを「ある人（受託者）を、人々（受益者）の利益のために、みずから管理する財産（受託者の財産）を取り扱うよう拘束する義務」と定義されるものとしている。この定義による「信託」は、つぎの四つの基本的要素をもつという。「第一に、信託とは一種の義務である。第二に、この義務は財産のなんらかの取引と関係している。第三に、当該財産は受託者によって所有される必要はない。管理の実施で十分である。最後に、その利益は受託者ではなく受益者のものになるよう意図されている」[Dasgupta 1996: 123]。

（3）たとえば、Kamath and Kher［1993: 71］を参照されたい。

（4）ガニ（ghani）とは、インドに伝統的に伝わる製油方法のことである［Achaya undated］。

（5）バジャージについては、Kulkarni［1951］をも参照されたい。

（6）ただし、インド共産党の創立時期については、これとは別に、党本部をボンベイに置くことを決定した一九二五年一二月のカーンプル会議を起点とする説がある。中村平治が、この一九二五年説をより妥当なものとみなす理由は、カーンプル会議以降のインド共産党が、ベンガルやボンベイで労農党を組織してゆくなど、インドの歴史過程にじかにかかわってゆく経緯にある［中村 一九七七：九一－九二］。

（7）この訴訟において、S・A・ダンゲー、ムザッファル・アフマド、ショウカト・ウスマーニー、カリヤーニー・ダース・グプタの四人は、イギリス政府や流派の異なる労働組織の転覆を謀り、第三共産主義インターナショナルに関与したとされるM・N・ローイと連絡を取り合っていた廉で起訴され、四年の投獄が言い渡された［Revri 1972: 112］。

（8）第一章、註（18）を参照されたい。

（9）ただしネルー自身は、最後まで会議派社会党にはくわわらず、社会主義者たちに精神的支持を与えるにとどまった。桑島明は、その理由として「会議派社会党の土壌性に疑問をもち、サチャグラハにおいて大衆を捉えたガンディーにその点で譲っていることを認めたからであろう」と述べている［桑島 一九六八：一四、強調は原著者］。ネルーもまた、以下に述べるガンディーとの激しい葛藤を経ながらも、結局はガンディーを手放すことはできなかったのであろう。

第七章　ガンディー死後の「ガンディー主義」——サルヴォーダヤ運動

（1）ガンディーは、すでに一九三六年の段階で「ガンディー主義」がドグマ化すると危惧したラームナーラーヤン・チョウダリーと見解を共有していた。すなわち彼らは、ガンディー主義が結局「もうひとつのセクト」となって、「盲目の信仰と知的従属」および「偽善」を生み出し、その解釈をめぐってガンディー主義者のあいだで分裂すると予期したのである。ガンディーは、そうした傾向を戒めるために「ガンディー主義などというようなものを思い描いたことはない」と述べる。そして、自身が「いかなるセクトの唱道者でもない」こと、またその考えを「ガンディー主義などと呼んではならない」ことを強調している［*CWMG*, v. 62: 223-24］。

（2）こうしたガンディー主義者の世代的区分けは、主として石坂［二〇一一］にもとづいている。

（3）ガンディー直系の子孫については、一九七六年時点で四七人が、インド、南アフリカ、合衆国、イタリア、スイスに居住し、このうち成人は、生命保険から宇宙工学にいたるさまざまな仕事に就いていたことが、ヴェード・メーターによって示されている［Mehta 1993: 47］。また、筆者の知るかぎりでは、ガンディーの第二子マニラールの息子アルン・ガンディーが、合衆国メンフィスで一九九一年以来M・K・ガンディー非暴力研究所（M. K. Gandhi Institute for Nonviolence）を主宰し、マーティン・ルーサー・キング・ジュニアの流れを汲む運動とも合流して非暴力思想の普及につとめてきた［MKGI Website］。アルンの息子トゥシャール・ガンディーもまた、社会活動家として活躍し、"*Let's Kill Gandhi*" において非暴力を信奉した自身の曽祖父が暗殺される経緯をたどっている［Gandhi 2007］。他方、第四子デーヴァダースの息子ラージモーハン・ガンディーは、一九五六年以来、政治腐敗との闘いや信頼構築に尽力しつつ、一九六〇年代から一九七〇年代初めにかけて、変革のイニシアティブ・インターナショナル（Initiatives of Change International）の会議場として六八エーカーの面積をもつアジアの高原（Asian Plateau）の設立に尽力した

［IOFC Website］。さらに、同じくデーヴァダースの息子であるラーマチャンドラ・ガンディーは、ハイデラーバード大学哲学学部の創設に深く関与し、ラーマチャンドラの娘リーラー・ガンディーは、現在シカゴ大学教授としてポスト植民地理論の重要な論者として活躍している［Gandhi 1998; 2006］。これらガンディー直系の社会活動家や思想家は、本書で示したガンディー死後の「ガンディー主義」の流れと、直接的、間接的にかかわりながら活動してきたはずであるが、その詳細についてはあらためて検討することとしたい。

（4）そこには、実行委員長のインディラー・ガンディーをはじめとして、モラルジー・R・デーサーイー、C・ラージャゴーパーラーチャーリー、ジャヤプラカーシュ・ナーラーヤン、J・B・クリパラーニーなどの顔があった［内藤一九六九a：六］。

（5）林のこの評価は、第四節で紹介するパティールとローカープルの「全面革命」運動にたいする評価に近い。

（6）インドにおける村落パンチャーヤトは、古くは五人の長老からなる自治組織であったが、一九－二〇世紀にかけてのたび重なる法整備を経て、地方自治を司る行政組織として位置づけられてゆく。独立インドの村落パンチャーヤトに関する研究としては、たとえば深沢［一九七三］、井上［一九九八］、森［二〇〇八］などがある。

（7）不可触民制度廃止の方法論におけるガンディーとアンベードカルとのちがいについては、エレノア・ゼリオットが両者にたいして比較的公平な評価を下している［Zelliot 1996: 150-79］。

（8）ロイド・I・ルドルフは、独立インドのパンチャーヤトが、一九九二年の憲法改正まで長らく軽視されてきたとみ、そのことを、ポスト近代主義としてのガンディー主義が「ハイ・モダニズム」としてのネルー主義の陰に隠れていたと考える根拠としている［Rudolph 2006: 3-59］。しかし、こうした二項対立的理解の図式はやや単純であるといわねばならない。井上恭子によれば、パンチャーヤトは、ネルー政権下でもコミュニティ開発事業との関連で重視されており、「停滞期」にはいるのはネルーの死後である［井上 一九九八：六－一二］。また、一九七〇年代末以降は、ジャナター政権が、地方分権や農村開発を掲げてふたたびパンチャーヤトを重視し、その姿勢は、その後の国民会議派諸政権にも大筋で継承されて、憲法改正へと向かってゆくのである［同前書：一一－一八］。

（9）製油の伝統的手法。第六章註（4）を参照されたい。

(10) 工業化にたいする姿勢や村落観をめぐるガンディーとネルーのちがいについては、第四章第二節を参照されたい。

(11) ガンディーもまた、バーヴェーの存在を高く評価して、C・F・アンドリュースにつぎのように述べている。「彼〔バーヴェー〕は、アーシュラムの数少ない真珠のひとつです。その真珠というのは、他の者たちのようにアーシュラムで恵みを受けようとして来るのではなく、逆にアーシュラムに恵みを与えるために……来るのです」[Shah 1984: 151]。

(12) ガンディーによる受託者制度の「法制化」については、第六章第四節を参照されたい。

(13) ゴーシュは、グジャラートでの学生運動が、全般的に暴力的であったのにたいして、ビハールのそれは、JPの指導下にほぼ平和的に行なわれたとみている [Ghose 1978: 26]。もっとも、バザーズのように、威嚇、議会の門の封鎖、政府諸機関でのピケ、大臣や官僚にたいする包囲外交などによって議員に辞職を強いることは、「強制的」であり、「暴力的」であり、「非民主的」であると述べる論者もある [Bazaz 1974: 17]。バザーズは、民主主義が正常に機能しないときに市民によって行なわれる集会・要求を「非民主主義的」と非難し、これを弾圧したインディラー・ガンディー政権を逆に評価する [ibid.: 16]。しかしそれは、まぎれもなく独裁者の側にたった論理であり、それこそが「非民主主義的」であるといわねばならない。インディラー・ガンディー政権が市民の力によって倒された後においては、こうした議論は説得力をもたない。

(14) エルンスト・F・シューマッハーの「中間技術」論にもとづき、第三世界の開発にNGOなどを通じて広く普及した技術論である。本書第八章を参照されたい。

(15) 非常事態宣言のもとでは、数百におよぶサルヴォーダヤ運動家や、野党政治家のみならず、インディラー・ガンディー政権に反対する与党の政治家までもが、正式な告訴も裁判もなしに投獄された。その数は、最終的に一〇万人以上にのぼったといわれている [Shepard 1987: 34]。

(16) ジャナター党が、インド大衆連盟とその背後に存在した民族奉仕集団 (Rashtriya Swayamsevak Sangh: RSS) とのあいだの「二重登録問題」を軸として崩壊し、一九八〇年にインディラー・ガンディー政権の復活を許す経緯は、Andersen and Damle [1987: ch. 6] に詳しい。また、ジャナター党政権崩壊後ますます勢いをましてゆくヒンドゥー原理主義を、一九八〇年代以降の「インド型民主主義」にたいする脅威と捉える見方については、中村［一九九八］、内藤［一九九八］を参照されたい。二一世紀におけるヒンドゥー・ナショナリズムの動向については、中島［二〇〇五］などが詳しい。

（17）シヴァによるこれらの運動への関与については、彼女が、バフグナーの古くからの知己であることとともに、石坂によって指摘されている［石坂 二〇一一：一四九］。また、シヴァ自身によるチプコー運動についての説明は、Shiva［1988: 67-77］を参照されたい。

（18）中村平治は、インド大衆党（インド人民党のこと）が、一九九一年の選挙時にマハートマ・ガンディーになぞらえて「ラーマ・ラージヤ」の確立をその最終目的として掲げたことの欺瞞性を、つぎのように指摘している。「ガンディーは確かにラーマ・ラージヤの確立こそがスワラージ（独立）の意味するところだと述べてきた。しかしそのガンディーの主張には、中世インドのバクティ（信愛）思想が背景にあり、ラーマ神はインドの宗教上の相違を超えた貧しい民衆に等値されている。ガンディーの理解では、貧しい民衆が主人公となる理想郷こそラーマ・ラージヤであって、それはインド人民党の主張する『ラーマ神の支配する国家』ではない」［中村 一九九八：二一］。

第八章　ガンディー思想と経済学

（1）本書では、ガンディー思想の経済学への導入において大きな役割を果たしたシューマッハーに焦点を当てているが、このことは、クマラッパの重要性を軽視するものではない。クマラッパ自身には、Kumarappa［1946; 1948; 1951］その他多数の著作がある。またクマラッパにかんする論考としては、さしあたり Govindu and Malghan［2005］, Lindley［2007a; 2007b］および Guha［1992］を挙げておきたい。

（2）たとえば、西村［一九八六：二八三－八七］を参照されたい。

（3）もっとも、ポスト近代主義の論者のなかには、ギアやルドルフのように環境問題を意識する論者もある。しかし、ポスト近代主義的議論の多くは、一般に情報とサービスに規定される社会と、それを支える人間の欲望の開花を前提している。それは、身の丈の経済を志向するガンディーやシューマッハーの考え方とは、根本的に相容れない。

（4）ガルトゥングのバーヴェーおよびＪＰの運動にたいする評価は、第七章に示したとおりである。なお、彼の「構造的暴力」の概念は、暴力の行為主体が存在しない、あるいは明確でない場合の暴力を意味する［Galtung 1969: 170］。これによって平和研究は、戦争などの「直接的暴力」にくわえて、貧困や差別などの問題を「構造的暴力」として研究対象とすることができるようになった。

（5）ジョージは、世界の貧困を現行のグローバル経済がもたらす構造的問題として理解し、国際通貨基金や世界銀行などの構造調整政策を積極的に批判している［George 1977; 2004; George and Sabelli 1994］。

（6）ケニア出身の環境保護活動家としてアフリカ全土で植林活動を行ない、ケニアの民主化と女性の地位向上に貢献した。二〇〇四年にノーベル平和賞を受賞、その後来日し、日本語の「もったいない」を環境を守る国際語として世界に発信した［MOTTAINAI キャンペーン・ウェブサイト］。

（7）イリイチの「コンヴィヴィアリティ」の概念については、本書序章を参照されたい。

（8）このほかの著書として、Lummis［1998］、ラミス［二〇〇四］などがある。

（9）クマールは、シューマッハーと会ったときの印象を、「〔合理主義を信じていた〕バートランド・ラッセルと非常に対照的」で、「ヴィノーバーやガンディーのような東洋の賢人といるのと同じ感覚を与えた」と述べている［Kumar 2002: 113］。なおクマールは、ヴィノーバーやシヴァと知的、実践的交流を行なっている［同前書：第一〇章、第二四章］。

（10）サルヴォーダヤ運動については、Macy［1983］、野田［二〇〇二］をも参照されたい。

（11）もっとも、一九九〇年代のポスト冷戦期に入ると、市民運動やＮＧＯ活動一般は、社会経済開発の第三の類型としてにわかに脚光を浴びるようになる。このことは、たとえば一九九五年にコペンハーゲンで行なわれた社会開発サミットの宣言・行動計画が、従来の開発を担ってきた民間企業（市場）や国家（政府）とともに、新たに「市民社会」の役割を重視していることに端的に表われている［World Summit for Social Development 1995］。この点は、冷戦時代の二項対立的思考を超えたポスト冷戦時代の開発にかんする認識を表現しているといえる。だが、ここでもなお「普遍的かつ持続可能な経済発展」が、社会開発の前提条件とされており、ラトゥーシュなどは、「自由貿易に基づく経済発展モデルを疑問視する身振りは微塵も観ぜられない」と厳しく批判している［ラトゥーシュ 二〇一〇：五二］。

(12) ダースグプタは、こうしたガンディーとセンの思考の共通性に言及している［Dasgupta 1996: 176-77］。

(13) センは、二〇〇三年のインタビューで、それまで環境経済学について一定量書いてきたが、自身がその分野でとくに影響力をもってこなかったことを認めている［Sen 2003: 329］。

終 章 ガンディー思想とグローバリゼーション

(1) 社会主義者に批判されたガンディーの受託者制度理論は、資本家や地主による富の自発的放棄という点で、センの「コミットメント」の概念と共通する側面をもつ。ただしガンディーが、こうした人々による富の自発的な放棄を求めて、あくまでも身の丈の経済を標榜していたのにたいして、センは、貧困の解消のために「特権的な人々」の社会的・経済的水準をそれ以外の人々の到達すべき目標として設定している。後者の議論は、基本的に物質的豊かさを追求する経済発展の路線であり、この点でガンディーの思考とは大きく異なっている。

あとがき

一九八六年一月にニューヨークの国連本部で行なわれた学生向けのセミナーで、あるエチオピアのジャーナリストが、つぎのような意味のことを述べた。「日本は、私たちの国に来ては、大切な天然資源を買い叩いて帰ってゆく。そして、やがて自動車や電化製品を持って戻ってくるが、その時には高い値札をつけている」。当時、資源に乏しい日本が自由貿易を通じて経済的繁栄を築いてきたことを無条件によいことだと信じきっていた私は、この言葉を聴いて雷に打たれた思いがした。

一九八四年の報道によると、エチオピアでは、異常気象で毎日四〇〇人からの子どもたちが命を落としていた。それは、日本に住む私にとって、気の毒なことではあったが、所詮自分の生活とは基本的に無関係の遠い国の出来事であった。しかし、その二年後に私たちの前で講演したこのジャーナリストの目には、日本の繁栄とエチオピアの貧困が、経済（とりわけ貿易）を通じてつながっているとみえていたのである。

大学を卒業したら、企業人としてグローバルに活躍することを夢みていた私の進路は、このときに大きく修正された。この世の中ではいったい何が起きているのか、自分は他者とどのように繋がっているのか、そのことをただただ知りたいという思いから大学院に進学した。書店に足を運ぶと「南北問題」、「貧困」、「経済発展」、「環境」、「人権」、「平和」などなど、それまで見向きもしなかった多くの言葉が、目のなかに飛び込んでくるようになった。

早稲田大学大学院経済学研究科では、西川潤先生のご指導を希望した。「自由貿易とは異なる経済学の考え方はありませんか」とうかがうと、先生のアドバイスは、たった一言「ガンディーでも読んでみたらどうかね」というものだった。「経済学の修士論文のテーマにガンディーですか」ととっさに言葉を返そうとしたものの、きちんとした反論をするためには、とりあえずその言葉を飲み込み、冬休みに『ガンディー経済論集』［Gandhi 1957a］を手にとってみる必要があった。するとそこには、どこか無意識のうちに探し求めていた考え方がつぎつぎと示されているではないか。私は、このとき先生の慧眼に頭を垂れ、かりにも言葉を返そうとした自分の浅はかさに唇を噛んだ。あのとき、先生の一言をいただけなかったら、あるいはそのありがたい一言を撥ねつけてしまっていたら、今日までガンディー研究をつづけることはなかったはずである。まずは、西川先生に深くお礼を申し上げたい。

京都大学大学院経済学研究科では、八木紀一郎先生と本山美彦先生にたいへんお世話になった。私は、早稲田大学在学中よりガンディー研究と並行してタイの児童労働の研究を行なっていたが、京都大学でもこれらふたつの研究テーマのあいだで揺れていた。八木先生は、いつも時間を惜しまずに迷える私の話を聞いてくださり、そのうえで適切なアドバイスをしてくださった。八木先生が、私の研究を大局的に見守ってくださることがなかったならば、京都での大学院生活は成立しなかっただろう。

直接ご指導を仰いだ本山先生からは、研究上のテクニカルな事柄よりも、研究者としての、いやそれ以前に人としてのあり方を、知らず知らずのうちに学んでいったような気がする。タイの児童労働の研究について、わが子をバンコクに働きに出そうとする農民を批判しようとしかけたとき、先生がおっしゃったつぎの一言は、決定的な意味をもった。「新古典派でもマルクスでも、ガンディーでもかまわない。しかし、虐げられた人々といっしょにありたい」。皆で鉄板焼きを囲みながら、夜遅くまで先生のお話を伺った頃のことを今でも鮮明に覚えている。

本書の大枠は、二〇〇〇年に京都大学に提出した学位請求論文がもとになっている。学位論文にたいしては、本山先生とともに、審査に当たってくださった田中秀夫先生と岩本武和先生より多くの温かい助言をいただいた。不十分なところがあっても、そこに焦点を当てるのではなく、ユニークなところを伸ばそうとするのが京都大学の学風だった。経済学の研究教育が、ミクロ経済学やゲーム理論に大きく傾く時代にあって、ガンディーの経済思想で学位論文を審査してくれるところが、はたして京都大学以外にあっただろうかと今にして思う。

その京都大学では、本山先生を慕って集まってくる素晴らしい研究仲間に恵まれた。ここにすべての方々を挙げることはできないが、私のガンディー論に時間を惜しまず耳を傾けてくださった同僚として、つぎのお名前を挙げておきたい。矢野修一氏、高英求氏、峯陽一氏、田淵太一氏、鄭海東氏、張韓模氏、原田太津男氏、尹春志氏、豊嘉哲氏である。とりわけ峯氏には、本書の原稿全般に目を通していただき、綿密で厳しく、しかし温かいコメントをいただいた。京都大学で本山先生とともに研究された西南学院大学の吾郷健二先生にも、私の拙いガンディー研究をつねに応援していただいている。これら京都大学関係の皆様に心より感謝を申し上げたい。

この一七年のあいだ奉職している香川大学法学部では、きわめて自由に研究をさせていただいてきた。とりわけ二〇〇二―〇四年にかけてスタンフォード大学経済学部に客員研究員として赴任する際、教員数の少ない学部であるにもかかわらず、寛大にも留守を許していただいた。法学部の先輩同僚である松尾邦之先生と山本陽一先生、またかつての同僚である山崎公士先生、渡辺和行先生、古谷修一先生、松井康浩先生、そして吉岡祥充先生には、私の拙い研究を温かく応援していただいた。経済学部のラヴィンドラ・ラナデ先生には、ヒンディー語を含むインドの事情全般についてつねにご教示を賜っている。教育学部のポール・バテン先生とウィリアム・ヴォグラー先生には、本書のもとになった英語論文にたいして丁寧なコメントをいただいた。また同じく教育学部の三宅岳史先生には、ポストモダンなどについて貴重なアドバイスをいただいた。さらに学生の野々上大三郎君と田岡亜佑美さんには、人名索引と事項索引の作成にあたり手を煩わせた。香川大学の皆様に心よりお礼を申し述べたい。

スタンフォード大学には、二〇〇二年の最初の赴任以来、経済学部の雨宮健先生と、宗教学部のリンダ・ヘス先生にたいへんお世話になっている。京都大学に提出した学位論文はその後、本書の形となるまでに大幅に加筆・修正されたが、その作業の多くはスタンフォード滞在中に行なわれた。雨宮先生は、世界的な計量経済学者でいらっしゃる一方で、古代ギリシャの経済や思想にも造詣が深い。私は、ガンディー研究にも有益な多くの貴重なご示唆を先生よりいただいている。ヘス先生は、学問上のアドバイスにとどまらず、カリフォルニア大学バークレー校の平和研究者や、ベイエリアを拠点にガンディー主義的活動を行なっている若い人々を紹介してくださった。また、早稲田大学で一緒に学んだ野口晴子氏には、雨宮先生をご紹介いただき、そのことが、その後スタンフォード大学でしばしば研究を行なう最初のきっかけとなった。スタンフォード大学関係の皆様に心より感謝を申し上げたい。

一方、南アジア研究関係では、本書の原稿の一部ないしは全部を読んで助言をくださった方々に、石坂晋哉氏、篠田隆先生、田辺明生先生、内藤雅雄先生、長崎暢子先生、西口章雄先生、柳澤悠先生がおられる。とりわけ、ここ数年「ガーンディー研究会」を主宰してくださっている長崎先生と、そこでの同僚である石坂氏、篠田先生、そして田辺先生からは、二〇一一年の秋に本書の原稿全体にたいする綿密かつ貴重なコメントいただいた。本書は、これらの方々の厳しくも温かいご批評に応えるべく、さらに二年の歳月をかけて原稿を書き変えた結果である。また、豊田雅人氏には、ヒンディー語の表記についてご教示をいただいた。南アジア研究関係の皆様の温かいご支援に心よりお礼を申し上げたい。

さらに平和研究の領域でも多くの方々にお世話になっているが、ここでは鳴原敦子氏と中野佳裕氏のお名前を挙げておきたい。鳴原氏は、東日本大震災で直接被災された当事者として、原発などに寄りかかってきた日本の経済成長路線がいかに脆く、いかに人間の生存基盤を破壊してきたかを訴えている。その知的・実践的営為からは、学問が生活者の立場からけっして離れることがあってはならないことを教えられている。また中野氏の優れた翻訳書からは、セルジュ・ラトゥーシュの「脱成長」論を大いに学んでいるが、彼は同時に、私にイリイチを読むように勧めてくれた。イリイチの「コンヴィヴィアリティ」をひとつの軸として本書を構成したのは、まさに中野氏の示唆によるところが大きい。これらおふたりを含む環境・平和研究会の皆様とは、とても有意義で心地よい（まさにコンヴィヴィアルな）学問的交流をさせていただいてきた。皆様に感謝の言葉をお送りしたい。

こうして私のガンディー研究は、これまで二五年にわたって多くの方々と議論を重ねつつ、ときに学位請求論文やいくつかの単独の公刊論文において発表されてきた。学位論文と合わせて本書のもとになった公刊論文は、石井［一九九四、一九九五、二〇〇一、二〇〇三、二〇〇七a、二〇〇七b、二〇〇八］および Ishii［2001; 2003; 2010］である。もっとも本書は、いただいたご批評にもとづいてこれらの論文のなかで当初示した見解を大きく修正し、ときに一八〇度異なる見解に転じた箇所も少なくない。読者には、これまでの公刊論文と本書とのあいだに見解の相違を発見された場合には、後者のそれを現在の著者の到達点であると受け止めていただけたら幸いである。また、せっかくのご批評をなお生かしきれていない部分については、今後の仕事によってお応えしたいと考えている。

本書は、すぐれた編集者なくして刊行されることは不可能だった。勝康裕氏にはじめてお目にかかったのは、一九九五年に『開発論のフロンティア』（同文舘出版）に拙稿を掲載していただいたときである。そのとき以来、もしも自分が単著を公表する機会に恵まれるとしたら、この方に編集をお願いしたいと心に決めていた。今回の編集作業で、冗長な文体を改める必要性を痛感したが、結果として当初の文章よりはるかに読みやすいものに落ち着いたとすれば、それは偏に勝氏の示唆によるものである。私のかたつむりのような歩みをここまで導いてくださった勝氏に心よりお礼を申し上げたい。もちろん文中のありうる誤りは、すべて私の責任であることはいうまでもない。

本書の刊行にいたるまでの間に、日米教育委員会（JUSEC）より二〇〇二－〇三年度フルブライト研究員プログラムによる研究助成を、また、日本学術振興会より二〇〇六－〇七年度基盤研究（C）、二〇〇八－一〇年度基盤研究（C）、および二〇一一－一四年度基盤研究（C）として科学研究費補助金を受けた。ここに日米教育委員会と日本学術振興会に感謝の意を示したい。

最後に、家族について言及することをお許しいただきたい。私は、両親のそばに弟がいてくれているおかげで、これまで日本の内外で自由に研究をつづけることができたのである。弟との会話のなかでえられた知見も少なくない。たとえば、本文最後に示した「縮小経済」における経済学の課題などは、ほとんど弟の着想であるといっても過言ではない。この場を借りて、弟に「ありがとう」と言いたい。そして私たちの両親は、親として物心両面において私の仕事を最大限に応援してくれてきた。私が、ガンディー思想に関心を深めていったのも、あるいはそこには両親の慎ましい生き方が投影しているのかもしれないと思う。これまでの人生において幾度か困難な局面に遭遇したときに、どうにか乗り越えてここまでこられたのは、ふたりの支えがあったからである。親孝行など何ひとつできていないが、せめてささやかな本書を感謝の気持ちをこめて両親に捧げたい。

二〇一四年三月六日

石井　一也

人名索引

［さ　行］

［た　行］

17, 121, 125, 134, 253, 264-65, 273, 281-82
ダースグプタ，アジット（Dasgupta, Ajit K.） 80, 173-74, 238, 286, 292
立本成文 271
田辺明生 7, 278
ダルトン，デニス（Dalton, Dennis） 47, 276
タルロ，エマ（Tarlo, Emma） 131, 136
ダンゲー，シュリーパード（Dange, Shripad Amrit） 286
タンダン，ヴィシュワナート（Tandon, Vishwanath） 214, 216
チャタジー，パルタ（Chatterjee, Partha） 8, 48, 271, 277
チャタジー，マーガレット（Chatterjee, Margaret） 96, 280
チョウダリー，ラームナーラーヤン（Chowdhary, Ramnarayan） 287
チョードゥリー，ニラド（Chaudhuri, Nirad C.） 8, 46
辻 直四朗 67
ディヤコフ，アレクセイ（Dyakov, Aleksei Mikhailovich） 8, 48, 169-70, 276-77, 286
ティラク，ローカマーニア（Tilak, Lokamanya Bal Gangadhar） 20, 110, 134
デイリー，ハーマン（Daly, Herman） 250
ディーワン，ロメーシュ（Diwan, Romesh） 267
デーサーイー，ナーラーヤン（Desai, Narayan） 201, 277
デーサーイー，マハーデーヴ（Desai, Mahadev） 29, 136, 157, 274
デーサーイー，モラルジー（Desai, Morarji Ranchhodji） 288
デュモン，ルイ（Dumont, Louis） 279
デリダ，ジャック（Derrida, Jacques） 50, 54
テルチェク，ロナルド（Terchek, Ronald J.） 53-54, 56
テーンドゥルカル，ディーナーナート（Tendulkar, Dinanath Gopal） 134, 143, 188
ドゥヴィヴェーディー，マニラール（Dvivedi, Manilal Nabhubhai） 71
ドゥベー，シヤマー・チャラン（Dube, Shyama Charan） 243
トゥリヴェーディー，リサ（Trivedi, Lisa N.） 132, 165
ドゥレーズ，ジャン（Drèze, Jean） 253
冨田義介 89
トルストイ，レフ（Tolstoy, Lev） 20, 66, 68, 75, 83, 86-88, 91, 95, 251

［な 行］

内藤雅雄 8, 44, 171, 205, 276
長崎暢子 9, 61, 121, 125, 272-75, 283
中村 元 79-80, 279
中村平治 39, 120-21, 207, 286, 290
ナーラーヤン，ジャヤープラカーシュ（JP）（Narayan, Jayaprakash） 200-02, 204, 206-07, 211-12, 217-26, 228-29, 233-34, 262, 288-89, 291
ナーラーヤン，シュリーマン（Narayan, Shriman） 210-11
ナンダ，バール・ラーム（Nanda, Bal Ram） 182
ナンディー，アシス（Nandy, Ashis） 9, 58, 60-61, 250-51, 278
ナンブーディリッパードゥ，E. M. S.（Namboodiripad, E. M. S.） 8, 47, 168-69, 203-05, 225, 276
ネルー，ジャワーハルラール（Nehru, Jawaharlal） 8, 27, 31, 33, 35, 47, 55, 97, 106-07, 109, 117, 125, 137, 139, 168, 172, 187-90, 192-93, 195, 201-02, 207, 209, 211, 273, 281, 286-89
ネルー，モーティーラール（Nehru, Mo-

89
ポーラク，ミリー（Polak, Millie Graham） 84
ボンデュラン，ジョーン（Bondurant, Joan） 8, 51-52, 276

［ま　行］

マウントバッテン，ルイス（Mountbatten, Louis） 36, 38
前川輝光 280
マーカンジー，カストゥールバー（Makanji, Kasturba） 17, 274
マクドナルド，ジェームス（MacDonald, James Ramsay） 30
マーサーニー，ミノシェール（Masani, Minocher Rustom） 188-89
マータイ，ワンガリ（Maathai, Wangari） 250
マハーヴィーラ（Mahavira） 76, 78, 82
マハートマ（Mahatma） →ガンディー，モーハンダース・カラムチャンド
マールカーニー，ナーラーヤンダース（Malkani, Narayandas R.） 188-89
マルクス，カール（Marx, Karl） 45, 52, 107-09, 124-25
マンデヴィル，バーナード・ド（Mandeville, Bernard de） 277
ミーラーベーン（Mirabhen: Slade, Madeleine） 181
ミル，ジョン・スチュアート（Mill, John Stuart） 45, 89, 104, 276, 281
ミルズ，ライト（Mills, C. Wright） 277
ムーン，ペンデレル（Moon, Penderel） 32
メイン，ジョン（Mayne, John D.） 19
メーター，ヴェード（Mehta, Ved） 287
メーター，サー・フィローズシャー（Mehta, Sir Pherozeshah） 20
メリアム，アレン（Merriam, Allen Hayes） 31, 33
森本達雄 113, 272

［や　行］

ヤージニャヴァルキヤ（Yajnavalkya） 279
柳澤　悠 129-30, 154-55, 157

［ら　行］

ライアン，デイヴィッド（Lyon, David） 50
ラーオ，ナラシンハ（Rao, Narashimha） 81
ラージ，セバスティ（Raj, Sebasti L.） 218, 224
ラージャゴーパーラーチャーリー，チャクラヴァルティ（Rajagopalachari, Chakravarti） 181, 288
ラスキン，ジョン（Ruskin, John） 20, 66, 75, 83, 86, 89-91, 95, 176, 280
ラーダークリシュナン，サルヴァパッリー（Radhakrishnan, Sarvepalli） 8, 46
ラッセル，バートランド（Russel, Bertrand） 291
ラトゥーシュ，セルジュ（Latouche, Serge） 250-51, 291
ラーマ（Rama） 40, 290
ラーマグンダム，ラーフル（Ramagundam, Rahul） 283
ラミス，ダグラス（Lummis, C. Douglas） 250-51
リオタール，ジャン－フランソワ（Lyotard, Jean-François） 9, 50-51, 57-58
リカードゥ，デイヴィッド（Ricardo, David） 45, 104, 276, 281
リース，ウィリアム（Rees, William E.） 4
リフキン，ジェレミー（Rifkin, Jeremy） 9, 60, 125
ルドルフ，スザンヌ（Rudolph, Susanne H.） 8, 52

［わ 行］

事項索引

［ま　行］

ガンディー年譜

年	出来事
1869	10月2日，インド西部ポールバンダルに生まれる。
1876	7月，ラージコートに移る。
1882	カストゥルバー・マーカンジーと結婚。
1885	父死去。
	12月，インド国民会議派創立。
1888	長男ハリーラール誕生。
	11月，ロンドンのインナー・テンプル法学院で法律の研究を開始。
1989	菜食主義を開始。『バガヴァッド・ギーター』，『アジアの光』，『聖書』などを読む。
1891	6月，ロンドン高等法院に登録。
1892	次男マニラール誕生。
1893	5月，インド人商社の顧問として南アフリカに単身赴任。そこでの人種差別に衝撃を受ける。
1894	8月，ナタール・インド人会議派を結成，在留インド人の選挙権制限に反対。
1896	7月，インドに一時帰国。
	10月，ゴーカレーやティラクに会う。
	11月，妻子とともにふたたび南アフリカへ。
1897	三男ラームダース誕生。
1899	12月，野戦衛生隊を率いてボーア戦争（～1902年）に従軍。
1900	四男デーヴァダース誕生。
1901	12月，インドで会議派カルカッタ大会に出席。
1902	11月，イギリス植民地相の南アフリカ訪問で，ふたたび南アフリカへ。
1903	2月，ヨハネスブルグで弁護士業を開始。
	6月，週刊誌『インディアン・オピニオン』を創刊。
	『バガヴァッド・ギーター』を研究。
1904	11月，『この最後の者にも』を読んでフェニックス農園を開設。
1906	6月，ズールー人の反乱（～1906年）に野戦衛生隊を率いて従軍。
	ブラフマーチャリヤの誓い。
	9月，新アジア人登録法案に反対し，サッティヤーグラハ闘争を開始。
	10月，イギリス政府に陳情のためロンドン訪問。
1907	3月，アジア人強制登録法に反対し，サッティヤーグラハ運動を組織。
1908	1月，ヨハネスブルグで入獄。
	1月，スマッツ将軍と協定設立。
	8月，将軍の約束破棄に応じて，サッティヤーグラハ闘争を再開。
1909	2月，懲役3カ月の判決。
	7月，陳情のためにイギリス訪問。
	12月，『ヒンドゥ・スワラージ』出版。

年	出来事
1910	5月，トルストイ農園を開設。南アフリカ連邦政府成立。
1913	3月，キリスト教以外の儀式による結婚を無効とする南アフリカ連邦政府に反対するインド人婦人の闘争を支援。
	11月，インド人炭鉱労働者2,000人を率いてサッティヤーグラハ大行進を決行し，逮捕。
1914	1月，C. F. アンドリュース，W. W. ピアソンがインドから来援。
	6月，インド人救済法成立。サッティヤーグラハ運動の勝利。
	7月，イギリス，インドに向けて南アフリカを出発。
	8月，第一次世界大戦勃発。
1915	1月，インド帰国。
	2月，ゴーカレー死去。
	5月，アフマダーバード近郊のコチラブにサッティヤーグラハ・アーシュラムを開設（1917年にサーバルマティーに移る）。
1916	2月，バナーラスのヒンドゥー大学定礎式で演説。
1917	4月，チャンパラン農民闘争を指導。マハーデーヴ・デーサーイー，ラージェンドラ・プラサードらが闘争に参加。
1918	2〜3月，アフマダーバード紡績労働争議を指導。
	3〜4月，ケダ・サッティヤーグラハ闘争を指導。
	6月，世界大戦に際し，インド兵徴募。
	手紡ぎを開始。
1919	3月，ローラット法に反対し，サッティヤーグラハ運動を開始。
	4月，全国的ハルタールを組織。
	4月，アムリッツァール大虐殺事件。「ヒマーラヤの誤算」を宣言して運動を中止。
	9月，『ナヴァジーヴァン』を創刊。
	10月，『ヤング・インディア』を創刊。
	11月，全インド・キラーファト会議で議長。
	12月，モンターギュ・チェルムズフォード報告にもとづくインド統治法成立。
1920	4月，全インド自治連盟で議長。
	7月，ティラク死去。
	8月，非協力について遊説。生涯カーディー着用の誓い。
	9月，会議派カルカッタ臨時大会で反英非協力を決議。
	12月，会議派ナーグプル大会で反英非協力を決議。
1921	7月，ボンベイでイギリス製綿織物の焼き払い運動。
	11月，ボンベイでの宗教騒動で5日間の断食。
	12月，会議派アフマダーバード大会で非協力運動の指導権。
1922	2月，チャウリー・チャウラー暴動事件を理由に非協力運動を停止。
	3月，イェラヴァダー刑務所に入獄。

年	出来事
1923	11月，獄中で『南アフリカでのサッティヤーグラハの歴史』の執筆を開始。
1924	9～10月，ヒンドゥー・ムスリム融和のために21日間の断食。
	12月，会議派ベルガウム大会で議長。
1925	10月，全インド紡ぎ工協会設立。
	11月，サーバルマティー・アーシュラムでの住人の不行跡で1週間断食。
1926	1月，1カ年の政治的沈黙を宣言。
	9～11月，産児制限に反対し，寡婦の再婚に賛成。
1928	12月，イギリスにたいし1年以内のプールナ・スワラージを要求，実現できない場合サッティヤーグラハを開始することを宣言。
1929	3月，カルカッタで外国製衣服を焼いたため逮捕。
	12月，会議派ラホール大会で，1930年1月26日を「独立記念日」とすることを決議。
1930	3～4月，「塩の行進」。
1931	3月，ガンディー＝アーウィン協定。
	9～12月，欧州訪問，ロンドンで第二回円卓会議。チャップリン，ロラン，ムッソリーニらと会見。
1932	9月，不可触民分離選挙に反対して獄中で「死にいたる断食」（7日間）。イェラヴァダー協定締結。
1933	2月，『ヤング・インディア』にかわって『ハリジャン』を創刊。
	3月，ハリジャン奉仕者協会を創設。
	5月，不可触民解放のために21日間断食。
	7月，サーバルマティー・アーシュラムを閉鎖して，不可触民解放運動のためのセンターとする。
	11月，10カ月におよぶ不可触民制度廃止運動をインド各州で開始。
1934	4月，第二次サッティヤーグラハ運動の中止を宣言。建設的プログラムを推進。
	9月，会議派脱退。
	12月，全インド村落工業協会を設立。
1935	8月，インド統治法公布。
1936	4月，セーガオンにアーシュラム開設（後のセーヴァーグラム・アーシュラム）。
1937	10月，ワルダーで教育会議を開催。
1939	3月，ラージコートでサッティヤーグラハ闘争。
1940	3月，全インド・ムスリム連盟「独立国」を宣言。
1942	1月，15カ月ぶりに『ハリジャン』誌を再刊。
	7月，対日公開状「すべての日本人へ」を『ハリジャン』誌上に発表。
	8月，「クイット・インディア」決議，逮捕。
1943	2月，総督とインド側との交渉行き詰まり打開のために，21日間断食。
1944	2月，獄中でカストゥルバー死去。
	9月，ジンナーと会談，交渉決裂。

年	出来事
1945	列車爆破事件に遭うが，無事。
1946	11月，東ベンガルでコミュナル統一のための行脚開始。
1947	3月，コミュナル統一のためにビハールへ。
	4〜6月，インド・パキスタン分離独立の流れに抵抗。「マウントバッテン計画」発表。
	8月，インド独立式典に参加せず，カルカッタでコミュナル統一のために断食。
	9月，デリーへ。
1948	1月，デリーでコミュナル統一のために断食。ビルラー邸で爆破事件。
	1月30日，暗殺される。

本年譜は，*CWMG*，蠟山［1979］，坂本［1969］，および Jack［1956］などに依拠して作成した。

引用・参考文献

1）ガンディーの著作

Gandhi, Mohandas Karamchand［1922］*Hind Swaraj or Indian Home Rule*, 5th edition, Madras: Ganesh & Co.

Gandhi, Mohandas Karamchand［1945］*Constructive Programme: Its Meaning and Place*, Ahmedabad: Navajivan Publishing House.

Gandhi, Mohandas Karamchand［1947］*India of My Dream*, Ahmedabad: Navajivan Publishing House.

Gandhi, Mohandas Karamchand［1955a］*My Religion*, Bharatan Kumarappa ed., Ahmedabad: Navajivan Publishing House（竹内啓二・浦田広朗・鈴木康之・梅田徹・保坂俊司訳『私にとっての宗教』新評論，1991 年）．

Gandhi, Mohandas Karamchand［1955b］*Ashram Observances in Action*, Ahmedabad: Navajivan Publishing House.

Gandhi, Mohandas Karamchand［1955c］*Khadi [Hand-spun Cloth]: Why and How*, B. Kumarappa ed., Ahmedabad: Navajivan Publishing House.

Gandhi, Mohandas Karamchand［1957a］*Economic and Industrial Life and Relations*, 3 vols., Ahmedabad: Navajivan Publishing House.

Gandhi, Mohandas Karamchand［1957b］*Socialism of My Conception*, Anand T. Hingorani ed., Bombay: Bharatiya Vidya Bhavan.

Gandhi, Mohandas Karamchand［1958–94］*The Collected Works of Mahatma Gandhi*（*CWMG*）, 100 vols., New Delhi: The Publication Division, Ministry of Information and Broadcasting, The Government of India.

Gandhi, Mohandas Karamchand［1960］*My Non-Violence*, Ahmedabad: Navajivan Publishing House（森本達雄訳『私の非暴力』1・2，みすず書房，1997 年）．

Gandhi, Mohandas Karamchand［1963］*The Message of Jesus Christ*, Bombay: Bharatya Vidya Bhavan.

Gandhi, Mohandas Karamchand［1968］*The Selected Works of Mahatma Gandhi*（*SWMG*）, 6 vols., S. Narayan ed., Ahmedabad: Navajivan Publishing House.

ガーンディー，M. K.［2000］田中敏雄訳『ガーンディー自叙伝――心理へと近づくさまざまな実験』1・2，平凡社。

ガーンディー，M. K.［2005］田中敏雄訳『南アフリカでのサッティヤーグラハの歴史――非暴力不服従運動の誕生』1・2，平凡社。

ガンジー，マハトマ［1979］蠟山芳郎訳「自叙伝――真実をわたしの実験の対象とし

て」『ガンジー　ネルー』世界の名著 77 所収，中央公論社。
Gandhi, Mohandas Karamchand［1986–87］*The Moral and Political Writings of Mahatma Gandhi*, 3 vols., Raghavan Iyer ed., Oxford: Clarendon Press.
Gandhi, Mohandas Karamchand［1995］（1928）*Satyagraha in South Africa*, Ahmedabad: Navajivan Publishing House.
Gandhi, Mohandas Karamchand［1996］*The Message of the Gita*, Sixth reprint, Ahmedabad: Navajivan Publishing House.
Gandhi, Mohandas Karamchand［1997］（1927）*An Autobiography or The Story of My Experiments with Truth*, Ahmedabad: Navajivan Publishing House.

2）一次資料

All-India Congress Khaddar Department（AICKD）［1922］*Khaddar Work in India*, Bombay: S. Sadanand.
All India Spinners' Association（AISA）［1926］*Annual Report 1925–26*, Ahmedabad: The All India Spinners' Association.
All India Spinners' Association（AISA）［1929］*Annual Report 1929*, Ahmedabad: The All India Spinners' Association.
All India Spinners' Association（AISA）［1934］*Annual Report 1934*, Ahmedabad: The All India Spinners' Association.
All India Spinners' Association（AISA）［1950］*Akhil Bharat Charkha Sangh ka Itihas*（全インド紡ぎ工協会の歴史），Krishnadas Gandhi ed., Sevagram: All India Spinners' Association.
All India Spinners' Association（AISA）［undated］*The All India Spinners' Association and its Work: A Brief Account (up to 1951)*, Wardha: All India Spinners' Association.
Disorder Inquiry Committee（DIC）［1920］*Report: Disorders Inquiry Committee 1919–1920*, Calcutta: Superintendent Government Printing.
Fact-Finding Committee（FFC）［1942］*Report of the Fact-Finding Committee（Handloom and Mills）*, Calcutta: The Manager of Publications.
Madras, the Government of［1942］"Report on an invitation into the conditions of Handloom Weavers in the Madras Presidency（Southern Districts）," in G. O. Ms. No. 447, dated 2–3–1942, the Development Department.
Puntambekar, S. V. and N. S. Varadachari［1926］*Hand-Spinning and Hand-Weaving, etc.*, Ahmedabad: All India Spinners'Association.

3）新聞その他定期刊行物

Harijan: A Journal of Applied Gandhism 1933–55（*HJ*）, 19 vols., edited by Joan Bondurant in 1973, New York and London: Garland Publishing Inc.
Young India 1919–1931（*YI*）, 13 vols., edited by Mohandas Karamchand Gandhi, republished in 1981, Ahmedabad: Navajivan Publishing House.
"Gandhi Murder Trial: Official Account of the Trial of Godse, Apte, and Others for Murder

and Conspiracy with Verbatim Report of Speeches by Godse and Savarkar," *The Word Quarterly*, vol. 1, No. 1, 1950, Glasgow: The Stickland Press.

The Times of India, Mumbai.

『朝日新聞』朝日新聞社。

4）二次資料

Agarwal, Shriman Narayan［1946］*Gandhian Constitution for Free India*, Allahabad: Kitabistan.

吾郷健二［1988］『第三世界論への視座――地域経済自立論序説』世界書院。

Allana, Gulam［1967］*Pakistan Movement: Historic Documents*, Karach: Paradise Subscription Agency.

Andersen, Walter K. and Shridhar D. Damle［1987］*The Brotherhood in Safron: The Rashttriya Swayamsevak Sangh and Hindu Revivalism*, Boulder and London: Westview Press.

Anold, Sir Edwin［1890］*The Light of Asia or The Great Renunciation*, London: Kegan Paul, Trench, Trübner & CO. LTD（島村苳三訳『亞細亞の光』岩波書店，1940年）.

アリヤラトネ，A. K.［1990］山下邦明・林千根・長井治訳『東洋の呼び声――拡がるサルボダヤ運動』はる書房。

粟屋利江［1988］「インド近代史研究にみられる新潮流――『サバルタン研究グループ』をめぐって」『史学雑誌』第97編第11号。

粟屋利江［1999］「『サバルタン・スタディーズ』の奇跡とスピヴァクの介入」『現代思想』第27巻第8号。

『バガヴァッド・ギーター』［1980］辻直四郎訳，講談社。

『バガヴァッド・ギーター』［1992］上村勝彦訳，岩波書店。

Bazaz, Prem Nath［1974］"Significance of Bihar: Revolution or Family Dispute," *The Radical Humanist*, vol. 38, no. 9, New Delhi: Navchetan Press.

Bean, Susan S.［1989］"Gandhi and Khadi, the Fabric of Indian Independence," *Cloth and Human Experience*, edited by Annetter B. Weiner and Jane Schneider, Washington and London: Smithsonian Institution Press.

Bell, Daniel［1960］*The End of Ideology: On the Exhaustion of Political Ideas in the Fifties*, Glencoe: Free Press（岡田直之訳『イデオロギーの終焉――一九五〇年代における政治思想の枯渇について』東京創元社，1969年）.

Bell, Daniel［1973］*The Coming of Post-Industrial Society: A Venture in Social Forcasting*, New York: Basic Books Lnc.（内田忠夫・嘉治元郎・城塚登・馬場修一・村上泰亮・谷嶋喬四郎訳『脱工業社会の到来』上・下，ダイヤモンド社，1975年）.

ベンサム，ジェレミー［1979］関嘉彦訳「道徳および立法の諸原理序説」『ベンサム J・S・ミル』世界の名著49，中央公論新社（Jeremy Bentham, *A Fragment on Governement and an Introduction to the Principles of Morals and Legislation*, Oxford: Blackwell, 1948）。

Bharde, T. S.［1972］*Khadi and Village Industries: A Perspective*, Bombay: Khadi and

Village Industires Commission.
Bhave, Vinoba［1953］*Bhoodan Yajna [Land-Gifts Mission]*, Ahmedabad: Navajivan Publishing House.
Birla, Ghanshyamdas［1968］*In the Shadow of the Mahatma: A Personal Memoir*, Bombay: Vakils, Feffer and Simons Private Ltd.
Birla, Ghanshyamdas［1980］*Towards Swadeshi: Wide-ranging Correspondence with Gandhiji*, Bombay: Bharatiya Vidya Bhavan.
Bodewits, Henk W.［1999］"Hindu Ahimsa and its Roots," in *Violence Denied: Violence, Non-Violence and the Rationalization of Violence in South Asian Cultural History*, Jan E. M. Houben and Karel R. Van Kooij eds., Leiden: Brill.
Bondurant, Joan［1965］*Conquest of Violence: The Gandhian Philosophy of Conflict*, revised edition, Berkeley, Los Angels and London: University of California Press.
Brown, Rebecca［2010］*Gandhi's Spinning Wheel and the Making of India*, London and New York: Routledge.
Carr, Marilyn, ed.［1985］*The AT Reader: Theory and Practice in Appropriate Technology*, London: Intermediate Technology Publications Ltd.
Chatterjee, Margaret［1983］*Gandhi's Religious Thought*, Notre Dame: University of Notre Dame Press.
Chatterjee, Partha［1984］"Gandhi and the Critique of Civil Society," *Subartern Studies III: Writings on South Asian History and Society*, Delhi: Oxford University Press（竹中千春訳「ガンディーと市民社会批判」『サバルタンの歴史――インド史の脱構築』岩波書店，1998年）.
Chaudhuri, Nirad C.［1987］*Thy Hand, Great Anarch! India: 1921–1952*, London: The Hogarth Press.
Cohn, Bernard S.［1989］"Cloth, Clothes, and Colonialism: India in the Nineteenth Century," *Cloth and Human Experience*, edited by Annetter B. Weiner and Jane Schneider, Washington and London: Smithsonian Institution Press.
Dalton, Dennis［1993］*Mahatma Gandhi: Nonviolent Power in Action*, New York: Columbia University Press.
Dasgupta, Ajit K.［1996］*Gandhi's Economic Thought*, London: Routledge（石井一也監訳『ガンディーの経済学――倫理の復権を目指して』作品社，2010年）.
Desai, Mahadev Haribhai［1968］*A Righteous Struggle [A Chronicle of the Ahmedabad Textile Labours' Fight for Justice]*, Ahmedabad: Navajivan Publishing House.
Diwan, Romesh［1999］"Mahatma Gandhi, Amartya Sen, and Poverty," *Gandhi Marg*, vol. 20, no. 4, New Delhi: Gandhi Peace Foundation.
Diwakar, R. R. and Mahendra Agrawal eds.［1984］*Vinoba: The Spiritual Revolutionary*, New Delhi: Gandhi Peace Foundation.
Drèze, Jean and Amartya K. Sen［1989］*Hunger and Public Action*, Oxford: Clarendon Press.
Dube, Shyama Charan［1988］*Modernization and Development: The Search for Alternative*

Paradigms, Tokyo: The United Nations University.

デュモン，ルイ［2001］田中雅一・渡辺公三訳『ホモ・ヒエラルキクス――カースト体系とその意味』みすず書房（Louis Dumont, *Homo hierarchicus: The Caste System and Its Implications*, complete revised English Edition, Chicago: The University of Chicago Press, 1980）。

Dunn, Peter D.［1978］*Appropriate Technology: Technology with a Human Face*, London and Basingstoke: The Macmillan Press Ltd.

ディヤコフ, A. M., レイスネル, I. M.［1957］大形孝平抄訳「インド人民の民族解放運動におけるガンディーの役割」『思想』1957 年 4 月号。

Ehrlich, Paul R. and Anne H. Ehrlich［1981］*Extinction: The Causes and Consequences of the Disappearance of Species*, New York: Random House（戸田清・青木玲・原子和恵訳『絶滅のゆくえ――生物多様性と人類の危機』新曜社，1992 年）.

Ekins, Paul, ed.［1986］*The Living Economy: A New Economics in the Making*, London: Routledge and Kegan Paul（石見尚ほか訳『生命系の経済学』お茶の水書房，1987 年）.

Fischer, Louis［1995］（1951）*The Life of Mahatma Gandhi*, 6th edition, Bombay: Bharatya Vidya Bhavan（1951 年版の邦訳として古賀勝郎訳『ガンジー』紀伊國屋書店，1968 年）.

深沢　宏［1966］「モハンダース・カラムチャンド・ガンディー――特にその経済思想について」『一橋論叢』第 55 巻第 4 号。

深沢　宏［1973］「西部インドにおける法廷パンチャーヤトと協同組合」『アジア研究』第 20 巻第 2 号，アジア政経学会。

古瀬恒介［1977］『マハートマ・ガンディーの人格と思想』創文社。

古田彦太郎［2008］「ガンディーとタゴールの思想――タゴールから見たガンディー，二人の真理観」『アジア文化研究』別冊（17）。

Gadgil, Dhananjay Ramachandra［1929］*The Industrial Evolution of India in Recent Times*, 2nd revised edition, Madras: Oxford University Press.

Galtung, Johan［1969］“Violence, Peace, and Peace Research,”*Journal of Peace and Peace Research*, No. 3, University of Oslo, Sage Publications.

Galtung, Johan［1992］*The Way is the Goal: Gandhi Today*, Ahmedabad: Gujarat Vidyapith.

Gandhi, Leela［1998］*Postcolonial Theory: A Critical Introduction*, New York: Columbia University Press.

Gandhi, Leela［2006］*Affective Communities: Anticolonial Thought, Fin-De-Siècle Radicalism, and the Politics of Friendship*, Durham: Duke University Press.

Gandhi, Manmohan Purushottam［1931］*How to Compete with Foreign Cloth: A Study of the Position of Hand-Spinning, Hand-Weaving, and Cotton Mills in the Economics of Cloth-production in India*, Calcutta: The Book Company Ltd.

Gandhi, Tushar［2007］*“Let's Kill Gandhi!”: A Chronicle of his Last Days, the Conspiracy, Murder, Investigation, and Trial*, New Delhi: Rupa & Co.

George, Susan［1977］*How the Other Half Dies: The Real Reasons for World Hunger*,

Harmondsworth: Penguin Books, Ltd（小南祐一郎・谷口真理子訳『なぜ世界の半分が飢えるのか』朝日新聞社，1984 年）.
George, Susan［2004］*Another World is Possible, if...*, London and New York: Verso（杉村昌昭・真田満訳『オルター・グローバリゼーション宣言――もうひとつの世界は可能だ！　もし……』作品社，2004 年）.
George, Susan and Fabrizio Sabelli［1994］*Faith and Credit: The World Bank's Secular Empire*, Harmondsworth: Penguin Books, Ltd（毛利良一訳『世界銀行は地球を救えるか――開発帝国五〇年の功罪』朝日新聞社，1996 年）.
Georgescu-Roegen, Nicholas［1976］*Energy and Economic Myth: Institutional and Analytical Economic Essays*, New York: Pergamon Press Inc.
Gier, Nicholas F.［2004］*The Virtue of Nonviolence: From Gautama to Gandhi*, Albany: State University of New York Press.
Gillingham, Peter N.［1980］"The Making of Good Work," the epilogue of E. F. Schumacher［1980］.
Gopal, Sarvepalli［1989］*Radhakrishnan: A Biography*, London: Unwin Hyman Limited.
Ghose, S. K.［1978］*The Crusade and End of Indira Raj*, New Delhi: Intellectual Book Corner.
Govindu, Venu Madhav, and Deepak Malghan［2005］"Building a Creative Freedom: J C Kumarappa and His Economic Philosophy," *Economic and Political Weekly*, December 24, 2005.
Gregg, Richard［1946］*Economics of Khaddar*, revised second edition, Ahmedabad: Navajivan Publishing House.
Guha, Ramachandra［1992］"Prehistory of Indian Environmentalism: Intellectual Traditions," *Economic and Political Weekly*, January 4, 1992.
Guha, Ranajit［1997］*Dominance without Hegemony: History and Power in Colonial India*, Cambridge and London: Harvard University Press.
Guha, Sumit［1989］"The handloom industry of Central India: 1825–1950," *The Indian Economic and Social History Review*, vol. 26, no. 3, The Indian Economic and Social History Association, New Delhi: K. A. Naqvi.
Harnetty, Peter［1991］"Deindustrialization Revisited: The Handloom Weavers of the Central Provinces of India, c.1800–1947," *Modern Asian Studies*, vol. 25, no. 3, London: Cambridge University Press.
林　明［1990］「一九七〇年代インドにおける『全面革命』運動の展開とその歴史的意義」『史学雑誌』第 99 篇第 4 号。
狭間直樹・長崎暢子［2009］『自立へ向かうアジア』中央公論新社。
Heesterman, Johannes C.［1984］"Non-Violence and Sacrifice," *Indologica Taurinensia*, vol. 12, Torino: Edizioni Jollygrafica.
Huxley, Aldous［1935］"Economists, Scientists, and Humanists," *Science in the Changing World*, S. Kuno ed., Tokyo: Kairyu-do.
Illich, Ivan D.［1973］*Tools for Conviviality*, London: Calder & Boyars（渡辺京二・渡辺

梨佐訳『コンヴィヴィアリティのための道具』日本エディタースクール出版部，1989年).

Indira, Surineri［1991］*Gandhian Doctrine of Trusteeship*, New Delhi: Discovery Publishing House.

井上恭子［1998］「インドにおける地方行政――パンチャーヤト制度の展開」『アジア経済』第39巻第11号，アジア経済研究所。

井坂理穂［2002］「サバルタン研究と南アジア」長崎暢子編『現代南アジア一――地域研究への招待』東京大学出版会。

石井一也［1994］「マハトマ・ガンディーの社会経済思想――受託者制度理論を中心として」『経済論叢』第154巻第1号，京都大学経済学会。

石井一也［1995］「マハトマ・ガンディーの社会経済思想――オルターナティブ開発思想の一源流として」本山編［1995］所収。

石井一也［2001］「開発と平和の経済学――エルンスト・F. シューマッハーの思想を中心として」『平和研究』第26巻，日本平和学会。

石井一也［2003］「ガンディー死後の『ガンディー主義』――独立インドにおける『民主主義』の不可欠の構成要素として」『香川大学法学部創設二〇周年記念論文集』成文堂。

石井一也［2007a］「グローバル化時代におけるガンディー思想の意義――アマルティア・K. センによる批判を超えて」『香川法学』第26巻第3・4号。

石井一也［2007b］「マハートマ・ガンディーの経済思想――チャルカー運動の再評価」八木紀一郎編『経済思想⑪　非西欧圏の経済学――土着・伝統的経済思想とその変容』第11巻，日本経済評論社。

石井一也［2008］「モハンダース・K. ガンディーの宗教観と基本的諸信条――マックス・ヴェーバーの『現世逃避型瞑想』と『現世内的禁欲』の概念に照らして」『香川法学』第27巻第3・4号。

Ishii, Kazuya［2001］"The Socioeconomic Thoughts of Mahatma Gandhi: As an Origin of Alternative Development," *Review of Social Economy*, vol. 59, no. 3, The Association of Social Economics.

Ishii, Kazuya［2003］"An Economics for Development and Peace: With a Particular Focus on the Thought of Ernst F. Schumacher," *Forum for Social Economics*, vol. 32, no. 2, The Association of Social Economics.

Ishii, Kazuya［2010］"Gandhism in the Age of Globalization: Beyond Amartya K. Sen's Criticism," *Gandhi Marg*, vol. 32, no. 1, New Delhi: Gandhi Peace Foundation.

石田　雄［1969］「日本人のガンディ像――生誕一〇〇年に際してその歴史的特徴を顧みる」『みすず』1969年8月号。

伊藤邦武［2011］『経済学の哲学――19世紀経済思想とラスキン』中央公論新社。

石坂晋哉［2007］「ガーンディーと自覚のポリティクス――アシス・ナンディのガーンディー論をめぐって」『アフラシア研究』二，龍谷大学アフラシア平和開発研究センター。

石坂晋哉［2008］「真の豊かさとは何か　グローバル化の現代インドとガンディー主

義」『アジア文化研究』別冊（17）。
石坂晋哉［2011］『現代インドの環境思想と環境運動――ガーンディー主義と“つながりの政治”』昭和堂。
Jack, Homer A.［1956］*The Gandhi Reader: A Source Book of his Life and Writings*, Bloomington: Indiana University Press.
Jalal, Ayesha［1985］*The Sole Spokesman: Jinnah, the Muslim League, and the Demand for Pakistan*, Cambridge: Cambridge University Press（井上あえか訳『パキスタン独立』勁草書房，1999年）.
Jha, Ajit［1996］“Mahatma Misunderstood,” *The Times of India*, Monday, January 29, 1996, Mumbai.
Juneja, M. M.［1993］*The Mahatma & the Millionaire*（*a study in Gandhi-Birla relations*），Hisar: Modern Publishers.
Kantowsky, Detlef［1982］“Max Weber on India and Indian Interpretations of Weber,” *Contributions to Indian Sociology*, vol. 16, no. 2, Bombay: Asia Publishing House.
Kamath, M. V. and V. B. Kher［1993］*The Story of Millitant but Non-Violent Trade Unionism: A Bibliographical and Historical Study*, Ahmedabad: Navajivan Mudranalaya.
上村勝彦［2007］『バガヴァッド・ギーターの世界――ヒンドゥー教の救済』筑摩書房。
古賀正則・内藤雅雄・中村平治編［1998］『現代インドの展望』岩波書店。
Kripalani, Krishna［1971］*Tagore: A Life*, New Delhi: Orient Longman（森本達雄訳『タゴールの生涯』上・下，第三文明社，1978，1979年）.
Kulkarni, V.［1951］*A Family of Patriots*（*The Bajaj Family*）, Bombay: Hind Kitab LTD.
Kumar, Satish［2002］*You are therefore I am: A declaration of Dependence*, Devon: Green Books（尾関修・尾関沢人訳『君あり，故に我あり――依存の宣言』講談社，2005年）.
Kumarappa, J. C.［1946］*Economy of Permanence*, Wardha: All India Village Industries Association.
Kumarappa, J. C.［1948］*Gandhian Economy and Other Essays*, Wardha: All India Village Industries Association.
Kumarappa, J. C.［1951］*Gandhian Economic Thought*, Bombay: Vora.
桑島　明［1968］「会議派社会党――民族戦線と階級戦線の結び目」『国際関係論研究』III。
ラトューシュ，セルジュ［2010］中野佳裕訳『経済成長なき社会発展は可能か？――〈脱成長〉と〈ポスト開発〉の経済学』作品社。
Lindley, Mark［2007a］*J. C. Kumarappa: Mahatma Gandhi's Economist*, Mumbai: Popular Prakashan Pvt. Ltd.
Lindley, Mark［2007b］“Kumarappa: A Giant or a Midget?,” *Economic and Political Weekly*, May 26, 2007.
Lummis, Douglas C.［1998］*Radical Democracy*, Ithaca: Cornell University Press（加地永都子訳『ラディカル・デモクラシー――可能性の政治学』岩波書店，2007年）.

ラミス，C. ダグラス［2004］『経済成長がなければ私たちは豊かになれないのだろうか』平凡社。

ラミス，C. ダグラス［2009］『ガンジーの危険な平和憲法案』集英社。

Lyon, David［1994］*Postmodernity*, Buchingham: Open University Press（合庭惇訳『ポストモダニティ』せりか書房，1996 年）.

Lyotard, Jean-François［1979］*La condition postmoderne: rapport sur le savoir*, Paris: Les éditions de Minuit（小林康夫訳『ポスト・モダンの条件――知・社会・言語ゲーム』水声社，1986 年）.

Lyotard, Jean-François［1988］*L'inhumain: Causeries sur le temps*, Paris: Éditions Galilée（篠原資明・上村博・平芳幸治訳『非人間的なもの――時間についての講話』法政大学出版局，2002 年）.

Macy, Joanna［1983］*Dharma and Development,* West Hartford: Kumarian Press（霜田栄作ほか訳『サルボダヤ――仏法と開発』めこん，1984 年）.

前田雅司［2008］「近代の超克とポスト・モダンのパラドックス」『年報人間科学』第 29 巻，大阪大学人間科学部社会学・人間学・人類学研究室。

前川輝光・川上裕司［1987］「『アジア研究におけるマックス・ウェーバー』Andreas E. Buss（ed.）*Max Weber in Asian Studies*, Leiden - E. J. Brill, 1985, 130p.」『地域研究ブックレヴュー』第 4 号，東京外国語大学海外事情研究所。

マルクス，カール［1959］大内兵衛・細川嘉六監訳『マルクス＝エンゲルス全集』第 1 巻，大月書店（Karl Marx, *Karl Marx - Friedrich Engels Werke*, Band 1, Institut für Marxismus-Leninismus beim ZK der SED, Berlin: Dietz Verlag, 1956）。

マルクス，カール［1961］大内兵衛・細川嘉六監訳『マルクス＝エンゲルス全集』第 7 巻，大月書店（Karl Marx, *Karl Marx - Friedrich Engels Werke*, Band 7, Institut für Marxismus-Leninismus beim ZK der SED, Berlin: Dietz Verlag, 1960）。

マルクス，カール［1962］大内兵衛・細川嘉六監訳『マルクス＝エンゲルス全集』第 9 巻，大月書店（Karl Marx, *Karl Marx - Friedrich Engels Werke*, Band 9, Institut für Marxismus-Leninismus beim ZK der SED, Berlin: Dietz Verlag, 1960）。

マルクス，カール［1964］大内兵衛・細川嘉六監訳『マルクス＝エンゲルス全集』第 13 巻，大月書店（Karl Marx, *Karl Marx - Friedrich Engels Werke*, Band 13, Institut für Marxismus-Leninismus beim ZK der SED, Berlin: Dietz Verlag, 1961）。

Mehta, Geeta S.［1995］*Philosophy of Vinoba Bhave（A New Perspective in Gandhian Thought）*, Bombay: Himalaya Publishing House.

Mehta, Ved［1993］（1976）*Mahatma Gandhi and his Apostles*, New Heaven and London: Yale University Press（植村昌夫訳『ガンディーと使徒たち――「偉大なる魂《マハトマ》」の神話と真実』新評論，2004 年）.

Merriam, Allen Hayes［1980］*Gandhi vs Jinnah: The Debate over the Partition of India*, Calcutta: Minerva Associates（Publications）Pvt. Ltd.

Millennium Ecosystem Assessment（MA）［2005］*Millennium Ecosystem Assessment, 2005. Ecosystem and Human Well-being: Synthesis*, Washington, D. C.: Island Press（横浜国立大学二一世紀 COE 翻訳委員会訳『国連ミレニアム　エコシステム評価――

生態系サービスと人類の将来』オーム社，2007 年）.

Mills, C. Wright［1960］"Letter to the New Left," *New Left Review*, No. 5, September-October, 1960, London: New Left Review Ltd.

Moon, Penderel［1961］*Divide and Quit*, Berkeley: University of California Press.

森　日出樹［2008］「インドにおける分権化の進展とパンチャーヤト政治への住民参加」近藤則夫編『インド民主主義体制のゆくえ――多党化と経済成長の時代における安定性と限界』（調査研究報告書）所収，アジア経済研究所。

森本達雄［1995］『ガンディーとタゴール』第三文明社。

本山美彦［1976］『世界経済論』同文舘出版。

本山美彦編著［1995］『開発論のフロンティア』同文舘出版。

Nag, Karidas［1950］*Tolstoy and Gandhi*, Patna: Pustak Bhandar.

長崎暢子［1981］『インド大反乱――一八五七年』中央公論社。

長崎暢子［1989a］『インド独立――逆光のチャンドラ・ボース』朝日新聞社。

長崎暢子［1989b］「ヒンドゥー・ムスリム問題への視角」佐藤宏・内藤雅雄・柳澤悠編『もっと知りたいインドⅠ』弘文堂。

長崎暢子［1996a］『ガンディー――反近代の実験』岩波書店。

長崎暢子［1996b］「ガンディーの可能性――再検討に値する『信託』思想」『朝日新聞』1996 年 6 月 11 日。

内藤雅雄［1969a］「ガンディー主義と現代インド――ガンディー生誕百年祭のイデオロギー」『国際文化』181 号，1969 年 7 月，国際文化振興会。

内藤雅雄［1969b］「日本におけるガンディー研究の考察」『インド文化』第 9 号。

内藤雅雄［1987］『ガンディーをめぐる青年群像』三省堂。

内藤雅雄［1998］「インドの民主主義とヒンドゥー原理主義」古賀・内藤・中村編［1998］。

中村　元［1970］『原始仏教――その思想と生活』NHK ブックス。

中村　元［1979］『ヒンドゥー教史』世界宗教叢書 6，山川出版社。

中村平治［1957］「ガンディーとインド・ナショナリズム――スワデーシー運動の検討」『思想』1957 年 4 月号。

中村平治［1966］『ネルー』清水書院。

中村平治［1977］『南アジア現代史Ⅰ』山川出版社。

中村平治［1981］『現代インド政治史研究』東京大学出版会。

中村平治［1998］「独立後五〇年の民主主義と政治過程」古賀・内藤・中村編［1998］。

中島岳志［2005］『ナショナリズムと宗教――現代インドのヒンドゥー・ナショナリズム運動』春風社。

Namboodiripad, E. M. S.［1981］*The Mahatma and the Ism*, revised edition, Calcutta: National Book Agency (P) Ltd（大形孝平訳『マハートマとガンディー主義』研文出版，1985 年）.

Nanda, Bal Ram［1990］*In Gandhi's Footsteps: The Life and Times of Jamnalal Bajaj*, Delhi: Oxford University Press.

Nandy, Ashis［1980］*At the Edge of Psychology: Essays in Politics and Culture*, Delhi:

Oxford University Press.
Nandy, Ashis [1987] *Traditions, Tyranny and Utopias: Essays in the Politics of Awareness*, New Delhi: Oxford University Press.
Nandy, Ashis [1996] “The Village: Its Decline in the Imagination,” *The Times of India*, Monday, March 18, 1996, Mumbai.
Narayan, Jayaprakash [1978] *Towards Total Revolution*, 4 vols., Bombay: Popular Prakashan.
Narayan, Shriman [1960] *Principles of Gandhian Planning*, Allahabad: Kitab Mahal.
ネルー，ジャワーハルラール［1979］蠟山芳郎訳「自叙伝」『ガンジー　ネルー』世界の名著 77，中央公論社。
Nehru, Jawaharlal [1988] *A Bunch of Old Letters*, Delhi: Oxford University Press.
西川　潤［1978］『経済発展の理論』第 2 版，日本評論社。
西川潤編［2001］『アジアの内発的発展』藤原書店。
西村和雄［1986］『ミクロ経済学入門』岩波書店。
野田真里［2001］「サルボダヤ運動による“目覚め”と分かち合い――スリランカの仏教に根ざした内発的発展」西川編［2001］所収。
大類　純［1957］「インド思想史におけるガンディー」『思想』1957 年 4 月号。
Orwell, George [1950] *Shooting an Elephant and Other Essays*, New York: Harcourt, Brace and Company.
大澤真幸［1995］「社会性の起源（承前）」『現代思想』第 23 巻第 2 号。
Pantham, Thomas [1995] “Gandhi, Nehru and Modernity,” *Crisis and Change in Contemporary India*, Upendra Baxi and Bhikhu Parekh ed., New Delhi: Sage Publications.
Parel, Anthony [2006] *Gandhi's Philosophy and the Quest for Harmony*, Cambridge: Cambridge University Press.
Parekh, Bhikhu [1989] *Colonialism, Tradition and Reform: An Analysis of Gandhi's Political Discourse*, New Delhi: Sage Publications.
Parekh, Bhikhu [1997] *Gandhi*, Oxford: Oxford University Press.
Patir, V. T. and I. A. Lokapur [1989] *Jayaprakash Narayan: Sarvodaya to Total Revolution*, New Delhi: Deep and Deep Publication.
Philips, Cyril Henry [1949] *India*, London: Hutchinson's Library.
[Nayar,] Pyarelal [1956–58] *Mahatma Gandhi: The Last Phase*, 2 vols., Ahmedabad: Navajivan Publishing House.
Raj, Sebasti, L. [1986] *Total Revolution: The Final Phase of Jayaprakash Narayan's Political Philosophy*, Madras: Satya Nilayam Publications.
Ramagundam, Rahul [2008] *Gandhi's Khadi: A History of Contention and Conciliation*, Himayatnagar: Orient Longman Private Limited.
Reddy, Amulya Kumar N. [1979] *Technology, Development, and the Environment: a reappraisal*, Nairobi: United Nations Environment Programme.
Revri, Chamanlal [1972] *The Indian Trade Union Movement: An Outline History 1880–1947*, New Delhi: Orient Longman.

Rifkin, Jeremy［1980］*Entropy: A New World View*, New York: The Viking Press（竹内均訳『エントロピーの法則――21 世紀文明観の基礎』祥伝社，1982 年）.
Rolland, Romain［1924］*Mahatma Gandhi*, Paris: Librairie Stock（宮本正清訳『マハトマ・ガンジー』みすず書房，1970 年）.
Roy, Manabendra Nath［1950］*India's Message*, Calcutta: Renaissance Publishers Ltd.
Roy, Tirthankar［1988］"Size and structure of handloom weaving in the mid-thirties," *The Indian Economic and Social History Review*, vol. 25, no. 1, The Indian Economic and Social History Association, New Delhi: K. A. Naqvi.
蠟山芳郎［1950］『マハトマ・ガンジー』岩波書店。
Rudolph, Lloyd I. and Susanne Hoeber Rudolph［1967］*The Modernity of Tradition: Political Development in India,* Chicago and London: The University of Chicago Press.
Rudolph, Lloyd I.［2006］"Postmodern Gandhi," Rudolph, Lloyd I. and Susanne Hoeber, *Postmodern Gandhi and Other Essays: Gandhi in the World and at Home*, New Delhi: Oxford University Press.
ラスキン，ジョン［1953］冨田義介訳『この後の者にも』培風館。
Sachs, Wolfgang［1992］*The Development Dictionary: A Guide to Knowledge as Power*, London: Zed Books（三浦清隆ほか訳『脱「開発」の時代――現代社会を解読するキーワード辞典』晶文社，1996 年）.
佐保田鶴治［1973］『ヨーガ根本経典』平河出版社。
佐保田鶴治［1976］『ヨーガの宗教理念』平河出版社。
サイード，エドワード・W.［1996］板垣雄三・杉田英明監修／今沢紀子訳『オリエンタリズム』平凡社。
坂本徳松［1957］「ガンディーの現代的意義」『思想』1957 年 4 月号。
坂本徳松［1969］『ガンジー』清水書院。
Sarkar, Sumit［1984］"The Conditions and Nature of Subaltern Militancy: Bengal from Swadeshi to Non-Co-operation, c.1905–22," *Subaltern Studies: Writings on South Asian History and Society*, vol. 3, Delhi: Oxford University Press.
里深文彦［1981］「インドのオルターナティヴ・テクノロジー」『技術と人間』1981 年 2 月号。
Schumacher, Ernst F.［1973］*Small is Beautiful: A Study of Economics as if People Mattered*, London: Blond & Griggs Ltd（斎藤志郎訳『人間復興の経済』祐学社，1976 年）.
Schumacher, Ernst F.［1980］*Good Work*, New York: Harper & Row, Publishers（長洲一二訳『宴の後の経済学――スモール・イズ・ビューティフル主義者の提案』ダイヤモンド社，1980 年）.
Schmidt, Hans-Peter［1967］"The Origin of Ahimsa," *Melanges D'Indianisme: A la Memoire de Louis Renou*, Paris: Editions E. De Boccard.
Sen, Amartya K.［1960］*Choice of Techniques: An Aspect of the Theory of Planned Economic Development*, Oxford: Basil Blackwell.
Sen, Amartya K.［1981］*Poverty and Famines: An Essay on Entitlement and Deprivation*,

Oxford: Clarendon/Oxford University Press（黒崎卓・山崎幸治訳『貧困と飢饉』岩波書店，2000 年）.

Sen, Amartya K.［1982］*Choice, Welfare and Measurement*, Oxford: Basil Blackwell Publisher（大場健・川本隆史訳『合理的な愚か者――経済学＝倫理学探究』ダイヤモンド社，1980 年）.

Sen, Amartya K.［1999］*Development as Freedom*, New York: Anchor Books（石塚雅彦訳『自由と経済開発』日本経済新聞社，2000 年）.

Sen, Amartya K.［2002］"How to Judge Globalism," *The American Prospect*, vol. 13, issue 1, January 1–January 14, 2002.

Sen, Amartya K.［2003］"Continuing the Conversation," Talk with Bina Agarwal, Jane Humphries and Ingrid Robeyns, *Feminist Economics*, vol. 9, no. 2–3, London: Routledge.

Sen, Amartya K.［2005］*The Argumentative Indian: Writings on Indian History, Culture and Identity*, London: Allen Lane（佐藤宏・粟屋利江訳『議論好きなインド人――対話と異端の歴史が紡ぐ多文化世界』明石書店，2008 年）.

千田有紀［2001］「構築主義の系譜学」上野千鶴子編『構築主義とは何か』勁草書房。

Shah, Kanti［1984］"Vinoba and the Origins of Bhoodan," in Diwakar and Agrawal eds.［1984］.

Sharp, Gene［1959］"A review of Joan Bondurant, *Conquest of violence: the Gandhian philosophy of conflict*," *Journal of Conflict Resolution*, vol. 3, no. 4.

Sheean, Vincent［1949］*Lead, Kindly Light*, New York: Random House.

Shepard, Mark［1987］*Gandhi Today: The Story of Mahatma Gandhi's Successors*, Maryland: Seven Locks Press.

鴫原敦子［2005］「潜在能力アプローチの批判的検討」郭洋春・戸崎純・横山正樹編『環境平和学』法律文化社。

篠田　隆［1981］「ガンディーとチャルカー運動」富岡倍雄・梶村秀樹編『発展途上経済の研究』世界書院。

Shiva, Vandana［1988］*Staying Alive: Women, Ecology, and Survival in India*, New Delhi: Kali for Women（熊崎実訳『生きる歓び――イデオロギーとしての近代科学批判』築地書房，1994 年）.

Shiva, Vandana［1993］*Monocultures of the Mind, Perspectives on Biodiversity and Biotechnology*, London and New Jersey: Zed Books; Penang: Third World Network（高橋由紀・戸田清訳『生物多様性の危機――精神のモノカルチャー』三一書房，1997 年）.

Singer, Milton［1961］"*The Religion of India: The Sociology of Hinduism and Buddhism*, Max Weber. Translated and Edited by Hans H. Gerth and Don Martindale, Glencoe: The Free Press, 1958. vii, 392pp. $6.75,"*American Anthropologist*, vol. 63, issue 1.

Sim, Stuart［1999］*Postmodern Encounters: Derrida and the End of History*, Cambridge: Icon Books Ltd（小泉朝子訳『デリダと歴史の終わり』岩波書店，2006 年）.

Singh, Shankar Dayar［1994］*Gandhi's First Step: Champaran Movement*, Delhi: B. R.

Publishing Corporation.
Sitaramayya, B. Pattabhi［1969］*History of the Indian National Congress*, 2 vols., New Delhi: S. Chand & Co.
スミス，アダム［1969; 1970］米林富男訳『道徳情操論』上・下巻，未來社（Adam Smith, *The Theory of Moral Sentiments; or an Essay towards an Analysis of the Principles by which men Naturally Judge Concerning the Conduct and Character, First of their Neighbours, and Afterwards of themselves. To which is Added a Dissertation on the Origin of Languages*, 1790）。
スミス，アダム［1969］大内兵衛・松川七郎訳『諸国民の富』全2巻，岩波書店（Adam Smith, *An Inquiry into the Nature and Causes of the Wealth of Nations*, 6th edn., 2 vols., London: Methuen, 1950［1776］）。
Snell, Edmund H. T.［1901］*The Principles of Equity: Intended for the Use of Students, and of Practitioners*, 13th edition, London: Stevens and Haynes, Law Publishers.
Stepaniants, Marietta T.［1998］*Gandhi and the World Today: A Russian Perspective*, Ravi M. Bakaya translated, New Delhi: Rajendra Prasad Academy.
Stewart, Frances, Henk Thomas and Ton de Wilde eds.［1990］*The Other Policy: The Influence of Policies on Technology and Small Enterprise Development*, Washington: Appropriate Technology International.
Sulak, Sivaraksa［1987］*Religion and Development*, Bangkok: Thai Inter-Religious Commission for Development.
Sulak, Sivaraksa［2009］*The Wisdom of Sustainability: Buddhist Economics for the 21st Century*, Kihei: Koa Books.
立本成文［2001］『地域研究の問題と方法（増補改訂）――社会文化生態学の試み』京都大学学術出版会。
田辺明生［2002］「ポストモダンの課題と南アジア」長崎暢子編『現代南アジア――地域研究への招待』東京大学出版会。
田辺明生［2012］「多様性のなかの平等――生存基盤の思想の深化に向けて」杉原薫・脇村孝平・藤田幸一・田辺明生編『歴史のなかの熱帯生存権――温帯パラダイムを超えて』京都大学学術出版会。
玉城康四郎［1975］『近代インド思想の形成』東京大学出版会。
Tandon, Vishwanath［1984］"The Bhoodan-Gramdan Movement（1951–74）–A Review," in Diwakar and Agrawal eds.［1984］.
Tarlo, Emma［1996］*Clothing Matters: Dress and Identity in India*, Chicago: The University of Chicago Press.
Tendulkar, Dinanath G.［1988–90］*Mahatma: Life of Mohandas Karamchand Gandhi*, 8 vols., reprinted edition, New Delhi: The Publication Division, Ministry of Information and Broadcasting, The Government of India.
Tendulkar, Dinanath G.［1994］*Gandhi in Champaran*, New Delhi: The Publication Division, Ministry of Information and Broadcasting, The Government of India.
Terchek, Ronald J.［1998］*Gandhi: Struggling for Autonomy*, Lanham: Rowan & Little-

field Publishers, Inc.
トルストイ，レフ［1974］中村白葉・中村融訳『神の王国は汝らのうちにあり』（『宗教論』下），トルストイ全集第 15 巻所収，河出書房。
Toulmin, Stephen［1990］*Cosmopolis: The Hidden Agenda of Modernity*, New York: Free Press（藤村龍雄・新井浩子訳『近代とは何か――その隠されたアジェンダ』法政大学出版局，2001 年）.
Trivedi, Lisa N.［2003］“Visually Mapping the ‘Nation’: Swadeshi Politics in Nationalist India, 1920–1930,” *The Journal of Asian Studies*, vol. 62, no. 1, The Association for Asian Studies, Inc.
Wackernagel, Marthis and William E. Rees［1996］*Our Ecological Footprint: Reducing Human Impact on the Earth*, Gabriola Island: New Society Publishers（和田喜彦監訳『エコロジカル・フットプリント――地球環境持続のための実践プランニング・ツール』合同出版，2004 年）.
Wadhwa, Madhuri［1997］*Gandhi between Tradition and Modernity*, New Delhi: Deep & Deep Publications.
渡辺研二［2006］『ジャイナ教入門』現代図書。
ヴェーバー，マックス［1972］大塚久雄・行松敬三訳『宗教社会学論選』みすず書房。
ヴェーバー，マックス［1976］武藤一雄・薗田宗人・薗田坦訳『宗教社会学』経済と社会第 2 部第 5 章，創文社（Max Weber, *Religionssoziolgie*, *Wiltshaft und Gesellshaft - Grundriß der verstehenden Soziologie*, Zweiter Teil, Kapitel 5, fünfte, revidierte Auflage, besorgt von Johannes Wickelmann［Studienausgabe］, 1972）。
ヴェーバー，マックス［1989］大塚久雄訳『プロテスタンティズムの倫理と資本主義の精神』岩波書店（Max Weber, *Die protestantische Ethik und der »Geist« des Kapitalismus, Gesammelte Aufsatze zur Religionssozioligie*, Bd. 1, Tubingen: J. C. B. Mohr［Paul Siebeck］, 1920）。
ヴェーバー，マックス［2002］深沢宏訳『ヒンドゥー教と仏教――世界諸宗教の経済倫理 II』東洋経済新報社（Max Weber, *Hiduismus und Buddhismus, Gesammelte Aufsatze zur Religionssoziologie,* Bd. 2, Tübingen: J. C. B. Mohr［Paul Siebeck］, 1921）。
Wood, Barbara［1985］*Alias Papa: A Life of Fritz Schumacher*, Oxford and Melbourne: Oxford University Press（酒井懋訳『わが父シューマッハー――その思想と生涯』御茶の水書房，1989 年）.
山本　啓［1995］「〈パラロジー〉の背理――リオタールのポストモダニズムをめぐって」『思想』1995 年 6 月号。
柳澤　悠［1971; 1972］「インド織物業の再編過程とその諸形態――綿工業における工場制度の確立との関連で」（I）（II）『アジア経済』第 12 巻第 6 号，第 13 巻第 2 号，アジア経済研究所。
Yanagisawa, Haruka［1993］“The handloom industry and its market structure: The case of the Madras Presidency in the first half of the twenties century,” *The Indian Economic and Social History Review*, vol. 30, no. 1, The Indian Economic and Social History Association, New Delhi: K. A. Naqvi.

Zelliot, Eleanor［1996］*From Untouchable to Dalit: Essays on the Ambedkar Movement*, New Delhi: Manohar Publishers & Distributors.

5) 辞　典

廣松渉・子安宣邦・三島憲一・宮本久雄・佐々木力・野家啓一・末木文美士編［1998］『岩波哲学・思想事典』岩波書店。

辛島昇・前田専学・江島惠教・応地利明・小西正捷・坂田貞二・重松伸司・清水学・成沢光・山崎元一監修［1992］『南アジアを知る事典』平凡社。

シム，スチュアート編［2001］杉野健太郎・下楠昌哉監訳『ポストモダン事典』松柏社（Stuart Sim ed., *The Routledge Critical Dictionary of Postmodern Thought*, Icon Books Ltd., 1998）。

寺澤芳雄編［1997］『英語語源辞典』研究社。

山折哲雄監修［1991］『世界宗教大事典』平凡社。

6) ウェブサイト

Achaya, K. T.［undated］"Ghani: A Traditional method of oil processing in India," FAO Corporate Documment Repository（http://www.fao.org/docrep/T4660T/t4660t0b.htm）.

A WorldViewer.com Site: Mahatma. com（http://www.mahatma.com/php/showContent.php?linkid=16）.

Barsamian, David and Vandana Shiva［2009］"Vandana Shiva on Gandhi for Today's World," interviewed by David Barsamian, *Yes!*（http://www.yesmagazine.org/issues/the-new-economy/vandana-shiva-on-gandhi-for-today2019s-world）.

Initiatives of Change International（IOFC）(http://www.iofc.org/home）.

London, Scott［2011］"In Footsteps of Gandhi: An Interview with Vandana Shiva"（http://www.scottlondon.com/interviews/shiva.html）.

M. K. Gandhi Institute for Nonviolence（MKGI）(http://www.gandhiinstitute.org/）.

Mani Bhavan Gandhi Sangrahalaya: Mahatma Gandhi Information Website（http://www.gandhi-manibhavan.org/relatedlinks/relatedlinks_main.htm）.

MOTTAINAI キャンペーン（http://mottainai.info/）.

Schumacher College（http://www.schumachercollege.org.uk/）.

Sen, Amartya K.［2000］"Why Human Security?," Text of presentation at the "International Symposium on Human Security" in Tokyo, 28 July, 2000（http://www.humansecurity-chs.org/activities/outreach/Sen2000.pdf#search=%22Sen%20Human%20Security%22）.

Sen, Amartya K.［2004］"Tagore and His India"（http://nobelprize.org/nobel_prizes/literature/articles/sen/）.

Shiva, Vandana［2002］"Mahatma Gandhi - The Seed as Modern Charkha," *Life Positive*（http://www.lifepositive.com/spirit/masters/mahatma-gandhi/charkha.asp）.

World Summit for Social Development［1995］"Copenhagen Declaration on Social Development"; "Programme of Action of the World Summit for Social Development"(http://www.un.org/esa/socdev/wssd/text-version/index.html）.

《著者紹介》
石井 一也（いしい かずや）
1964年，東京都生まれ。
1988年，早稲田大学政治経済学部卒業。1991年，早稲田大学大学院経済学研究科修士課程修了。1997年，京都大学大学院経済学研究科博士後期課程修了。香川大学法学部講師，助教授，スタンフォード大学経済学部客員研究員などを経て，2008年より香川大学法学部教授。博士（経済学）。
主な業績として，共著に，本山美彦編著『開発論のフロンティア』（同文舘出版，1995年），八木紀一郎編『経済思想⑪　非西欧圏の経済学——土着・伝統的経済思想とその変容』（日本経済評論社，2007年），監訳として，アジット・K. ダースグプタ著『ガンディーの経済学——倫理の復権を目指して』（作品社，2010年）ほか。

サピエンティア　35
身の丈の経済論
ガンディー思想とその系譜

2014年 3 月24日　初版第 1 刷発行

著　者　石井 一也
発行所　一般財団法人法政大学出版局
〒102-0071 東京都千代田区富士見 2-17-1
電話 03(5214)5540／振替 00160-6-95814
製版・印刷　三和印刷／製本　誠製本
装　幀　奥定 泰之

ISBN 978-4-588-60335-8　Printed in Japan

31 人民主権について
鵜飼健史 著 ……3000円

32 国家のパラドクス
押村 高 著 ……3200円

33 歴史的賠償と「記憶」の解剖
ホロコースト・日系人強制収容・奴隷制・アパルトヘイト
J. C. トーピー／藤川隆男・酒井一臣・津田博司 訳 ……3700円

34 歴史のなかの障害者
山下麻衣 編著 ……4000円

35 身の丈の経済論　ガンディー思想とその系譜
石井一也 著 ……3800円

【以下続刊】（タイトルは仮題を含みます）

人間存在の国際関係論
初瀬龍平・松田 哲 編著

標的とされた世界
レイ・チョウ／本橋哲也 訳

多文化主義の政治学
飯田文雄 編著

フランスという「るつぼ」
G. ノワリエル／大中一彌・太田悠介・川崎亜紀子 訳

憲法パトリオティズム
J.-W. ミューラー／斎藤一久 訳

―――《サピエンティア》(表示価格は税別です)―――

16 スターリンから金日成へ　北朝鮮国家の形成　1945〜1960年
A. ランコフ／下斗米伸夫・石井知章 訳 ……3300円

17「人間の安全保障」論　グローバル化と介入に関する考察
M. カルドー／山本武彦・宮脇 昇・野崎孝弘 訳 ……3600円

18 アメリカの影のもとで　日本とフィリピン
藤原帰一・水野善子 編著 ……3200円

19 天皇の韓国併合　王公族の創設と帝国の葛藤
新城道彦 著 ……4000円

20 シティズンシップ教育論　政治哲学と市民
B. クリック／関口正司 監訳 ……3200円

21 ニグロとして生きる　エメ・セゼールとの対話
A. セゼール，F. ヴェルジェス／立花英裕・中村隆之 訳 ……2600円

22 比較のエートス　冷戦の終焉以後のマックス・ウェーバー
野口雅弘 著 ……2900円

23 境界なきフェミニズム
C. T. モーハンティー／堀田 碧 監訳 ……3900円

24 政党支配の終焉　カリスマなき指導者の時代
M. ヌカリーゼ／村上信一郎 訳 ……3000円

25 正義のフロンティア　障碍者・外国人・動物という境界を越えて
M. ヌスバウム／神島裕子 訳 ……5200円

26 文化のハイブリディティ
P. バーク／河野真太郎 訳 ……2400円

27 正義の秤《スケール》　グローバル化する世界で政治空間を再想像すること
N. フレイザー／向山恭一 訳 ……3300円

28 土着語の政治
W. キムリッカ／岡﨑晴輝・施 光恒・竹島博之 監訳 ……5200円

29 朝鮮独立への隘路　在日朝鮮人の解放五年史
鄭栄桓 著 ……4000円

30 反市民の政治学　フィリピンの民主主義と道徳
日下 渉 著 ……4200円

《サピエンティア》(表示価格は税別です)

01 アメリカの戦争と世界秩序
菅 英輝 編著 ……3800円

02 ミッテラン社会党の転換 社会主義から欧州統合へ
吉田 徹 著 ……4000円

03 社会国家を生きる 20世紀ドイツにおける国家・共同性・個人
川越 修・辻 英史 編著 ……3600円

04 パスポートの発明 監視・シティズンシップ・国家
J. C. トーピー/藤川隆男 監訳 ……3200円

05 連帯経済の可能性 ラテンアメリカにおける草の根の経験
A. O. ハーシュマン/矢野修一 ほか訳 ……2200円

06 アメリカの省察 トクヴィル・ウェーバー・アドルノ
C. オッフェ/野口 雅弘 訳 ……2000円

07 半開きの〈黄金の扉〉 アメリカ・ユダヤ人と高等教育
北 美幸 著 ……3200円

08 政治的平等とは何か
R. A. ダール/飯田文雄・辻 康夫・早川 誠 訳 ……1800円

09 差異 アイデンティティと文化の政治学
M. ヴィヴィオルカ/宮島 喬・森 千香子 訳 ……3000円

10 帝国と経済発展 途上国世界の興亡
A. H. アムスデン/原田太津男・尹春志訳 ……2800円

11 冷戦史の再検討 変容する秩序と冷戦の終焉
菅 英輝 編著 ……3800円

12 変革する多文化主義へ オーストラリアからの展望
塩原良和 著 ……3000円

13 寛容の帝国 現代リベラリズム批判
W. ブラウン/向山恭一 訳 ……4300円

14 文化を転位させる アイデンティティ・伝統・第三世界フェミニズム
U. ナーラーヤン/塩原良和 監訳 ……3900円

15 グローバリゼーション 人間への影響
Z. バウマン/澤田眞治・中井愛子 訳 ……2600円